Westhoff Terlinden-Arzt Klüber

Entscheidungsorientierte psychologische Gutachten für das Familiengericht

Springer-Verlag Berlin Heidelberg GmbH

K. Westhoff   P. Terlinden-Arzt   A. Klüber

Entscheidungsorientierte psychologische Gutachten für das Familiengericht

Springer

Professor Dr. Karl Westhoff
Institut für Klinische, Diagnostische und Differentielle Psychologie
Technische Universität Dresden, Zellescher Weg 17, 01069 Dresden

Dr. Dipl.-Psych. Patricia Terlinden-Arzt
Niederbardenbergerstr. 16, 52146 Würselen

Dr. Dipl.-Psych. Antje Klüber
Düsternweg 12, 45721 Haltern/Sythen

ISBN 978-3-642-63165-8 ISBN 978-3-642-57264-7 (eBook)
DOI 10.1007/978-3-642-57264-7

Die Deutsche Bibliothek - CIP-Einheitsaufnahme
Westhoff, Karl:
Entscheidungsorientierte psychologische Gutachten für das Familiengericht/Karl Westhoff;
Patricia Terlinden-Arzt; Antje Klüber. - Berlin; Heidelberg; New York; Barcelona;
Hongkong; London; Mailand; Paris; Singapur; Tokio: Springer, 2000

Einbandgestaltung: de'blik, Berlin
Satz: K+V Fotosatz GmbH, Beerfelden

Inhaltsverzeichnis

1 Für wen und wozu dieses Buch?

1.1 Ziele

Wenn Familien sich mit ihren Konflikten, z.B. nach einer Trennung, oder wenn sie die Betreuung und Erziehung ihrer Kinder nicht mehr gewährleisten können, an das Familiengericht wenden, sind ihre Möglichkeiten, die Probleme zu bewältigen, in der Regel erschöpft. Familienrichter sollen in solchen familiären Krisen eine Entscheidung zum Wohle der Kinder herbeiführen. Dabei müssen die komplexen Bedingungen jeder Familie, z.B. die Bedürfnisse der Familienmitglieder, insbesondere der Kinder, ihre wechselseitigen Beziehungen, die Interaktionsformen in der Familie, ihre Möglichkeiten, alleine oder mit Hilfe eine Änderung der Situation herbeizuführen, ihre Lebensbedingungen und weitere Aspekte berücksichtigt werden, um dem Kind und seiner Familie gerecht werden zu können. Die Psychologie als empirische Wissenschaft verfügt über inhaltliches Wissen und methodisches Know-how zur Beantwortung familienrechtlicher Fragestellungen. In strittigen Fällen werden deshalb Psychologen als Sachverständige hinzugezogen, um das Erleben und Verhalten der beteiligten Kinder und ihrer Eltern differenziert zu beschreiben und eine am Kindeswohl orientierte Entscheidung des Richters vorzubereiten. Damit deutlich wird, was man von einem familienrechtlichen Gutachten erwarten kann und was nicht, wollen wir mit diesem Buch die psychologisch-diagnostische Arbeit transparent machen.

Wir möchten in erster Linie psychologischen Sachverständigen helfen, eine familienrechtliche Fragestellung des Gerichts psychologisch angemessen zu bearbeiten. Dabei stellen wir das psychologische Vorgehen bei der Begutachtung so dar, dass auch die beteiligten Elternteile, ihre Anwälte, die Richter und Verfahrenspfleger der Kinder besser beurteilen können, wie ein sachgerechtes Vorgehen bei einer solchen Begutachtung aussieht.

Der Schwerpunkt unserer Ausführungen liegt bei der Tätigkeit des psychologischen Sachverständigen. Dabei geht es darum, dass die psychologisch relevanten Aspekte berücksichtigt werden, die bei einer möglichst tragfähigen Lösung zu beachten sind. Dazu formulieren wir konkrete Hilfestellungen.

Eltern, die sich trennen wollen, oder die die Betreuung und Erziehung ihrer Kinder nicht mehr alleine angemessen sicherstellen können, soll dieses Buch eine Hilfestellung geben, die Bedürfnisse und Belange ihrer Kinder besser einschätzen und angemessen berücksichtigen zu können. Auch wenn nach dem neuen Kindschaftsrecht beispielsweise nach der Scheidung der Eltern beide grundsätzlich das Sorgerecht behalten, so sind doch eine Reihe praktischer Probleme zu lösen, wenn z. B. entschieden werden muss, wo und bei wem ein Kind in Zukunft leben soll.

Das Buch soll auch dazu beitragen, nichtpsychologischen Berufsgruppen, die an familienrechtlichen Verfahren beteiligt sind, die Arbeitsweise psychologischer Sachverständiger zu verdeutlichen. Anwälte, Richter und Mitarbeiter der Jugendhilfe sollen nicht nur erfahren, was sie von einem Gutachten auf dem Stand der Wissenschaft erwarten können, sondern es soll ihnen helfen, berechtigte Ansprüche an das wissenschaftliche Arbeiten bei Gutachtern auch durchzusetzen. Die hier vorgeschlagenen Vorgehensweisen sind keineswegs nur akademisch, sondern auch aus der Praxis abgeleitet. Aus der inhaltsanalytischen Auswertung einer repräsentativen Stichprobe von 245 Gutachten von Klüber (1998) und Terlinden-Arzt (1998) geht hervor, dass es eine bemerkenswerte Anzahl von Sachverständigen in der Praxis gibt, die nach dem hier vorgestellten Vorgehen arbeiten. Somit können alle Verfahrensbeteiligten fordern, dass Sachverständige auf dem hier dargestellten Stand der Wissenschaft arbeiten.

Das vorliegende Buch kann nicht ersetzen (a) das notwendige Studium der Psychologie einschließlich einer (b) praxisorientierten diagnostischen Grundausbildung sowie (c) die erforderlichen Fortbildungsveranstaltungen zu psychologischen Begutachtungen bei familienrechtlichen Fragestellungen und (d) die Mitarbeit in einem forensischen Fachteam z. B. des Berufsverbandes Deutscher Psychologinnen und Psychologen einschließlich (e) gegenseitiger kollegialer Supervision und (f) beständiger Aktualisierung der Inhalte relevanter Bereiche der psychologischen Wissenschaft.

Mit diesem spezialisierten Buch ersetzen wir kein Lehrbuch zur psychologischen Begutachtung. Vielmehr setzen wir auf Seiten der

Fachkollegen diagnostisches und psychologisches Grundlagenwissen voraus sowie die Kenntnis des systematischen Lehrbuchs zur psychologischen Begutachtung von Westhoff und Kluck (1998). Wir werden im Folgenden auf Inhalte dieses Buches nur dann noch einmal eingehen, wenn dies zum unmittelbaren Verständnis erforderlich ist.

1.2 Überblick

Nach diesem ersten einleitenden Kapitel gehen wir zunächst auf die Rahmenbedingungen familienrechtlicher Begutachtung ein (vgl. Kapitel 2) und behandeln dabei die Möglichkeiten und Grenzen psychologischer Diagnostik, die Rolle des Sachverständigen sowie das Verhältnis von Beratung, Mediation, Diagnostik und Intervention. Die geänderten, hier zentralen Aspekte des neuen Kindschaftsrechts stellen wir ebenso dar wie das, was für Eltern und Kinder und andere am Verfahren beteiligte Personen daraus folgt.

Die Rolle des psychologischen Sachverständigen ist in allen Phasen die eines Beraters bei wichtigen Entscheidungen. Seine Aufgabe besteht darin, nach einer sorgfältigen Diagnostik mit den Eltern und mit den Kindern eine tragfähige, am Kindeswohl orientierte Lösung zu erarbeiten, wenn dies möglich ist, oder eine solche vorzuschlagen. Im günstigen Fall ist es den Eltern möglich, diesen Vorschlag als ihre Entscheidung in ihr Leben zu übernehmen. Wo dies nicht möglich ist, wird das Gericht vom Sachverständigen durch seine Empfehlung beraten, wie es im Sinne des Kindeswohls entscheiden könnte. Entsprechend dieser Rolle eines Beraters bei wichtigen Entscheidungen ist die Entscheidungsorientierte Diagnostik konzipiert, die in ihren Grundzügen dargestellt wird (vgl. Kapitel 3). Dabei wird verdeutlicht, dass es keine diagnostischen Schulen in der Psychologie gibt, sondern Zugänge, die sich mehr oder weniger am Gebot der Entscheidungsberatung orientieren.

Ein psychologisches Gutachten zeichnet sich – wie jede wissenschaftliche Arbeit – durch eine sorgfältige, systematische Planung aus (vgl. Kapitel 4), die auf dem jeweils aktuellen Stand der Wissenschaft erfolgt. Daher nimmt die Darstellung aller bei der Planung und damit auch bei der Durchführung einer psychologischen Begutachtung zu berücksichtigenden Aspekte einen relativ großen Raum ein. Entsprechend wenig muss danach zur Durchführung der Untersuchung dargestellt werden. Auch die Auswertung und die Darstellung der Ergebnisse erfordern, wenn sie einer guten Planung folgen, wenig zusätzliche Erläuterungen (vgl. Kapitel 5).

Von besonderer Bedeutung ist die Beantwortung der Psychologischen Fragen. Dies sind Differenzierungen der im Beweisbeschluss des Gerichts enthaltenen Fragestellung. Zu jeder Psychologischen Frage werden im Befund eines Gutachtens alle Informationen aus allen Informationsquellen zusammengetragen, und der Sachverständige zeigt, wie er diese Informationen Schritt für Schritt zu einer Antwort auf eine Psychologische Frage kombiniert. Die Kombination aller Antworten auf alle Psychologischen Fragen ergibt dann die Antwort auf die Fragestellung des Gerichts. Da das Gericht bei familienrechtlichen Fragestellungen immer eine Empfehlung des Sachverständigen erwartet, gehen wir auf diesen zentralen Punkt zum Abschluss der systematischen Darstellung des Vorgehens bei der Begutachtung gesondert ein (vgl. Kapitel 6).

Damit auch Nichtpsychologen die Darstellungsweise in einem Gutachten beurteilen können, beschreiben wir in Kapitel 7 systematisch alle an der Darstellung eines Gutachtens zu beurteilenden Aspekte. Für Psychologen wird dabei deutlich, was bei der Formulierung eines Gutachtens zu beachten ist, damit das diagnostische Vorgehen für alle Leser nachvollziehbar und nachprüfbar ist.

Zur Veranschaulichung eines entscheidungsorientierten Vorgehens folgt in Kapitel 8 ein Gutachten zur Frage einer Umgangsregelung. Dabei ist das Gutachten in seiner Komplexität und damit auch in seinem Umfang so gewählt, dass es das repräsentiert, was zu einer zufrieden stellenden Beantwortung einer familienrechtlichen Fragestellung erforderlich ist.

Bei der Besprechung des Begutachtungsprozesses (vgl. Kapitel 2 bis 7) beginnen wir jedes Unterkapitel mit Leitfragen zu dem jeweiligen Thema. Sie sollen den Leser in das Thema einführen und auf die Aspekte hinweisen, die vom Sachverständigen zu berücksichtigen sind. In Kapitel 9 haben wir diese Leitfragen zu Checklisten zusammengestellt, die von Sachverständigen und Lesern des Gutachtens gleichermaßen genutzt werden können.

Im Gegensatz zu einer normativen Grundposition, wie Sachverständige arbeiten „sollten", beziehen wir uns auf das, was ein Sachverständiger entsprechend den wissenschaftlichen Standards tun wird.

Wenn wir im weiteren von Verhalten sprechen, so meinen wir damit immer Verhalten und Erleben. Mit Verhalten meinen wir also neben den von außen beobachtbaren Verhaltensweisen auch diejenigen, die nur der handelnde Mensch selbst beschreiben kann.

Um die Lesbarkeit des Textes zu erhalten, verwenden wir Begriffe wie „der Psychologe“, „der Sachverständige“ oder „der Richter“ als Bezeichnung für Frauen und Männer, die in einer bestimmten Rolle tätig sind.

2 Rahmenbedingungen familienrechtlicher Begutachtung

2.1 Familienrechtliche Fragestellungen, gesetzliche Vorgaben, die Rolle des Sachverständigen

1. Zu welchen Fragestellungen werden im Familienrecht psychologische Sachverständige herangezogen?

Psychologische Gutachten im Rahmen des Familienrechts sollen zu der Frage Stellung nehmen, welche Regelung der elterlichen Sorge nach einer Trennung oder Scheidung für die Kinder getroffen werden sollte (§§ 1671, 1672, 1680, 1681, 1696 des Bürgerlichen Gesetzbuches (BGB)). Nach der Reform des Kindschaftsrechts im Juli 1998, in dem die gemeinsame elterliche Sorge nach einer Trennung als Regelfall vorgesehen ist, ergeben sich u.a. Fragestellungen, in denen die Voraussetzungen für die gemeinsame elterliche Sorge geprüft werden müssen. Dies kann z.B. der Fall sein, wenn Eltern die elterliche Sorge zwar gemeinsam ausüben wollen, sich aber über den zukünftigen Lebensmittelpunkt ihrer Kinder oder andere wichtige Fragen nicht verständigen können und ein Antrag auf alleinige elterliche Sorge gestellt wird. Eine weitere Fragestellung bezieht sich auf den persönlichen Umgang des Kindes mit dem Elternteil, bei dem es nach der Trennung nicht mehr lebt (§ 1684 BGB).

Nach In-Kraft-Treten des neuen Kindschaftsrechts ergeben sich für den familienrechtlich tätigen Sachverständigen darüber hinaus neue Fallkonstellationen und weitere Fragestellungen. Hier ist z.B. die Gleichstellung von ehelich und nichtehelich geborenen Kindern im Familienrecht zu nennen oder die Einführung des Umgangsrechts anderer Personen, zu denen ein Kind in der Zeit des Zusammenlebens seiner Eltern Beziehungen entwickelt hat (§ 1687 BGB). Seit der Reform des Kindschaftsrechts bearbeiten die Familiengerichte auch die

Verfahren des Vormundschaftsgerichts, die sich mit von den Familien selbst nicht zu lösenden Problemen befassen. Damit verbunden sind weitere mögliche Fragestellungen an psychologische Sachverständige im Familienrecht, z. B. Fragen einer möglichen Gefährdung des Kindeswohls im Rahmen des § 1666 BGB oder die Frage der Rückführung von Pflegekindern zu ihren leiblichen Eltern (§ 1632 BGB).

2. Welche Funktion hat der psychologische Sachverständige im familienrechtlichen Verfahren?

Psychologisch-diagnostische Gutachten zu solchen familienrechtlichen Fragestellungen sollen dem Richter helfen, eine Entscheidung zum Wohle des Kindes herbeizuführen (Entscheidungshilfe). Darüber hinaus soll der Sachverständige mit dem Prozess der Begutachtung auch dazu beitragen, den Konflikt zwischen den Eltern zum Wohle des Kindes zu befrieden (Befriedungsfunktion). Bei der Bearbeitung dieser beiden Aufgaben ist er an die gesetzlichen Vorgaben gebunden. Der Gesetzgeber betont in erster Linie das Kindeswohl, dessen Inhalte für jeden Einzelfall konkret und individuell erarbeitet werden sollen. Entsprechend soll der psychologische Sachverständige die Situation aus der Sicht des Kindes beschreiben. Diese bewertet er fachlich und skizziert die mögliche Entwicklung des Kindes und seiner sozialen Beziehungen. Mit der Reform des Kindschaftsrechts wird darüber hinaus der weitgehende Erhalt der Elternverantwortung hervorgehoben. Die Familien sollen darin unterstützt werden, im Falle einer Trennung, Scheidung oder anderen familiären Krise wieder zu einem einvernehmlichen Konzept bei der Gestaltung familiärer Beziehungen zu finden. Statt elterlicher Konfrontation soll die elterliche Kooperation gestärkt werden. Um dies zu unterstützen, führte der Gesetzgeber die gemeinsame elterliche Sorge als Regelfall ein, hob den Zwangsverbund von Scheidung und gerichtlicher Entscheidung zur elterlichen Sorge auf und schrieb der Beratung der Familien im Verfahren eine große Bedeutung zu. Familienpsychologische Fragestellungen beziehen sich damit nicht mehr alleine auf eine Empfehlung für oder gegen einen Elternteil oder auf eine möglichst optimale Aufenthaltsregelung für ein Kind. Vielmehr sind psychologische Sachverständige eingebunden in die helfende und unterstützende Beratung der Familie, was erweiterte diagnostische Konzepte erfordert (Balloff, 1998 a; Salzgeber, 1998; Schade & Friedrichs, 1998).

3. Bei welchen Familienkonstellationen werden psychologische Gutachten eingeholt?

Nach einer Trennung oder familiären Krise gemeinsam eine Lösung für den emotional belastenden Konflikt zu finden, stellt an die beteiligten Mütter und Väter hohe Anforderungen. Nicht allen Eltern gelingt dies, was die Umsetzung einer Lösung im Alltag der Kinder schwierig macht (Heiliger, 1992; Niemeyer, 1995). Vor der Reform des Kindschaftsrechts gingen Schätzungen davon aus, dass bei etwa drei bis fünf Prozent der strittigen familienrechtlichen Verfahren (Balloff & Walter, 1993; Salzgeber, 1994) psychologische Gutachten in Auftrag gegeben wurden. Ob sich dies vor dem Hintergrund der neuen Rechtslage ändern wird, lässt sich noch nicht abschätzen, zunächst ist der Stellenwert der Beratung gestärkt worden. Es ist jedoch davon auszugehen, dass familienpsychologische Gutachten weiterhin bei schwierigen Fällen eingeholt werden. Aus psychologischer Sicht sind dies Fälle, bei denen die Familie Beratungsangebote nicht annehmen kann oder will, anhaltende Konflikte über die Kinder, Auffälligkeiten der Eltern oder andere psychosoziale Gegebenheiten, die das Kindeswohl gefährden, oder wenn das Kind seinen Willen nicht eindeutig äußert (Balloff, 1994, 1998 a, b; Salzgeber, 1998).

4. Warum werden Diplom-Psychologen im familienrechtlichen Verfahren als Sachverständige herangezogen?

Bei strittigen oder schwierigen Fällen kann ein Sachverständiger aufgrund seiner besonderen Sachkunde dem Gericht und den Familien bestimmte Erkenntnisse zur Entscheidungsfindung vermitteln (Jessnitzer & Frieling, 1992). Diplom-Psychologen erwerben in den Grundlagenfächern ihres Studiums, vor allem in ihrer diagnostischen Grundausbildung, Kenntnisse, um familienrechtliche Fragestellungen beantworten zu können. Dabei greifen sie auf Wissen aus verschiedenen Bereichen ihres Faches und benachbarter Disziplinen wie z. B. Soziologie und Pädagogik zurück. Eine Prognose über möglichst günstige Entwicklungsbedingungen eines Kindes zu treffen, ist eine sehr komplexe Aufgabe (vgl. Kapitel 4.3 zur Auswahl relevanter psychologischer Variablen). Die Psychologie als empirische Wissenschaft verfügt über theoretische Ansätze und Untersuchungsergebnisse, die der Sachverständige heranziehen kann. Neben den im Studium erworbenen Kenntnissen sind Fortbildungsveranstaltungen zur psychologischen Begutachtung, beständige Fortbildungen über Neuerungen des Faches und wechselseitige kollegiale Supervision wichtige Ergänzungen, um einem gerichtlichen Auftrag gerecht werden zu können.

5. Welche Rolle haben psychologische Sachverständige im gerichtlichen Verfahren?

Die Rolle der psychologischen Sachverständigen im familienrechtlichen Verfahren wird vor allem in der Zivilprozessordnung (ZPO) und in dem Gesetz über die Angelegenheiten der Freiwilligen Gerichtsbarkeit (FGG) behandelt. Auf die relevanten Paragrafen soll hier nicht näher eingegangen werden, da dies den Rahmen des Buches sprengen würde (vgl. dazu Salzgeber, 1992, 1998). Einige zentrale Stichworte verweisen aber auf die Erwartungen, die der Gesetzgeber an Sachverständige stellt: Bevor der psychologische Sachverständige einen Gutachtenauftrag annimmt, soll er prüfen, ob die Beweisfrage in seinen *Kompetenzbereich* fällt. Nimmt er den Auftrag an, ist er an die im *Beweisbeschluss formulierte Fragestellung gebunden* und verpflichtet, dem Gericht alle entscheidungsrelevanten Informationen, die er im Zuge der Begutachtung erhebt, mitzuteilen. In diesem Sinne übernimmt er die Ermittlungstätigkeiten des Richters mit der ihm durch seine Ausbildung zugeschriebenen Kompetenz. Dabei darf er nur solche Informationen erheben, die *sachdienlich* sind. Insgesamt hat der Sachverständige sein Gutachten *unparteiisch*, *nach bestem Wissen und Gewissen* und *persönlich* zu erstatten. Die Teilnahme an der Begutachtung ist *für Eltern und Kinder freiwillig*. Sie haben das Recht, diese oder die Bearbeitung bestimmter Untersuchungsverfahren zu verweigern, ohne dass der Sachverständige ihnen dies nachteilig auslegen darf. Eine Bewertung dieser Weigerung steht lediglich dem Richter zu (Salzgeber, 1992). Wenn die Familien sich bereit erklären, an der Begutachtung teilzunehmen, geschieht dies in der Regel nicht tatsächlich freiwillig, sondern weil das Gericht die Begutachtung angeordnet hat. Hier sind fachliche Kompetenz und Einfühlungsvermögen des Sachverständigen gefordert, um Vertrauen zwischen den untersuchten Personen und dem Sachverständigen herzustellen. Im weiteren Verlauf des gerichtlichen Verfahrens wird der Richter sich mit den Ausführungen im Gutachten auseinandersetzen und begründen, warum er der Einschätzung des Sachverständigen folgt oder nicht. Dazu muss er das Gutachten inhaltlich nachvollziehen können. Diese kommunikative Funktion eines Gutachtens umfasst die *Transparenz* des diagnostischen Prozesses in allen Teilaspekten und die *Prüfbarkeit* des diagnostischen Vorgehens (Jäger, 1988;

Kühne, 1996; Thomae, 1983; Westhoff, 1998; Westhoff & Kluck, 1998).

6. Welche berufsethischen Verpflichtungen haben psychologische Sachverständige?

Werden psychologische Sachverständige in den Entscheidungsprozess einbezogen, wird ihnen eine große Verantwortung übertragen, gleichgültig, ob es ihnen gelingt, eine einvernehmliche Regelung mit der Familie zu finden, oder ob sie eine Empfehlung geben, mit der einzelne Familienmitglieder nicht einverstanden sind. Familienrechtliche Entscheidungen haben für die beteiligten Kinder und Eltern meist weitreichende Folgen. Dabei greift jedes diagnostische Handeln in mehr oder weniger zentrale Erlebnisbereiche eines Menschen ein und beeinflusst damit sein Erleben und Verhalten. Es stellt sich somit sowohl allgemein als auch in jedem Einzelfall immer die Frage, welches Vorgehen des Diagnostikers fachwissenschaftlich, ethisch und juristisch zielführend und verantwortbar ist (vgl. hier Diskussion zur Ethik der psychologischen Diagnostik z.B. Hartmann, 1984; Jäger, 1988; Kühne, 1988). Gemäß berufsethischer Verpflichtungen (z.B. Berufsordnung der Psychologen, Berufsverband Deutscher Psychologen, 1986) wird der Psychologe bei der Begutachtung eine *weitestgehende Offenheit und Transparenz seines Verhaltens* wahren und damit darauf achten, dass die Persönlichkeitsrechte der untersuchten Person im Sinne des Grundgesetzes geschützt werden.

2.2 Familienrechtliche Rahmenbedingungen und diagnostische Untersuchungsstrategien

1. Welche Aussagen über die beteiligten Personen sind zur Beantwortung der Fragestellung sachdienlich?
2. Welche Aussagen über das System Familie sind zur Beantwortung der Fragestellung sachdienlich?

Ein psychologischer Diagnostiker kann im Rahmen der familiengerichtlichen Begutachtung verschiedene diagnostische Handlungsalternativen wählen. Seine diesbezüglichen Entscheidungen stellen seine diagnostische Strategie dar, die implizit oder explizit den Ablauf der diagnostischen Schritte bei der Erhebung, Interpretation und

Integration der Informationen bestimmen. Im familienrechtlichen Kontext betrifft ein Aspekt der Strategie die Frage, ob die Familie als Ganzes in den Mittelpunkt des diagnostischen Handelns gestellt werden soll oder ob eher Aussagen über Einzelpersonen getroffen werden sollen. Soll das Kindeswohl als Bestandteil des Systems Familie mit seinen verschiedenen Subsystemen beschrieben werden oder soll der Schwerpunkt auf der Beschreibung der beteiligten Familienmitglieder liegen, die mit ihrer Individualität zum Kindeswohl beitragen? Im zweiten Fall bestimmt die Individualität der Kinder ihre verschiedenen Bedürfnisse für eine weitgehend ungestörte Entwicklung und die Individualität der Eltern ihre Möglichkeiten, die elterliche Verantwortung für ihre Kinder zu tragen. Auch wenn es z. B. ein Ergebnis der Scheidungsforschung ist, dass ein Kind nach der Trennung seiner Eltern weiterhin Vater und Mutter für eine gesunde Entwicklung braucht, gibt es Fälle, in denen es dem Kindeswohl eher entspricht, wenn der Kontakt zu einem Elternteil ausgesetzt wird. Wenn in der diagnostischen Strategie neben der Beschreibung der familiären Beziehungen z. B. auch die Entwicklungsmöglichkeiten des Kindes und der Eltern, die familiäre Krise zu bewältigen, erfasst werden, oder geprüft wird, welche Unterstützung der Familie helfen kann, sind prognostisch gültigere Empfehlungen möglich (Salzgeber, 1992). Indem im Gutachten fundiert verschiedene Regelungsalternativen mit ihren Zielen, Bedingungen, psychologischen Begründungen und möglichen wahrscheinlichen Folgen gegenübergestellt werden, können psychologische Sachverständige der Komplexität familienrechtlicher Fragen gerecht werden.

3. Welchen Stellenwert hat die Beschreibung von Persönlichkeiten in der familienrechtlichen Begutachtung?
4. Welcher Ausschnitt des Verhaltens der beteiligten Familienmitglieder ist zur Beantwortung der Fragestellung sachdienlich?

Ein weiterer Aspekt der diagnostischen Strategie ist die Gegenüberstellung von Persönlichkeitsdiagnostik und Verhaltensdiagnostik. Die psychologische Untersuchung von Persönlichkeitseigenschaften trägt in aller Regel nichts zur Beantwortung familienrechtlicher Fragestellungen bei (Balloff, 1994; Kluck, 1996; Kühne, 1996; Salzgeber, 1992; Salzgeber & Stadler, 1990; Salzgeber & Zeman, 1996). Eine solche Untersuchung greift zudem in so erheblichem Maße in die Persönlichkeitsrechte der beteiligten Eltern ein, dass sie nur in Ausnahmefällen zulässig ist, wenn es Hinweise auf eine Persönlichkeitsstörung oder psychische Störung gibt, deren Auswirkungen auf das Kindeswohl berücksichtigt werden müssen. Die verhaltensbeschreibende Diagnostik, die sich auf der Grundlage der empirischen, insbesondere lernpsychologischen Forschung entwickelt hat, will das Verhalten selbst erfassen und beschreiben. In ihrem Konzept der Entscheidungsorientierten Diagnostik betonen Westhoff und Kluck (1998), bei der psychologischen Begutachtung den Verhaltensausschnitt eines Menschen zu beschreiben, zu erklären und vorherzusagen, der in der jeweiligen Fragestellung angesprochen wurde. Eine entsprechende Handhabung ergibt sich auch aus den Rahmenbedingungen familienrechtlicher Gutachten. Das psychologische Gutachten soll sachdienliche Informationen zusammentragen und im Hinblick auf das Kindeswohl bewerten. Die Verknüpfung von Entscheidungshilfe und Befriedungsfunktion im Gutachten verweist auf die Notwendigkeit, dabei sensibel die besondere Situation der auseinander gehenden Familie zu beachten. Die selektive Stichprobe der strittigen bis hochstrittigen Fälle sowie die besonderen Bedingungen der freiwilligen (!) Teilnahme an der Begutachtung betonen dies zusätzlich. Eine Diagnostik, die sich den familiären Interaktionen und dem Verhalten der Eltern gegenüber ihren Kindern widmet, wird eine breitere Akzeptanz finden, als wenn den einzelnen Persönlichkeiten Eigenschaften zugeschrieben werden.

5. Welche Informationen sind erforderlich, um die gegebene familiäre Situation umfassend zu beschreiben?
6. Welche Änderungen sind bei den einzelnen Familienmitgliedern möglich, und an welche Bedingungen sind diese geknüpft?

Eng verbunden mit der diagnostischen Strategie ist die Frage nach dem Ziel der Diagnostik. Wenn z. B. geklärt werden soll, ob Besuchskontakte eines nichtehelichen Kindes mit seinem leiblichen Vater durchgeführt werden sollen oder nicht, kann der Sachverständige zu dem Ergebnis kommen, dass diese Kontakte dem Kind derzeit schaden würden. Eine Präzisierung oder Fortführung der Fragestellung könnte aber z. B. beinhalten, die Bedingungen zu prüfen, die aus Sicht des Kindes langfristig eine grundsätzlich gewünschte Anbahnung der Besuchskontakte zulassen würden. Es geht um die Entscheidung darüber, ob das diagnostische Handeln einen *Ist-Zustand* (Statusdiagnostik) oder einen *Prozess* (Prozessdiagnostik) beschreiben soll.

Das Ziel der *Statusdiagnostik* ist es, den Ist-Zustand zuverlässig darzustellen und aus psychologischer Sicht zu bewerten, z. B. die Beziehungen des Kindes zu seinen Eltern. Dabei werden *retrospektiv* die Ereignisse aus der Vergangenheit berücksichtigt, z.B. aus der Zeit des gemeinsamen Zusammenlebens, und es werden die Bedingungen beschrieben, die ein bestimmtes Verhalten aufrechterhalten, dass z.B. seltene Kontakte zwischen dem Kind und einem Elternteil zu einer emotionalen Entfremdung geführt haben. Über einen *prospektiven* Zugang werden unter der Annahme einer empirisch geprüften Gesetzmäßigkeit Voraussagen darüber getroffen, welche Konsequenzen der beschriebene Ist-Zustand für die zukünftige Entwicklung des Kindes hat. Dies können z.B. Konsequenzen für seine Identitätsentwicklung sein, wenn es langfristig den Kontakt zu einem Elternteil verliert. Psychologische Diagnostik setzt sich immer auch mit der *Stabilität und Änderbarkeit von Verhalten* eines Menschen auseinander. Mögliche Generalisierungen betreffen dabei die Konsistenz über die Zeit und die Generalität über verschiedene Situationen (Jäger, 1988). Westhoff und Kluck (1998) ergänzen die Frage nach der Stabilität des Verhaltens um den Aspekt der *Kompensierbarkeit* bestimmter Verhaltensweisen. Die psychologische Diagnostik kann somit die Bedingungen für mögliche Änderungen individuellen Verhaltens beschreiben. Informationen darüber, ob ein Verhalten änderbar oder gegebenenfalls kompensierbar ist, sind ein wesentlicher Bestandteil einer zuverlässigen Prognose über die weitere Entwicklung des Kindes. Ob im Rahmen einer Begutachtung bereits eine Änderung eingeleitet werden soll oder nicht, ist eine weitere Entscheidung.

7. Sind alle relevanten Informationen vorhanden, um dem Gericht und den Eltern bei fehlender Einigung im Sinne einer Selektion eine psychologisch fundierte Empfehlung zum Wohle des Kindes anzubieten?
8. Welche Möglichkeiten gibt es, im Sinne einer Modifikationsstrategie Änderungen zu bewirken oder den Prozess einer Änderung einzuleiten?

Anhand des Ergebnisses einer Begutachtung kann zwischen *Selektionsstrategien* und *Modifikationsstrategien* unterschieden werden (Pawlik, 1982). Bei Selektionsstrategien werden Merkmale oder das Verhalten einer Person im Hinblick auf ein bestimmtes Anforderungsprofil beschrieben, um z.B. den „besser geeigneten" Elternteil auszuwählen. Bei Modifikationsstrategien geht es stärker darum, die Bedingungen eines Verhaltens mit dem Ziel aufzuklären, dieses zu ändern. Die Gegenüberstellung von Prozess- und Statusdiagnostik sowie Selektions- und Modifikationsstrategien verweist auf die Abgrenzung bzw. Verzahnung von *Diagnostik* und *Intervention*. Die Möglichkeiten, im Rahmen der Begutachtung intervenierend mit der Familie zu arbeiten, werden kontrovers diskutiert.

Die doppelte Funktion des familienrechtlichen Gutachtens als Entscheidungshilfe und als Beitrag zur Befriedung des Konfliktes macht es erforderlich, von einer reinen Selektionsstrategie abzurücken, wenngleich der Sachverständige bei fehlender Einigung dem Gericht eine Empfehlung geben muss. Eine diagnostische Vorgehensweise, die erkennbar darauf abzielt, nur den „besseren" Elternteil auszuwählen, führt häufig dazu, dass die Konfliktlage verschärft wird, weil Eltern sich als „Verlierer" erleben können. Die aktuellen Konflikte und emotionalen Belastungen überlagern zudem oft das Erleben und Verhalten der Eltern und Kinder. Dies alleine als Ausgangslage für eine psychologische Empfehlung zu nehmen, würde der Dynamik des familiären Geschehens nicht gerecht. In diesem Sinne ist eine Weiterentwicklung und Erweiterung der statuserhebenden Diagnostik erforderlich, um langfristig gültige Empfehlungen geben zu können. Es soll ja eine Entscheidung vorbereitet werden, die zum Wohle des Kindes ist und die Autonomie der Eltern weitgehend erhält. Dies beinhaltet, dass die Eltern mit dem Sachverständigen Handlungsalternativen besprechen und unter seiner Anleitung ausprobieren können. Zudem kann versucht werden, die Rahmenbedingungen und belastungsbedingten Verhaltensweisen zu ändern, um die Anpassung aller Beteiligten, besonders des Kindes, an die Nachtrennungssituation zu erleichtern.

Es sei angemerkt, dass aus psychologischer Sicht jede Interaktion des Sachverständigen mit der Familie diese beeinflussen kann (Kluck, 1996; Kühne, 1996; Sternbeck & Däther, 1986; Wegener & Steller, 1986). Schon indem z. B. Untersuchungskontakte hergestellt und Beziehungen und deren Bedingungen thematisiert werden, kann sich bei den Beteiligten bereits die Haltung zu dem Streitthema ändern, da sie andere Aspekte kennen lernen und u.U. neue Erfahrungen machen. Indem der Sachverständige seine Ergebnisse den Eltern offen legt, ihnen Rückmeldung und Information darüber gibt, wie Kinder und Erwachsene auf Trennung und Scheidung reagieren, ihnen verhaltensnahe Vorschläge für ihre Interaktionen macht oder externe Hilfen nahe legt (Balloff, 1998 a; Salzgeber & Höfling, 1991), kann er darüber hinausgehend Änderungen bewirken, wenn die Beteiligten dies wollen.

9. An welche Bedingungen ist eine modifikationsorientierte Strategie gebunden?

Solche Angebote und Versuche, gemeinsam mit den Eltern die konflikthafte Situation zu ändern, können nur innerhalb der rechtlichen Rahmenbedingungen stattfinden, d.h. sie müssen für alle Beteiligten freiwillig, nachvollziehbar, kontrollierbar und fair sein, und ihr Aufwand muss im Verhältnis dazu stehen, was im Rahmen der Begutachtung erreicht werden kann. Da der psychologische Sachverständige dem Gericht verpflichtet ist, sind seine Interventionen abzugrenzen von *Psychotherapie*, *Beratung* oder *Mediation* (Balloff, 1998a; Salzgeber & Höfling, 1991), die an jeweils unterschiedliche Voraussetzungen und Bedingungen geknüpft sind.

Als Psychotherapie werden verschiedene psychologische Methoden beschrieben, mit deren Hilfe Verhaltensstörungen behoben werden sollen. Die Beratung wendet sich demgegenüber einem klar umrissenen Problemfeld zu und hilft den Klienten, dieses zu verstehen und zu bewältigen. Anders als bei der Therapie sind die Klienten nicht „verhaltensgestört". Bei der Mediation handelt es sich um eine auf Trennung und Trennungsfolgen spezialisierte Interventionsform. Sie dient der Konfliktminderung und Erarbeitung tragfähiger Kompromisse und Lösungen.

Psychotherapeuten, Berater und Mediatoren sind darauf angewiesen, dass die Klienten ihr Angebot freiwillig annehmen. Die Klienten müssen darauf vertrauen können, dass die besprochenen Inhalte im geschützten Rahmen bleiben. Dies kann ein gerichtlich beauftragter Sachverständiger nicht uneingeschränkt zusichern, da er verpflichtet ist, dem Gericht die Informationen, die zur Aufklärung des Sachverhaltes notwendig sind, mitzuteilen, vor allem dann, wenn schwerwiegende Konflikte einer Beratung entgegenstehen, oder die Bereitschaft und Fähigkeit fehlt, sich einer Beratung zu öffnen.

In der Praxis reagieren die Familienrichter auf Vorschläge, die dem Kindeswohl dienen und zur Konfliktlösung beitragen, in der Regel flexibel und lassen den Sachverständigen weitgehend freie Hand (Balloff, 1992a). In manchen Fällen sind die Eltern aber so zerstritten, dass es keine andere Möglichkeit gibt, als über eine richterliche Entscheidung eine Regelung zum Wohle des Kindes herbeizuführen. Manchen Familien hilft eine solche Entscheidung auch, den Konflikt beizulegen. Auf Sorgerechtsregelungen, die einen Elternteil im Sinne einer Selektion auswählen, wird man bei der familienrechtlichen Begutachtung – die sich mit den hochstrittigen Fällen befasst – auch vor dem Hintergrund des neuen Kindschaftsrechts nicht ganz verzichten können. Ein Verbleib des gemeinsamen Sorgerechts bei beiden Eltern ohne die Fähigkeit, sich zu einigen, oder die Bereitschaft, in praktischen Fragen der Erziehung und Betreuung zu kooperieren, wirkt sich nicht zum Wohle des Kindes aus (Furstenberg & Cherlin, 1991; Schmidt-Denter, Beelmann & Trappen, 1995; Wallerstein & Blakeslee, 1989). Sowohl vom Richter als auch von den Eltern wird dann eine Entscheidung für die Kinder erwartet, die mit Hilfe der psychologischen Diagnostik gemäß Gutachtenauftrag sorgfältig vorbereitet werden kann. Die bevorzugte Strategie bei familienrechtlichen Gutachten wird aus diesem Grund eine Mischstrategie im Sinne von Pawlik (1982) sein, bei der Informationen erhoben werden, die sowohl Selektion als auch Modifikation erlauben (Salzgeber, 1992).

Zu jeder psychologisch fundierten Intervention gehört eine vorgeschaltete Phase der Diagnostik. Im familienrechtlichen Kontext gilt es, sich zunächst ein Bild von der Konfliktsituation der Familie zu machen. Eine an Änderungen orientierte Diagnostik kann aber Voraussetzungen schaffen, die auch für die Zukunft gültigere Rahmenbedingungen für die Gestaltung des Kindeswohls zulassen als eine reine Statusdiagnostik. Sich auf eine solche zurückzuziehen, würde dem Gebot, das Gutachten „nach bestem Wissen“ zu erstatten, entgegenstehen, da der Sachverständige dem vorherrschenden Wissensstand in der Psychologie verpflichtet ist (Rohmann, 1999; Salzgeber & Höfling, 1991; Schade & Friedrichs, 1998). Das schließt ein, die besondere Situation der auseinander gehenden Familie in der diagnostischen Strategie zu berücksichtigen. Darüber hinaus ist der Psychologe auch dem einzelnen Menschen gegenüber und dabei insbesondere dem Wohl der Kinder verpflichtet. Das bedeutet, dass zunächst keine der diskutierten diagnostischen Strategien und Ziele ausgeschlossen werden können. Eine Begutachtung im konkreten Einzelfall erfordert sequentielle Entscheidungen (Cronbach & Gleser, 1965) über Vorgehensweisen und Teilziele des diagnostischen Handelns, die es ermöglichen, die Untersuchungsstrategie zu ändern, wenn sich erweiterte oder andere Hypothesen ergeben. Hilfestellungen, dies in der Praxis zu realisieren, bietet das Konzept der entscheidungsorientierten Diagnostik, welches hier für den familienrechtlichen Kontext vorgestellt wird.

3 Entscheidungsorientierte Diagnostik im Familienrecht

3.1 Entscheidungsorientierte Diagnostik – eine integrative Technologie

Die „Gegenstände“ psychologischen Diagnostizierens können *Personen* sein, deren Verhalten beschrieben, erklärt oder vorhergesagt werden soll. Es können aber auch *Situationen* diagnostiziert werden, indem man die relevanten Bedingungen in diesen Situationen identifiziert, die dazu führen, dass Menschen sich in ihnen in einer vorhersagbaren Weise verhalten. Ferner können die *Beziehungen zwischen Personen* diagnostiziert werden durch die Beschreibung der Aspekte, die für diese Beziehung charakteristisch und für die weitere Entwicklung dieser und ähnlicher Beziehungen von Bedeutung sind.

Psychologische Diagnostik bei familienrechtlichen Fragestellungen impliziert die Diagnostik aller drei genannten Gegenstände. Die Person des Kindes steht im Zentrum aller Bemühungen: Was fördert und was schadet dem Wohl des Kindes? Hierbei ist sowohl auf individuelle Bedingungen beim Kind, z.B. Behinderungen, Begabungen, als auch bei seinen Eltern einzugehen. Auch das Verhalten des Kindes in schwierigen Situationen, wenn es z.B. Forderungen erfüllen oder auf etwas verzichten muss, ist ebenso für das Kindeswohl von Bedeutung wie das seiner Eltern in solchen Situationen ihm gegenüber. Die Art der Beziehung zwischen dem Kind und seinen Eltern, wie sie z.B. in der Qualität der Bindung des Kindes an seine Eltern zum Ausdruck kommt, hat Auswirkungen auf einen weiten Bereich der späteren Lebenstüchtigkeit und der psychischen Gesundheit des Kindes.

In einem Gutachten nach dem Konzept des *Persönlichkeitsbildes* steht, wie der Name schon sagt, eine Beschreibung der Persönlichkeit des Probanden im Zentrum. Bei familienrechtlichen Fragestellungen geht es aber nur ausschnittsweise um die Persönlichkeiten des Kindes und der Eltern. Die Grundlage einer verhaltenstherapeutischen Intervention ist die *Verhaltensdiagnostik*. Hier wird festgestellt, welche situativen Bedingungen das problematische Verhalten aufrechterhalten oder erwünschtes Verhalten verhindern. Solche Aspekte spielen bei familienrechtlichen Fragestellungen sehr oft eine Rolle, sie sind es aber nie allein. Die Vertreter einer *systemischen Diagnostik* stellen heraus, dass Menschen sich immer in sozialen Systemen bewegen, die sie in ihrem Verhalten beeinflussen und umgekehrt. Die Familie ist ein typisches Beispiel für ein soziales System, in dem die wechselseitigen Beziehungen zwischen den Mitgliedern dieses Systems deren Verhalten mitbestimmen. Hier bleibt festzuhalten, dass jedes Familienmitglied in seinem Verhalten sowohl durch Merkmale seiner Persönlichkeit, durch situative Bedingungen, als auch durch die Einflüsse von Beziehungen beeinflusst wird.

Die *Entscheidungsorientierte Diagnostik* nach Westhoff und Kluck (1998) ist ein *integrativer psychologisch-diagnostischer Ansatz*, der alle psychologischen Theorien, Methoden, Verfahren und Ansätze benutzt, die sich empirisch reproduzierbar bewährt haben und mit vertretbaren Kosten zu diagnostischen Informationen führen, und die helfen, individuelles Verhalten zu beschreiben, zu erklären oder vorherzusagen. Das oberste diagnostische Kriterium ist hier das Verhältnis von Kosten und Nutzen. Die Entscheidungsorientierte Diagnostik kombiniert die empirisch bewährten Ansätze in einer systematischen Weise. Der diagnostische Prozess wird in die ihn konstituierenden Entscheidungssituationen zerlegt. Jede dieser Einzelentscheidungen wie auch die Sequenz aller Entscheidungen wird unter Berücksichtigung des Verhältnisses von Kosten und Nutzen optimiert. Dabei handelt es sich nicht bloß um eine Sammlung bewährter Ansätze, sondern diese werden nach expliziten Regeln eingesetzt, so wie es für jede Technologie kennzeichnend ist.

Im Unterschied zu den oben genannten Ansätzen in der psychologischen Diagnostik wird in der Entscheidungsorientierten Diagnostik der Prozess der diagnostischen Begutachtung so weit wie möglich geplant. Dies impliziert u.a., dass er nach expliziten Regeln abläuft. Explizite diagnostische Verfahrensregeln sind die zentralen Sicherungen gegen diagnostische Urteilsfehler, zumindest werden solche leichter erkannt, sehr häufig sogar von Nichtpsychologen, sodass sie korrigiert werden können. Entscheidungsorientiertes Diagnostizieren zeichnet sich insgesamt dadurch aus, dass die aus der psychologischen Entscheidungsforschung abgeleiteten Grundsätze einer psychologischen Entscheidungsberatung beachtet werden. Zentral ist, dass der Entscheider so beraten wird, dass er in Klarheit über seine Ziele sowie die sich bietenden Alternativen und ihre Folgen eigenverantwortlich eine Entscheidung treffen kann, bei der er später mit dem Weg zu seinem Entschluss zufrieden ist.

3.2 Diagnostischer Entscheidungsprozess

Der psychologische Sachverständige soll, wie wir weiter oben schon ausgeführt haben, bei familienrechtlichen Fragestellungen den Eltern und dem Gericht eine Entscheidungshilfe geben. Die psychologische Begutachtung selbst ist komplex und besteht aus mehreren Serien von Entscheidungen, die der Sachverständige zu treffen hat. Die zentralen Entscheidungen stellen wir hier im Überblick und später detaillierter dar.

Fragestellung

Am Beginn einer möglichen Begutachtung beauftragt das Gericht den Psychologen durch die im Beweisbeschluss formulierte Fragestellung mit einem Gutachten. Schon wenn der Psychologe mit einer solchen Fragestellung konfrontiert wird, muss er entscheiden, ob z.B. die Fragestellung grundsätzlich beantwortbar ist. Eventuelle Unklarheiten sind vor der Übernahme des Gutachtenauftrages oder möglichst umgehend, wenn sie deutlich werden, mit dem Gericht zu besprechen. Ein geänderter Beweisbeschluss schafft dann eine neue Ausgangssituation. Damit das Gutachten nachvollziehbar und nachprüfbar ist, wird der Sachverständige den Beweisbeschluss im Gutachten wörtlich und vollständig als Zitat darstellen.

Annahmen

Bevor der Psychologe anfangen kann, diagnostisch zu arbeiten, muss er einige grundlegende Annahmen über menschliches Verhalten machen. Grundlegend für jedes alltägliche Handeln und das psychologisch-wissenschaftliche Arbeiten ist die Annahme, dass menschliches Verhalten regelhaft ist. Eine Erklärung und damit Vorhersage oder Beeinflussung des Verhaltens wäre sonst nicht möglich. Einige solcher Grundannahmen müssen beim psychologischen Diagnostizieren immer gemacht werden. Diese Annahmen werden in einem Gutachten nicht ausdrücklich aufgeführt, doch ist es wichtig, dass man sie nennen, erklären und begründen kann. Nähere Erläuterungen zu diesen Annahmen finden sich in Westhoff und Kluck (1998, S. 17–18).

Anforderungsprofil

Wenn Entscheidungen zu treffen sind, so braucht man Kriterien, mit deren Hilfe man die sich bietenden Alternativen vergleichen kann. Man muss also etwas über die „Anforderungen" wissen, die unter den verschiedenen sich bietenden Möglichkeiten an den Menschen gerichtet werden. Die Summe dieser Anforderungen nennt man bei diagnostischen Fragestellungen „Anforderungsprofil". Das Anforderungsprofil besteht bei familienrechtlichen Fragestellungen u.a. aus den bekannten juristischen Kriterien *Bindungen des Kindes, Wille des Kindes, Kontinuität der Betreuung und Umgebung* sowie *Fördermöglichkeiten.* Weiter unten (vgl. Kapitel 4.3 ff.) werden wir auf weitere Kriterien oder psychologische Variablen eingehen, die Psychologen heranziehen, um das Anforderungsprofil im familienrechtlichen Verfahren zu beschreiben (vgl. Klüber, 1998; Terlinden-Arzt, 1998).

Psychologische Fragen (= Hypothesen)

Um die meist allgemein und global formulierte Fragestellung beantworten zu können, wird der Sachverständige sie in mehrere diagnostisch prüfbare „Psychologische Fragen" übersetzen und auffächern. Mit Hilfe dieser Psychologischen Fragen strukturiert der psychologische Sachverständige seine diagnostische Arbeit und gibt zugleich dem Leser des Gutachtens eine überschaubare und verständliche Grundstruktur für die zu verarbeitenden Informationen. Diese Psychologischen Fragen erscheinen daher nach der Fragestellung als nächster Teil in einem psychologischen Gutachten.

Untersuchungsplan

Das Erstellen eines Gutachtens verlangt, wie jeder komplexe Vorgang, einen sorgfältig ausgearbeiteten Plan, an den man sich während der gesamten Begutachtung halten kann. Für die Leser eines Gutachtens stellt der Sachverständige unter dem Punkt „Untersuchungsplan" in verständlicher und für die Untersuchten in wiedererkennbarer Form die verwendeten Verfahren und sonstigen Informationsquellen dar und nennt die Untersucher, Untersuchungszeiten und -orte.

Durchführen der diagnostischen Untersuchung

Die diagnostische Untersuchungssituation verlangt von dem Diagnostiker viele Entscheidungen aus dem Augenblick heraus. Es ist daher hilfreich, wenn man gut vorbereitet in Untersuchungen hineingeht. Wir werden zeigen, wie man durch gründliche Planung und sorgfältige Vorbereitung wirkungsvoll und für alle Beteiligten entspannter miteinander arbeiten kann.

Darstellen der Ergebnisse

Alle für die Beantwortung der Fragestellung wichtigen Informationen werden im Gutachten unter dem Punkt „Ergebnisse" dargestellt, und zwar nach Informationsquellen geordnet. Hier erscheinen also in allgemein verständlicher Form die Ergebnisse aus Tests, Fragebögen, Gesprächen, Verhaltensbeobachtungen oder sonstigen Informationsquellen wie Zeugnissen, Akten oder vorgelegten Arztberichten.

Befund: Beantworten der Psychologischen Fragen und damit der Fragestellung

Im „Befund" kombiniert der Sachverständige alle Informationen zur Beantwortung der psychologischen Fragen und damit der Fragestellung des Auftraggebers. Zur Vermeidung von Urteilsfehlern ist es nützlich, wenn der Sachverständige die erarbeiteten Informationen Schritt für Schritt nachvollziehbar kombiniert und aus den Antworten auf die Psychologischen Fragen für jeden nachvollziehbar zu einer Antwort auf die Fragestellung des Gerichts und der gewünschten Empfehlung kommt.

Empfehlung

Auch bei der Empfehlung ist es wieder sehr hilfreich, wenn der Sachverständige entscheidungsorientiert arbeitet und hier Alternativen und ihre jeweiligen möglichen Folgen aufzeigt. Dies hilft dem Gericht und den Eltern, sich so zu entscheiden, dass sie später mit dem Weg zu dieser Entscheidung zufrieden sind.

Während der Durchführung der psychologisch-diagnostischen Untersuchungen ergeben sich des öfteren Informationen, die eine Ergänzung oder Änderung des ursprünglichen Untersuchungsplans erforderlich machen. Dies bedeutet, dass in der Phase der „Durchführung der Untersuchung" wieder in die Phase der „Planung" zurückgegangen werden muss. Auch aus anderen Phasen wie z.B. „Auswertung der Untersuchungen" kann der Sachverständige rekursiv zu früheren Phasen des diagnostischen Prozesses zurückkehren, wenn sich unvorhergesehene Aspekte ergeben. Dies kann beispielsweise auch dann erforderlich sein, wenn die Ergebnisse von Änderungsversuchen durch Beratung oder Therapie als diagnostische Informationen zu berücksichtigen sind. Der diagnostische Prozess ist also prinzipiell rekursiv.

Sieht man von „Annahmen" und „Anforderungsprofil" ab, so entsprechen die vorgestellten Punkte denen der Gliederung eines Gutachtens. Diese entspricht der Gliederung jeder wissenschaftlichen Arbeit in der Psychologie. Dabei werden nur einige Teile anders benannt. Die Ziele stehen jeder wissenschaftlichen Arbeit voran, beim Gutachten sind sie in der „Fragestellung" gegeben. Bei wissenschaftlichen Arbeiten wird wegen der Bedeutung der theoretischen Überlegungen der Weg zu den Hypothesen ausführlich dargestellt. Im Gutachten wird in den Psychologischen Fragen (= Hypothesen) auf bekannte und gut gesicherte Gesetzmäßigkeiten im menschlichen Verhalten zurückgegriffen, daher reicht ein Hinweis auf die jeweilig zugrunde liegende Gesetzmäßigkeit aus. Der Teil „Methoden" einer empirischen Arbeit in der Psychologie entspricht im Gutachten dem „Untersuchungsplan". Die „Ergebnisse" werden in empirischen Arbeiten wie in psychologischen Gutachten pro Informationsquelle getrennt dargestellt, und zwar ohne die Beziehungen zwischen ihnen zu diskutieren. In der „Diskussion" werden die gesicherten neuen Ergebnisse einer empirischen Arbeit zueinander und zu bereits Bekanntem in Beziehung gesetzt. Entsprechend werden im „Befund" eines psychologischen Gutachtens alle Psychologischen Fragen beantwortet, indem der Sachverständige die Informationen aus allen Informationsquellen miteinander Schritt für Schritt zu einer Antwort auf die jeweilige Psychologische Frage bzw. Fragestellung des Gerichts kombiniert.

4 Planung eines psychologischen Gutachtens für das Familiengericht

4.1 Leitfragen zur Fragestellung

1. Zu welcher Fragestellung soll der Sachverständige Stellung nehmen?

Die im Beweisbeschluss des Gerichts formulierte Fragestellung kann sich z. B. beziehen auf (a) die elterliche Sorge, (b) den persönlichen Umgang, (c) die elterliche Sorge und den persönlichen Umgang, (d) Möglichkeiten der gemeinsamen elterlichen Sorge, (e) Maßnahmen, um eine Gefährdung des Kindeswohls gemäß § 1666 BGB abzuwenden oder (f) die Frage der Herausnahme aus einer Pflegefamilie. Naturgemäß ergeben sich andere Schwerpunkte in der Untersuchung, wenn es um Fragestellungen zu Trennung und Scheidung geht, als wenn es sich um solche zur Gefährdung des Kindeswohls handelt.

2. Ist die Fragestellung des Gerichts eindeutig formuliert?

Wichtig ist, dass die Fragestellung des Gerichts eindeutig formuliert ist, damit der Sachverständige sich in allen Phasen der Begutachtung daran orientieren kann. Nicht eindeutige Fragestellungen können die Grundlage zu späterer Kritik an der Arbeit des Sachverständigen darstellen, indem man ihm vorwirft, er habe nicht seinem Auftrag entsprechend gehandelt.

3. Ist die Fragestellung so offen formuliert, dass noch keine Lösung angedeutet wird?

Von besonderer Bedeutung ist es, dass der Sachverständige keine Fragestellung im Beweisbeschluss akzeptiert, in der schon eine Lösung angedeutet wird, weil man ihm sonst später vorhalten kann, er sei voreingenommen an die Begutachtung herangegangen. Eine wissenschaftliche Begutachtung setzt voraus, dass der Sachverständige frei ist, alle Möglichkeiten zu prüfen.

4. Wird in der Fragestellung bereits auf Besonderheiten der familiären Situation hingewiesen?

Im Beweisbeschluss können sich schon Hinweise auf Besonderheiten der familiären Situation finden wie z. B. (a) mögliche Vernachlässigung der Kinder, (b) mögliche Misshandlung der Kinder, (c) möglicher sexueller Missbrauch der Kinder, (d) Frage nach einer Unterbringung der Kinder außerhalb der Familie, (e) Frage nach der Geschwisterbeziehung und möglichen Geschwistertrennung, (f) Frage nach der Beziehung zu Großeltern, Stiefeltern, Pflegeeltern. Diese Hinweise kann der Sachverständige für seine Planung nutzen, z. B. hinsichtlich der zu prüfenden Variablen oder der Auswahl der Personen, die er einbeziehen wird.

5. Erlaubt die Fragestellung explizit Freiräume für die Untersuchung, d. h., dass außer der Kernfamilie auch andere Personen einbezogen werden können?

Um die familiäre Situation eines Kindes aus psychologischer Sicht umfassend beurteilen zu können, kann es notwendig sein, noch Personen außerhalb der Kernfamilie in die Untersuchung einzubeziehen. Dies muss im Beweisbeschluss dann eindeutig eingeräumt sein, z. B. durch folgenden Ausschnitt im Beschluss: „Es soll unter Einbeziehung des sozialen Umfeldes untersucht werden ...“. Ohne einen solchen Passus im Beschluss könnte sonst der Sachverständige beispielsweise nicht die Großeltern, bei denen das Kind überwiegend lebt, in die Untersuchung einbeziehen. Wenn der Sachverständige keine Änderung des Beweisbeschlusses verlangt, so wird er zumindest nach Rücksprache mit dem Gericht auch das Einverständnis der Eltern einholen. Dies betrifft u.a. auch Erzieherinnen, Lehrer und Ärzte, die in bestimmten Bereichen mit der Betreuung, Versorgung und Erziehung des Kindes befasst sind. Aus ethischen und finanziellen Gründen wird der Sachverständige den Kreis der einzubeziehenden Personen auf die für das Kind wichtigen Personen beschränken.

6. Ist eine Rücksprache mit dem Gericht hinsichtlich der Fragestellung erforderlich?

Bestehen Unklarheiten in der Fragestellung, so können diese durch ein Telefonat geklärt werden. Gegebenenfalls wird ein geänderter Beweisbeschluss vereinbart. Solche Telefonate verbessern die Kommunikation und Zusammenarbeit zwischen den beteiligten Professionen, weil man dadurch z.B. die Denk- und Argumentationsweise des anderen kennen lernen und besser verstehen kann.

7. Ergeben sich im Verlauf der Begutachtung aus psychologischer Sicht Hinweise darauf, dass die Fragestellung ergänzt oder erweitert werden muss?

Es kann sich bei der Bearbeitung des Gutachtenauftrags herausstellen, dass die Fragestellung ergänzt oder erweitert werden muss. Dies kann z.B. der Fall sein, wenn sich bei Untersuchungskontakten zu einer Besuchsregelung herausstellt, dass die praktizierte Sorgerechtsregelung dem Wohl des Kindes entgegen steht. Hier kann der Sachverständige nur dann rechtlich gesichert arbeiten, wenn das Gericht die Fragestellung entsprechend ändert.

8. Sind prinzipiell genügend Kenntnisse und Fertigkeiten vorhanden, um die gerichtliche Fragestellung angemessen beantworten zu können?

Es kann vorkommen, dass Gerichte Fragestellungen formulieren, die prinzipiell nicht beantwortet werden können. Dies kann z.B. der Fall sein, wenn nach der Ausprägung von bestimmten Merkmalen vor einem bestimmten Ereignis gefragt wird, aus der Zeit vor diesem Ereignis aber keine aussagekräftigen Beobachtungen vorliegen. Andere Fragestellungen sind prinzipiell beantwortbar aber nicht durch einen bestimmten Psychologen, da dieser dazu aufgrund seiner fachlichen Interessenschwerpunkte nicht genügend Kenntnisse und Fertigkeiten hat. So kann es z.B. erforderlich sein, einen Dolmetscher hinzuzuziehen und sich intensiv mit dem anderen kulturellen Hintergrund, in dem eine Familie lebt, auseinanderzusetzen.

9. Ist die Bearbeitung der Fragestellung ethisch zu verantworten?

Grundsätzlich können auch familienrechtliche Fragestellungen, z.B. durch ein Versehen, so formuliert sein, dass sie ethisch nicht zu verantworten sind. Dies kann sich bei allen soeben dargestellten Problemen und Schwierigkeiten mit der Fragestellung ergeben, oder indem der Sachverständige z.B. im Beweisbeschluss zugleich einen therapeutischen Auftrag erhält. Die Rolle des Diagnostikers, der einen Gutachtenauftrag im Auftrag des Familiengerichts bearbeitet, und die Rolle eines Therapeuten sind bei familienrechtlichen Gutachten grundsätzlich unvereinbar: Der Diagnostiker ist nicht nur strikt zur Sachlichkeit und Neutralität gegenüber den Beteiligten, sondern auch zur Mitteilung aller relevanten Informationen an das Gericht verpflichtet. Der Therapeut hingegen kann oft nur dann wirkungsvoll mit seinem Klienten arbeiten, wenn dieser sich ihm gegenüber völlig öffnet. Damit dies möglich ist, unterliegt der Therapeut der Schweigepflicht. Ein der Situation der Familie angemessenes Vorgehen zieht sich sicher nicht allein auf den diagnostischen Auftrag des Gerichts zurück, sondern initiiert familienunterstützende Maßnahmen, wo dies notwendig ist. Diese Vorgabe findet sich mittlerweile auch in vielen Beweisbeschlüssen.

10. Was ist zu tun, wenn in der Fragestellung oder im Verlauf der Begutachtung der Verdacht des sexuellen Missbrauchs geäußert wird?

Bei manchen familienrechtlichen Verfahren stellt das Gericht die Frage nach einem möglichen sexuellen Missbrauch des Kindes. In anderen Verfahren ergibt sich diese Frage manchmal im Verlauf der Begutachtung. Ein im Rahmen einer familienrechtlichen Auseinandersetzung vorgebrachter Vorwurf des sexuellen Missbrauchs muss unter dem Aspekt des Kindeswohls sorgfältig geprüft werden, da das Kind entweder vor möglichen Wiederholungen geschützt werden muss oder unberechtigte Beschuldigungen seine familiären Beziehungen zerstören können. Familienrechtliche Begutachtung ist in einem solchen Fall verknüpft mit der Begutachtung der Glaubhaftigkeit von Zeugenaussagen. In der fachpsychologischen Literatur wird empfohlen, zunächst den Missbrauchsverdacht zu prüfen und in einem zweiten Schritt die Frage der elterlichen Sorge oder des persönlichen Umgangs zu klären. Was dabei im Einzelnen zu beachten ist, kann hier aus Raumgründen nicht vorgestellt werden. Dazu sei auf die entsprechende Fachliteratur verwiesen (Greuel, Fabian & Stadler, 1997; Greuel, Offe, S., Fabian, A., Wetzels, Fabian, T., Offe, H. & Stadler, 1998; Kluck, 1995; Rösner & Schade, 1993; Salzgeber, Scholz, Wittenhagen & Aymans, 1992; Undeutsch, 1993).

4.2 Leitfragen zu Psychologischen Fragen (= Hypothesen)

Psychologisches Diagnostizieren bedeutet, ein Individuum den Bedingungen zuzuordnen, die möglichst gut zu ihm passen. Im familienrechtlichen Kontext bedeutet dies z.B. für ein Kind die Bedingungen zu beschreiben, die unter bestimmten Gegebenheiten für seine weitere Entwicklung die relativ besten sind. Dazu müssen jedoch die entscheidenden Anforderungen an diese Entwicklungsbedingungen empirisch festgestellt worden sein. Erst wenn ein Sachverständiger diese Anforderungen möglichst vollständig kennt, kann er für ein Kind feststellen, wie weit und in welchem Lebenszusammenhang die Entwicklungsbedingungen des Kindes diesen Anforderungen entsprechen.

1. Welche Variablen sind im Sinne eines Anforderungsprofils bei familienrechtlichen Fragestellungen geeignet, das zur Beantwortung der Fragestellung relevante Verhalten der beteiligten Personen zu beschreiben, zu erklären und vorherzusagen?

Bei familienrechtlichen Fragestellungen umschreiben zunächst die juristischen Kriterien des Kindeswohls (a) Bindungen des Kindes, (b) Wille des Kindes, (c) Kontinuität der Betreuung und Umgebung für das Kind und (d) die Förderung des Kindes das relevante Anforderungsprofil. Unter psychologischen Gesichtspunkten muss dieses jedoch entsprechend dem Einzelfall weiter differenziert werden (vgl. Westhoff & Kluck, 1998, S. 18-20 zum Anforderungsprofil allgemein, S. 56-58 zum Anforderungsprofil bei familienrechtlichen Fragestellungen).

2. Ist die Auswahl der Variablen vollständig?

Aus psychologischer Sicht lässt sich das Anforderungsprofil der juristischen Kriterien des Kindeswohls in eine Reihe psychologischer Variablen differenzieren, die dazu genutzt werden können, das relevante Verhalten der beteiligten Personen zu beschreiben, zu erklären und vorherzusagen. Auf diese bei familienrechtlichen Fragestellungen relevanten Variablen werden wir in den nächsten Unterkapiteln (vgl. Kapitel 4.3) detailliert eingehen, damit die Auswahl der Variablen durch den Psychologen vollständig sein kann. Die Auswahl von Variablen muss schon bei der Planung sehr sorgfältig erfolgen, weil ansonsten nicht systematisch alle relevanten Informationen erhoben werden können.

3. Sind die Variablen verhaltensbeschreibend definiert?

Bei jeder Variablen ist es für die Nachvollziehbarkeit und Prüfbarkeit eines Gutachtens wichtig, dass sie durch die Beschreibung konkret beobachtbaren Verhaltens definiert wird. Werden zu dieser Beschreibung nur Eigenschaftswörter verwendet, so kann dies zu Missverständnissen führen, weil diese oft in ihrer Bedeutung nicht eindeutig sind.

4. Beschreiben die Variablen stabile Verhaltensmerkmale einer Person?
5. Sind die Verhaltensmerkmale änderbar oder kompensierbar?

Da wir in einer sich ständig wandelnden Welt leben, muss damit gerechnet werden, dass sich die Anforderungen an Menschen in einem bestimmten Bereich ändern. Was heute eine wichtige Anforderung ist, kann im nächsten Jahr vielleicht schon weniger wichtig sein. Der Sachverständige tut also gut daran, bei allen Anforderungen eines Anforderungsprofils abzuschätzen, wie stabil diese vermutlich sein werden. Den Anforderungen entsprechen bestimmte Merkmalsausprägungen auf Seiten der beurteilten Personen. Hier gibt es mehr oder weniger stabile Merkmale. Alle geistigen Leistungsmerkmale sind bekanntermaßen über relativ lange Zeiten eines Lebens hinweg in ihrer Ausprägung gleich. Einstellungen, Erwartungen, Ziele, Überzeugungen und Meinungen können sich hingegen schneller wandeln.

Von der Stabilität der Merkmale von Personen ist die Änderbarkeit abzuheben. Mangelnde Kenntnisse in der Versorgung von Kindern können beispielsweise sehr stabil sein, wenn man nicht versucht, sie zu beheben. Bei entsprechenden Voraussetzungen wie geeigneter Motivation und Anleitung lassen sie sich jedoch gut ändern. Auch diesen Aspekt bedenkt der Sachverständige, wenn er festzustellen hat, wie gut jemand einem Anforderungsprofil entspricht.

Anforderungen, die in einem Anforderungsprofil zusammengestellt sind, können sich gegenseitig ausgleichen, d.h., die Minderausprägung in einer Anforderung kann durch eine Mehrausprägung in einer anderen wettgemacht werden. Dann spricht man von einer kompensierbaren Anforderung. Daneben kann es aber auch Anforderungen geben, deren Minderausprägung nicht durch eine Mehrausprägung in einer anderen ausgeglichen werden kann. In einem solchen Fall spricht man von einer nicht kompensierbaren Anforderung.

6. Ist die Art und das Ausmaß des Zusammenhangs zwischen den ausgewählten Variablen und dem zu diagnostizierenden Verhalten in validen Untersuchungen bestätigt worden?
7. Ist die Stärke dieses Zusammenhangs praktisch bedeutsam?

Bevor ein Psychologe sich entschließt, bestimmte Variablen als zu untersuchende Größen auszuwählen, wird er sich vergewissern, wie diese Variable mit dem zu erklärenden oder vorherzusagenden Verhalten in wissenschaftlichen Untersuchungen zusammenhängt. Variablen können qualitativ sein, wie z.B. Bindung, oder quantitativ sein, d.h. in einem bestimmten Ausprägungsgrad vorliegen. Bei letzterem ist festzustellen, ob der Zusammenhang zu dem interessierenden Verhalten monoton (Spezialfall linear) oder kurvilinear ist. Bevor der Psychologe sich für eine Variable entschließt, wird er ferner in der Literatur deren „praktische Bedeutsamkeit" prüfen, d.h., wie groß die Erklärungs- oder Vorhersagekraft dieser Variablen bei dem in der Fragestellung interessierenden Verhalten ist (vgl. Westhoff & Kluck, 1998, S. 38f.).

Beispiele zur Auswahl von Variablen und Formulierung Psychologischer Fragen bei gerichtlichen Fragen zur elterlichen Sorge finden sich bei Kluck und Westhoff (1992, S. 28–34) sowie Westhoff und Kluck (1998, S. 55–62).

4.3 Leitfragen zur Auswahl relevanter psychologischer Variablen

Entscheidender Maßstab für die Beantwortung einer familienrechtlichen Fragestellung ist das Kindeswohl. Der Gesetzgeber hat den Begriff Kindeswohl bewusst offen und unbestimmt gehalten, um Gelegenheit zu geben, die individuellen, rechtlichen, familiären, sozialen und finanziellen Bedingungen jedes einzelnen Kindes berücksichtigen zu können. Kindeswohl kann nur für jedes einzelne Kind in seiner spezifischen Familiensituation inhaltlich beschrieben werden (u.a. Banach, 1998; Berk, 1985; Salzgeber, 1992). Gleichwohl werden aus juristischer Sicht Kriterien genannt, die zur Bestimmung des Kindeswohls bedeutsam sind, und auch die Psychologie als empirische Wissenschaft leistet einen wesentlichen Beitrag dazu, das Wohl der Kinder differenziert beschreiben zu können. Die nachfolgende Aufstellung zeigt, welche Variablen für eine sorgfältige, einzelfallorientierte Diagnostik bedeutsam werden können. Sie wurden in einer umfangreichen inhaltsanalytischen Untersuchung an einer repräsentativen Stichprobe von 245 familienrechtlichen Gutachten zusammengetragen (Klüber, 1998; Terlinden-Arzt, 1998) und haben sowohl einen theoretischen als auch einen praktischen Bezug zu dem Thema:

1. Bindungen des Kindes an seine Eltern
2. Wille des Kindes
3. Kontinuität der Beziehungen, der Betreuung und der Lebensumstände
4. Förderungsmöglichkeiten der Eltern und ihr Verhalten gegenüber dem Kind
5. Geschwisterbeziehungen
6. Beziehungen des Kindes zu anderen Personen seines familiären und sozialen Umfeldes
7. Rolle der anderen Personen des familiären und sozialen Umfeldes
8. Lebensumstände des Kindes
9. Entwicklungsstand des Kindes
10. Reaktionen des Kindes auf die familiäre Krise
11. Besuchskontakte des Kindes zu dem Elternteil, bei dem es nicht lebt
12. Persönlichkeit der Eltern
13. Beziehung zwischen den Eltern und ihre Kooperationsbereitschaft

Welche der genannten Variablen in die familienpsychologische Diagnostik einbezogen werden müssen und welche nicht, kann nicht generell gesagt werden. Diese Entscheidung trifft der Psychologe bei seiner einzelfallorientierten Planung, Durchführung und Bewertung im Verlauf des diagnostischen Prozesses. Einzelne Variablen sind dabei immer von Bedeutung, z.B. die Bindungen eines Kindes und das Verhalten der Eltern gegenüber ihren Kindern, werden aber je nach Alter oder Entwicklungsstand des Kindes unterschiedlich gewichtet. Andere Variablen müssen nur bei bestimmten Familienkonstellationen herangezogen werden, wenn die Eltern z.B. neue Partner haben oder Großeltern bei der Betreuung und Versorgung der Kinder eine wichtige Funktion übernehmen. Die nachfolgenden Leitfragen zeigen auf, was bei den jeweiligen Variablen berücksichtigt werden kann und geben dem Diagnostiker Hilfestellungen, zu entscheiden, ob dies für die vorliegende Fragestellung bedeutsam ist. Dabei erleichtert ihm die Formulierung möglicher relevanter Teilaspekte den Zugang zu dem komplexen Problemfeld. Grundsätzlich ist zu berücksichtigen, dass die einzelnen Variablen sehr stark miteinander vernetzt sind. Bei einer zusammenfassenden Bewertung werden die Ergebnisse daher nicht summarisch zusammengefasst, sondern entsprechend ihrer wechselseitigen Abhängigkeiten integriert.

4.3.1 Leitfragen zu den Bindungen des Kindes an seine Eltern

Die Bindungen des Kindes an seine Eltern wurden im alten §1671 BGB als Kriterium zur Bestimmung des Kindeswohls aufgeführt. Im neuen Gesetzestext wird dieses Kriterium nicht mehr explizit benannt, sondern allgemein auf das Kindeswohl abgehoben, wenn der Richter entscheiden soll, ob z.B. dem Antrag eines Elternteils auf alleinige elterliche Sorge stattgegeben werden kann oder nicht. Gibt es keinen Antrag, bleibt die elterliche Sorge bei beiden Eltern. Wenn im streitigen Verfahren eine Regelung für das Kind gefunden werden soll, bleiben die Bindungen eines Kindes an seine Eltern aus psychologischer Sicht ungeachtet dessen ein zentrales Kriterium neben einigen anderen.

1. Welches Bindungskonzept oder Konzept von Beziehungen vertritt der Sachverständige bei seiner Arbeit?

Mit dem Konzept der Bindungsqualität, das auf Bowlby (1969) zurückgeht, liegt in der Psychologie ein theoretisch und empirisch gut gesichertes Konzept vor (vgl. Spangler & Zimmermann, 1995). Ein Kind entwickelt nur dann Bindungen zu seinen leiblichen Eltern oder anderen Bezugspersonen, wenn es zu diesen Kontakt haben kann. Es wird zwischen sicheren Bindungen, unsicher-vermeidenden und unsicher-ambivalenten Bindungen unterschieden, die sich im ersten Lebensjahr eines Kindes aufbauen, je nachdem, inwiefern es seine Bezugspersonen als sichere Basis zur Erkundung der Umwelt benutzen konnte und welche Erfahrungen das Kind in der Interaktion mit diesen gemacht hat. Dabei ist es möglich, zu verschiedenen Bezugspersonen unterschiedliche Bindungsqualitäten aufzubauen. Die Bindungstheorie beschäftigt sich vor allem mit den Auswirkungen der Trennung der Kinder von ihren Bezugspersonen auf die Persönlichkeitsentwicklung und ist auf die Situation der Trennung und Scheidung übertragbar. Die besondere Situation der Scheidung kann dabei dazu führen, dass eine positive Bindungsqualität leidet und unsicherer wird, da die Eltern bedingt durch ihren eigenen Konflikt nicht mehr so feinfühlig auf die Kinder eingehen oder sie in den „Machtkampf" einbeziehen. Eine unsichere Bindungsqualität kann sich aber auch verbessern, wenn ein Elternteil aufgrund verbesserter Lebensumstände feinfühliger für die Bedürfnisse des Kindes wird (Schwabe-Höllein & August-Frenzel, 1995).

Die Bedeutung einer sicheren Bindung für die weitere Entwicklung des Kindes wurde durch längsschnittliche Untersuchungen gut belegt (u.a. Spangler & Grossmann, K., 1995). Eine sichere Bindung bildet die Grundlage für seelische und geistige Gesundheit. Frühe Bindungserfahrungen werden als internale Vorstellungsmodelle (internal working models; Main, Kaplan & Cassidy, 1985) vom eigenen Selbst, von den Bindungspersonen und von der Welt verankert. Sie enthalten bisherige Erfahrungen, Erwartungen und Motive des Kindes, strukturieren Handlungen, Verhaltensweisen und Erwartungen im emotionalen Bereich und in späteren Beziehungen. Die Bindungsforschung hat auch Bezüge zwischen der Bindungsqualität und anderen psychologischen Größen untersucht, z. B. zum außerfamiliären sozialen Verhalten (Suess, Grossmann, K.E. & Sroufe, 1992) oder zum Selbstbild und Selbstkonzept (Schwabe-Höllein & August-Frenzel, 1995; Suess et al., 1987).

Die Diagnostik von Bindungsqualitäten, z.B. in Interaktionsbeobachtungen oder im Gespräch über internale Vorstellungsmodelle, erfordert fundiertes Wissen und Erfahrung. Nur vor dem Hintergrund bindungstheoretischer Forschungsergebnisse lassen sich Missverständnisse und Fehlinterpretationen vermeiden. Anklammerndes Verhalten ist z.B. nicht als Zeichen einer sicheren Bindung zu verstehen, sondern bedeutet, dass das Kind nicht genügend emotionale Sicherheit hat, neugierig seine Umwelt zu erkunden. Oder wenn ein Kind einen Elternteil nach der Trennung ablehnt, muss dies nicht unbedingt ein Zeichen einer unsicheren Bindungserfahrung sein, sondern kann ebenso eine trennungsbedingte Trauerreaktion auf das Verlassenwerden durch eine geliebte Bezugsperson darstellen (Salzgeber, 1992; Schwabe-Höllein & August-Frenzel, 1995). Bei der Interpretation ist deshalb die besondere Situation der Scheidung zu berücksichtigen, die die Kinder meistens verunsichert und in der Eltern sich häufig anders verhalten als vorher (s.o.).

2. Wird das Konzept der Bindungen erläutert?

Um die Nachvollziehbarkeit und Transparenz eines psychologischen Gutachtens zu gewährleisten, wird der Sachverständige das Bindungskonzept, welches er heranzieht, im Gutachten vorstellen und erklären. Dies ist wichtig, da vom vorgestellten Konzept der „Bindungsqualität" das Konzept der „Bindungsstärke" abgegrenzt werden muss. Bindungsstärke wird in der Regel operationalisiert durch Verhaltensweisen wie räumliche Nähe und Distanz, auf dem Schoß sitzen, etc. Solche quantitativen Bindungsunterschiede können aus psychologischer Sicht in der Regel aber keine Sorgerechtsentscheidung oder Entscheidung zum Aufenthaltsort eines Kindes nach der Trennung seiner Eltern begründen, da diese Unterschiede oft sehr gering ausfallen bzw. nicht zuverlässig zu erfassen sind (Fthenakis, 1985) und deshalb nicht messbar sind (Lempp, 1984). Das Konzept der „Bindungsstärke" besitzt zudem nur geringe prognostische Validität, da die Intensität von Bindungsverhaltensweisen stark kontextabhängig ist (Suess, Schwabe-Höllein & Scheuerer, 1987).

3. Werden die Bindungen aus der Perspektive des Kindes beschrieben?

Um in strittigen familienrechtlichen Verfahren das Wohl des Kindes aus psychologischer Sicht einzuschätzen, wird der Sachverständige die Beziehungen des Kindes zu seinen Eltern aus der Perspektive des Kindes und vor dem Hintergrund seiner emotionalen Belastungen und Bedürfnisse beschreiben. Die Eltern und andere Bezugspersonen des Kindes werden dabei nicht außer Acht gelassen, sondern ihre Möglichkeiten, Verantwortung für das Kind zu übernehmen und die Beziehung zu ihm zu gestalten, werden anhand weiterer Variablen beschrieben. Das verweist darauf, dass die einzelnen Variablen nicht unabhängig voneinander gesehen werden können, sondern sich wechselseitig beeinflussen. Die Bindungen in dem hier vorgestellten Sinne gestaltet ein Kind in Reaktion auf das Verhalten seiner Bezugspersonen. Seine Sicherheit oder Unsicherheit und seine Gefühle, die es mit den Erwachsenen verbindet, sind ein erster zentraler Zugang zu seiner emotionalen Befindlichkeit in der konflikthaften familiären Situation.

4. Besteht eine durchgehende emotionale Tendenz des Kindes zu einem Elternteil in dem Sinne, dass es sich zu einem mehr oder weniger hingezogen fühlt?

Hier wird der Sachverständige prüfen, ob das Kind sich zu einem Elternteil emotional besonders hingezogen fühlt. Eindeutige Präferenzen haben Kinder selten. Vielmehr repräsentieren Eltern oder andere Bezugspersonen für ein Kind jeweils spezifische, oft sich ergänzende Beziehungsqualitäten, die je nach Entwicklungsstand, Lebenssituation und aktuellem Befinden des Kindes in seinem Erleben starkes oder weniger starkes Gewicht bekommen. Deshalb wird der Sachverständige geäußerte Präferenzen eines Kindes immer auch relativieren auf andere diagnostisch bedeutsame Variablen, wie z. B. die besondere Situation des familiären Konfliktes, die Möglichkeiten eines Kindes, seine Vorstellungen zu äußern, und seine entwicklungsbedingten Bedürfnisse.

5. Welche Beziehungsqualitäten kennzeichnen die gegenwärtige Beziehung des Kindes zur Mutter und zum Vater?

Das oben vorgestellte Konzept der Bindungsqualität ist ein wichtiger Aspekt für die Diagnostik der Beziehungen des Kindes zu seinen Eltern. Darüber hinaus gibt es weitere Aspekte, anhand derer Beziehungen beschrieben werden können, z. B. die Gefühle, die füreinander empfunden werden oder mögliche Konflikte, die in einer Beziehung bestehen. Solche Beziehungsqualitäten kann der Sachverständige sich in Gesprächen beschreiben lassen und anhand von Eltern-Kind-Interaktionen beobachten. Dabei wird er prüfen, ob die Beziehungen überwiegend positiv beschrieben werden oder ob es aus psychologischer Sicht kritische oder negative Qualitäten gibt. Solche negativen Beziehungsqualitäten wird er im Gutachten in der Regel ausführlicher darstellen, weil diese in der Argumentation für das Kindeswohl ausschlaggebend sein können. Dennoch ist es auch wichtig, in jedem Fall die positiven Aspekte von Beziehungen darzustellen, weil die Leser des Gutachtens nur dann die Situation des Kindes angemessen berücksichtigen können. Zudem wird es Eltern leichter fallen, ihren Anteil an Schwierigkeiten ihres Kindes zu sehen, wenn auch die positiven Aspekte ihrer Interaktion mit dem Kind dargestellt werden. Die positiven Aspekte können zudem ein erster Ansatzpunkt und Motivation für Änderungen sein. Negative Beziehungsqualitäten, an die Sachverständige im Rahmen der familienrechtlichen Begutachtung denken können, sind z. B., dass ein Kind in der Beziehung zu seinen Eltern Angst erlebt, überdauernd oder häufig wiederkehrend Konflikte mit ihnen hat, dass es sich emotional von ihnen alleine gelassen fühlt, sich von ihnen entfremdet hat, oder sie ablehnt. Bei Kindern, die die Trennung ihrer Eltern miterleben, ist es aus psychologischer Sicht für die weitere Entwicklung des Kindes ungünstig, wenn es für die Eltern, die selber emotional belastet sind, Verantwortung übernimmt, Schuldgefühle oder einseitige Loyalitäten entwickelt, oder oft nur einen Elternteil idealisiert.

6. Wie verhält sich das Kind im Alltag gegenüber seiner Mutter und seinem Vater?

Der psychologische Sachverständige beurteilt die Qualität der Beziehung eines Kindes zu seinen Eltern vor dem Hintergrund seiner Beobachtungen. Dabei wird er sich nicht allein darauf verlassen, den Familienmitgliedern Eigenschaften zuzuschreiben, z. B. die Mutter ist emotional zugewandt, der Vater ist zuverlässig, das Kind ist lebhaft. Bei solchen adjektivischen Beschreibungen zieht jeder unterschiedliche Beobachtungsgrundlagen heran, sodass die Bedeutung der gewählten Adjektive sich bei verschiedenen Beobachtern nicht unbedingt deckt. Anhand von Fragen nach dem konkreten, alltäglichen Verhalten des Kindes gegenüber seiner Mutter oder seinem Vater und entsprechenden eigenen Beobachtungen macht er diese Beurteilungsgrundlagen für seine eigene Bewertung und für die Leser des Gutachtens transparent und nachvollziehbar.

In verschiedenen Situationen kann die Interaktion zwischen Eltern und Kind beobachtet werden, um die Beziehungen auf der konkreten Verhaltensebene umfassend beschreiben zu können. Dazu gehören alltägliche Situationen wie gemeinsame Mahlzeiten, Hausaufgabenbetreuung oder wenn Eltern ihren Kindern Verhaltensregeln nahe bringen. Dazu gehören ebenso Situationen, in denen Kinder mit ihren Eltern spielen oder Körperkontakt zu ihnen suchen, aber auch Situationen, in denen Konflikte ausgetragen werden, Kinder die Unterstützung ihrer Eltern einfordern oder emotional verunsichert sind. Dabei wird der Sachverständige jeweils prüfen, wann Kinder z. B. Nähe oder Unterstützung suchen, oder wann sie im Kontakt mit den Eltern emotional verunsichert sind und welche Schwierigkeiten in den Interaktionen auftreten. Auf Seiten der Eltern wird er dann erfragen und beobachten, welche Angebote diese den Kindern in den jeweiligen Situationen machen und inwiefern diese der Situation des Kindes angemessen sind (vgl. hier Leitfragen zum Verhalten der Eltern gegenüber ihren Kindern).

7. Wie hat sich die Beziehung zur Mutter und zum Vater bis heute entwickelt?
8. Welche positiven oder negativen Erfahrungen hat das Kind in der Vergangenheit mit der Mutter, mit dem Vater gemacht, die heute noch von Bedeutung sind?
9. Unter welchen Bedingungen kann sich die Beziehung zur Mutter und zum Vater in der Zukunft positiv bzw. negativ entwickeln?

Um die gegenwärtige Beziehung des Kindes zu seiner Mutter oder zu seinem Vater einschätzen zu können, wird der Sachverständige auch Informationen über die Beziehung aus der Vergangenheit heranziehen. Dabei kann zum einen geprüft werden, welche Bedingungen des Zusammenlebens die Grundlage für die Entwicklung der derzeitigen Beziehung waren, und zum anderen kann geprüft werden, ob, wann und aufgrund welcher Ereignisse sich die Beziehungsqualitäten geändert haben. Bei beiden Fragen ist nicht allein das Erleben des Kindes bedeutsam, sondern vielfältige andere Aspekte, die in anderen hier vorgestellten Variablen aufgegriffen werden. An dieser Stelle wird die Vernetzung zwischen den relevanten Variablen besonders deutlich. Die retrospektiven Informationen zur Interaktion zwischen dem Kind und seinen Eltern können für prognostische Aussagen darüber herangezogen werden, ob Änderungen möglich sind, und wenn ja, unter welchen Voraussetzungen. Prognosen beruhen in der Psychologie immer auf der Bewertung einer Entwicklung, bei der die für vergangenes Verhalten wichtigen Bedingungen berücksichtigt werden. Dabei kann die Dynamik kindlicher Beziehungen überdauernde Änderungen der Präferenzen mit sich bringen und u.U. sogar einen späteren Aufenthaltswechsel begründen.

10. Welche Bedeutung hat das Kriterium der Bindungen für die Empfehlung in einem konkret vorliegenden Fall?

Der Stellenwert der Bindung als sorgerechtsrelevantes Kriterium wird kontrovers diskutiert. Von einem systemischen Standpunkt aus wird die einseitige Betonung der Bindungen bei der familienrechtlichen Empfehlungs- und Entscheidungsfindung kritisiert (Fthenakis, 1985; Klenner, 1989). Psychoanalytische Vertreter wie z.B. Lempp (1984) bewerten die Bindungen als primäres Kriterium. Die Ausführungen zum Thema Bindungen und Beziehungen des Kindes zeigen, dass sich dahinter ein umfangreiches Konzept mit vielen verschiedenen Aspekten verbirgt. Die Bindungen des Kindes sind nach Lage des Einzelfalles oft nicht höher zu bewerten als andere Kriterien, aber es gibt Argumente, die für eine höhere Gewichtung sprechen.

Bei den hoch strittigen Fällen erfordert die gerichtliche Fragestellung eine Antwort darauf, bei welchem Elternteil das Wohl des Kindes mehr oder weniger gut gewährleistet ist (Sponsel, 1994). Das Konzept der Bindungsqualität ist geeignet, einen Beitrag zu diesen Antworten zu leisten. Nach einer katamnestischen Untersuchung von Kaltenborn (1987, 1989) zu 60 Gutachten stützten die Sachverständigen in 76,5 Prozent der Fälle ihre Empfehlungen primär auf die personalen Beziehungen der Kinder. Dabei waren nicht nur deutliche Bindungsunterschiede relevant, sondern auch emotionale Tendenzen und Vorlieben, wenn zu beiden Eltern eine positive Beziehung bestand. Kaltenborn bewertet seine Ergebnisse dahingehend, dass mit der Berücksichtigung der Bindungen das Kind als Person ernst genommen und in seiner Würde geachtet wird, was sich positiv auf die Anpassung an die neue Lebenssituation nach der Scheidung auswirkt. Diese Gewichtung der Bindungen bedeutet nicht, dass sie alleine eine Empfehlung begründen können. Hier sind die Kontinuität des bestehenden Beziehungsnetzes, die unterschiedlichen Rollen verschiedener Bezugspersonen, die Ressourcen des Kindes, die Trennung zu verarbeiten, die Möglichkeiten der Eltern, die Interessen der Kinder eigenen Interessen voranzustellen, ihre Flexibilität im Umgang mit den bestehenden Problemen und die Entwicklungsmöglichkeiten bei dem jeweiligen Elternteil einige exemplarisch zu nennende Variablen, die das Kriterium je nach Alter des Kindes ergänzen (Nowack, 1994; Salzgeber, 1992; Schwabe-Höllein & August-Frenzel, 1995; Strunk, 1997).

4.3.2 Leitfragen zum Willen des Kindes

Familienrechtliche Fragestellungen konfrontieren Kinder häufig mit einer Situation, die von ihnen so nicht gewünscht wurde. Kein Kind möchte, dass die familiären Beziehungen, die ihm Sicherheit und Vertrauen vermittelt haben, auseinander gerissen werden. Lediglich emotionale Vernachlässigung und Gewalterfahrungen führen bei manchen Kindern dazu, dass sie die entsprechende Person aus ihrer Familie ausgrenzen wollen. In der Regel trauern Kinder noch lange Zeit nach dem Auseinanderbrechen der Familie und wünschen sich, wieder mit den Eltern zusammenleben zu können. Glücklicherweise gelingt es den meisten Eltern, nach der Trennung für sich und ihre Kinder eine Lebensform zu finden, mit der letztlich alle zufrieden sein können. Nur in den seltenen Fällen, in denen dies nicht gelingt und auch Beratungsangebote nicht zum Erfolg geführt haben, wird ein psychologischer Sachverständiger eingeschaltet. Im Erleben der Kinder bedeutet das oft, sich für einen der beiden elterlichen Lösungsvorschläge entscheiden zu müssen. Ihrem Bedürfnis, die Beziehungen zu beiden Eltern ungestört leben und gestalten zu können, entspricht dies in aller Regel nicht. Mit der Frage, ob sie lieber beim Vater oder bei der Mutter leben wollen, sind sie emotional völlig überfordert. Ebenso werden ihnen bei Fragen zu Besuchskontakten Entscheidungen abverlangt, die ihre Möglichkeiten, mit emotionalen Belastungen umzugehen, übersteigen. Es ist wichtig, dies zu berücksichtigen, wenn man erwartet, dass sich Kinder in familienrechtlichen Auseinandersetzungen klar und eindeutig äußern. Diplom-Psychologen sind vor allem dann gefragt, wenn Willensäußerungen von Kindern nicht eindeutig sind oder ganz fehlen. Dann wird der Sachverständige seine Untersuchung je nach Fragestellung im Hinblick auf eine mögliche Sorgerechts- oder Aufenthaltsregelung für das Kind ausrichten und/oder auf die Vorstellungen des Kindes zu möglichen Umgangskontakten zu dem Elternteil, bei dem es nicht mehr alltäglich lebt. Dabei wird er nicht nur erheben, wie ein Kind sich wozu äußert, sondern auch unter welchen Bedingungen es etwas sagt und unter welchen Bedingungen sich Aussagen möglicherweise ändern.

Willensäußerungen des Kindes zu seinem ständigen Aufenthalt (elterliche Sorge)

1. Äußert das Kind in irgendeiner Form Bevorzugungen oder Ablehnungen zum Zusammenleben mit einem Elternteil?
2. Ist das Kind in seinen Äußerungen zur elterlichen Sorge unentschieden?
3. Sind die Äußerungen des Kindes dazu wechselnd?
4. Hat das Kind konkrete Vorschläge oder Kompromisse zu seinem Lebensmittelpunkt?

Willensäußerungen des Kindes zu Besuchskontakten (persönlicher Umgang)

5. Hat das Kind Vorstellungen dazu, wie die Kontakte zu dem Elternteil aussehen werden, bei dem es nicht lebt?
6. Ist das Kind in seinen Äußerungen zum persönlichen Umgang unentschieden?
7. Sind die Äußerungen des Kindes dazu wechselnd?
8. Hat das Kind konkrete Vorschläge oder Kompromisse zu einer Besuchsregelung?
9. Hat das Kind konkrete Wünsche zur Ausgestaltung der Kontakte?

Auch wenn es Kindern schwer fällt, eigene Vorstellungen zu ihrer familiären Situation zu äußern und damit eine Entscheidung herbeizuführen, machen sie sich entsprechend ihrer kognitiven Fähigkeiten durchaus Gedanken darüber und entwickeln eigene Wünsche und Vorstellungen über ihre zukünftigen Lebensbedingungen. Die im Grundgesetz verankerte Beachtung der Selbstbestimmung der Person gebietet es, die Vorstellungen der Kinder in entsprechende gerichtliche Entscheidungen einzubeziehen. Im Verlauf der verschiedenen Reformen des Familienrechts wurde daher der Wille eines Kindes immer stärker berücksichtigt. In § 50 b FGG (Gesetz über die Angelegenheiten der freiwilligen Gerichtsbarkeit) verlangt der Gesetzgeber, dass das Gericht das Kind persönlich anhört oder sich einen unmittelbaren Eindruck von dem Kind verschafft, wenn es zur Feststellung des Sachverhalts angezeigt erscheint. Auch im neuen Kindschaftsrecht werden die Vorstellungen von Kindern ab 14 Jahren explizit als Entscheidungsmaßstab benannt. Der juristische Begriff des Willens verlangt einen gewissen Stand der kognitiven Entwicklung verbunden mit der Einsichtsfähigkeit der handelnden Person. Demgegenüber wird von psychologischer Seite herausgestellt, dass der Wille des Kindes Ausdruck einer emotionalen Tendenz und grundsätzlich nicht vom Alter abhängig ist. Nur die Äußerungsfähigkeit unterliegt entwicklungsbedingten Änderungen.

10. Wie äußert sich der Wille des Kindes?
11. Äußert sich das Kind eindeutig?
12. Ist die geäußerte Haltung des Kindes konform mit seiner inneren Einstellung?

Bei der psychologischen Diagnostik der Willensäußerungen wird der Sachverständige verschiedenen Äußerungsformen begegnen. Manche Kinder geben keinerlei Hinweise, manche bringen lediglich durch Gesten, Mimik und andere Verhaltensweisen ihre Ängste, Neigungen, Abneigungen, Haltungen und Einstellungen zum Ausdruck (Balloff, 1990; Kaltenborn, 1986). Wieder andere Kinder äußern sich sehr explizit. Die hier angesprochenen Willensäußerungen beziehen sich auf Bevorzugungen und Ablehnungen bezogen auf die Mutter oder den Vater. Von den Kindern wird allerdings nicht immer die ganze Person bevorzugt oder abgelehnt. Sie sind durchaus in der Lage, einzelne Verhaltensweisen herauszustellen und eigenständig zu bewerten, z. B. wenn sich das Verhalten von Vater oder Mutter unter Alkoholeinfluss verändert und dabei nachteilig auf das alltägliche Zusammenleben auswirkt. Das Kriterium Wille des Kindes ist somit eng verbunden mit dem Kriterium der Bindungen bzw. den Grundlagen für diese Bindungen. Das, was das Kind als Wunsch im familiären Konflikt äußert, deckt sich in aller Regel mit seinem Erleben familiärer Beziehungen (Lempp, 1983).

13. Äußert das Kind seine Haltung unbeeinflusst?
14. Sagt das Kind auch in Gegenwart der Eltern, was es möchte?
15. Äußert sich das Kind realistisch in der Form, dass es die Bedeutung der möglichen Alternativen einschätzen kann?

Die Aussagen auf den verschiedenen Ebenen der Kommunikation können sich ergänzen oder auch widersprechen. Dann wird geprüft, unter welchen Bedingungen oder aufgrund welcher Beeinflussungen, gegenüber welchen Personen oder im Hinblick auf welche Aspekte des familiären Zusammenlebens sich ein Kind äußert. Umgebungsbedingungen, z. B. die Anwesenheit eines Elternteils, können das Kind ebenso beeinflussen wie materielle Versprechungen der Mutter oder des Vaters. Aufgabe des Sachverständigen ist es hier, den Willen des Kindes unabhängig von dessen Alter zutreffend zu beschreiben und echte Tendenzen von Ergebnissen beabsichtigter oder unbeabsichtigter Beeinflussungsversuche zu trennen. Versprechungen von Eltern, die die Kinder zum Bleiben bei dem einen oder Wechseln zu dem anderen Elternteil überreden sollen, können nicht von allen Kindern ausgewogen und differenziert genug gegenüber anderen, wesentlichen Aspekten abgewogen werden. Schuldgefühle und Loyalitätskonflikte gegenüber den Eltern machen es Kindern zudem oft schwierig, ihre emotionale Tendenz in einem familienrechtlichen Verfahren zu äußern.

16. Wie kommt ein Kind dazu, sich für oder gegen einen Elternteil auszusprechen?

Der Wille bzw. die emotionale Tendenz des Kindes kann an Eindeutigkeit verlieren, wenn zusätzlich verschiedene Aspekte des außerhäuslichen Erlebens, z. B. Freundeskreis, andere Bezugspersonen, möglicher Schulwechsel, eine Rolle spielen und die Kinder mit zunehmendem Alter immer weniger darauf angewiesen sind, ihre Bezugspersonen real zur Verfügung zu haben (Lempp, 1983; Spangler & Zimmermann, 1995). Der Sachverständige wird sich somit auch mit der Frage beschäftigen, wie ein Kind dazu kommt, sich für oder gegen einen Elternteil auszusprechen. Dies liegt nicht alleine in der inneren Beziehung des Kindes zur Mutter oder zum Vater begründet, sondern in vielen anderen Variablen, z. B. im Verhalten der Eltern (z. B. bei Alkoholproblemen der Eltern), in einem Verantwortungsbewusstsein für die Eltern, dass diese sich nicht mehr streiten oder nicht mehr leiden sollen. Auch äußere Bedingungen wie z. B. das Verbleiben in einer bestimmten Wohnung oder Aspekte der Betreuungssituation können hier eine Rolle spielen. Bei Kindern, die Geschwister haben, können auch Aspekte dieser Beziehungen bedeutsam sein für Bevorzugungen eines Lebensmittelpunktes, sei es, um weiterhin mit Geschwistern zusammen sein zu können oder umgekehrt, sich von ihnen lösen zu können. Auch hier wird deutlich, wie eng die verschiedenen psychologischen Variablen im Einzelfall miteinander verzahnt sind.

17. Welche Bedeutung hat das Kriterium Wille des Kindes für die Empfehlung im konkret vorliegenden Fall?

Einigkeit besteht darüber, dass der Wille eines über 14-jährigen Kindes bei einer familienrechtlichen Auseinandersetzung berücksichtigt werden sollte. Dennoch wird das Gericht oder in dessen Auftrag der Sachverständige auch hier prüfen, ob eine Entscheidung oder einvernehmliche Regelung der Eltern, die dem Willen des Kindes entspricht, nicht seinem Wohl entgegensteht. So können z. B. Einschränkungen in der Erziehungskompetenz eines Elternteils gegen den Wunsch des Kindes sprechen, mit diesem in Zukunft zusammenleben zu wollen. Vor allem bei Fragestellungen zur möglichen Herausnahme eines Kindes aufgrund einer Kindeswohlgefährdung wird die Diskrepanz zwischen den Wünschen des Kindes und den Möglichkeiten seiner Familie deutlich.

Die Frage, welche Bedeutung der Wille der Kinder unter 14 Jahren hat, und welche Beachtung er im familienrechtlichen Verfahren finden sollte, wird kontrovers diskutiert. Der oben aufgezeigte, psychologisch begründete enge Zusammenhang von Bindungen und Willensäußerungen des Kindes gibt eine Antwort auf diese Frage. Die im Grundgesetz verankerte Würde des Kindes gebietet es zudem, es nicht lediglich als Objekt einer familienrechtlichen Auseinandersetzung zu sehen, sondern ihm eine aktive Rolle zuzugestehen und das Kind auch anzuhören (Balloff, 1995; Coester, 1982; Salzgeber, 1992). Dabei sei auch hier noch einmal angemerkt, dass der Wille des Kindes zwar ein zentrales Kriterium, aber dennoch nur eines unter vielen anderen ist, welches der psychologische Sachverständige einzelfallorientiert und differenziert einbeziehen wird.

Mit der Neuregelung des Kindschaftsrechts sind erweiterte Voraussetzungen geschaffen worden, um die Wahrnehmung der eigenständigen Interessen des Kindes sicherzustellen. Unabhängig von der Beauftragung eines psychologischen Sachverständigen kann nach § 50 FGG neue Fassung einem Kind oder Jugendlichen ein Verfahrenspfleger („Anwalt des Kindes") beigeordnet werden. Für die Durchführung des gerichtlichen Verfahrens tritt der Verfahrenspfleger an die Stelle des gesetzlichen Vertreters. Er hat die Kindesinteressen in das Verfahren einzubringen, indem er z. B. umfassend den Sachverhalt und seine Aktivitäten sowie die Willensäußerungen des Kindes dem Gericht schildert und, soweit möglich, im Rahmen des prozesshaften Verlaufs der Erfassung der Willensäußerungen des Kindes u. U. auch seinen gefestigten Willen dokumentiert und hervorhebt (u. a. Balloff, 1999; Salgo, 1998; Zitelmann, 1998).

4.3.3 Leitfragen zur Kontinuität der Beziehungen, der Betreuung und der Lebensumstände

Bei dem Kriterium der Kontinuität sind im Einzelfall verschiedene Aspekte zu berücksichtigen: die Kontinuität in der Eltern-Kind-Beziehung zum Aufbau einer sicheren Bindung (s.o.), die Bewahrung aktuell bestehender Lebensbedingungen und Erziehungsverhältnisse und die Stabilität in der Erziehung und Betreuung (Derleder, 1994; Coester, 1982; Salzgeber, 1992). Kontinuität meint auch den Erhalt der Beziehungen zu weiteren Personen des sozialen Umfeldes sowie zur Wohnung, zu vertrauten Gegenständen und Spielsachen (Ell, 1990; Lempp, 1983). Die Beurteilung von Kontinuitäten bedeutet eine zusammenfassende Bewertung über einen längeren Zeitraum, wobei verschiedene Aspekte, die auch in anderen Variablen angesprochen werden, eine Rolle spielen.

1. Wie konnte das Kind im Laufe seines bisherigen Lebens seine emotionalen Beziehungen zu seinen Eltern gestalten und erleben?
2. Gab es Unterbrechungen in diesen Beziehungen, die für das emotionale Erleben des Kindes bedeutsam waren?

Ergänzend zum Kriterium der Bindungen werden beim Kriterium der Kontinuität die Beziehungen über die gesamte bisherige Lebenszeit des Kindes beurteilt. Dabei spielen die Aspekte, die bereits bei den Bindungen erhoben wurden, z. B. Qualität der gegenwärtigen Beziehung oder Erfahrungen in der Vergangenheit, eine Rolle und werden in ihrer zeitlichen Entwicklung bewertet. Der Sachverständige kann so feststellen, ob es bereits früher Unterbrechungen der Beziehungen gegeben hat, die das heutige Beziehungserleben des Kindes noch bestimmen und seine Reaktion auf die Unterbrechungen z. B. durch die Trennung der Eltern oder durch die Herausnahme aus der Familie beeinflussen.

3. Wie sah die Versorgung und Betreuung des Kindes durch seine Eltern im Verlauf seines bisherigen Lebens aus?
4. Gab es dabei Unterbrechungen oder Bedingungen, die für das emotionale Erleben des Kindes bedeutsam waren?

Bei der Kontinuität der Betreuung und Versorgung wird beschrieben, wer das Kind im Alltag in welchem Umfang betreut und erzogen hat.

Entlang der Zeitachse wird der Sachverständige zudem prüfen, mit welchen Änderungen in der Betreuungssituation das Kind bisher konfrontiert wurde und welche Änderungen sich durch die aktuelle Konfliktsituation der Familie ergeben haben bzw. sich bei den verschiedenen möglichen Regelungsalternativen ergeben werden. In diesem Zusammenhang ist das Kriterium der „Hauptbezugsperson" (Klußmann & Stötzel, 1995) zu nennen, welches von dem Kriterium „Bindung" abzugrenzen ist und die Person meint, die die überwiegende Zeit mit dem Kind verbracht hat und sich um die Befriedigung seiner emotionalen und körperlichen Bedürfnisse gekümmert hat (Salzgeber & Stadler, 1990). Kontinuität bezieht sich hier auch auf die Stabilität des zukünftigen Erzieherverhaltens. Die Reaktionsweisen und Bewältigungsstrategien der Eltern bei Belastungen, ihre Fähigkeit, Krisen zu bewältigen oder ihre Möglichkeit, auf ein soziales Netzwerk zurückgreifen zu können, sind exemplarisch genannte Variablen, die die Stabilität der Eltern als Erziehungspersonen mitbestimmen. Hier wird die Verknüpfung mit dem Kriterium des Verhaltens der Eltern deutlich (vgl. Kapitel 4.3.4).

5. Wie beständig war das gesamte Lebensumfeld des Kindes mit Wohnung, Haus, Nachbarschaft, Kontaktpersonen, Freunden, Schule etc.?
6. Gab es dabei Unterbrechungen, die für das emotionale Erleben des Kindes bedeutsam waren?

Neben den familiären Beziehungen und einer bestimmten Betreuungssituation kann es für das psychische Wohlbefinden der Kinder wichtig sein, nach der Trennung ihrer Eltern in einem bestimmten Lebensumfeld bleiben zu können. Je älter ein Kind ist, umso wichtiger werden Freunde, Schulkameraden oder die Kontakte in der Nachbarschaft (Arntzen, 1994; Ell, 1990; Oerter & Montada, 1998; Schmidt-Denter, 1994). Auch hier wird der Sachverständige für das jeweilige Kind prüfen, welche sozialen Kontakte es bisher pflegen konnte, welche Bedeutung diese für das Kind hatten und heute noch haben und welche Möglichkeiten bestehen, diese in Zukunft aufrechtzuerhalten.

7. Welche Bedeutung hat das Kriterium Kontinuität für die Empfehlung im konkret vorliegenden Fall?
8. Ist es aus psychologischer Sicht sinnvoll oder notwendig, die bisherige Kontinuität für das Kind aufrechtzuerhalten?
9. Welche Aspekte der Kontinuität sind dabei wichtig?

Mit dem Kriterium Kontinuität ist die Annahme verknüpft, dass es dem Kindeswohl am ehesten entspricht, wenn nach einer Trennung die Lebens- und Erziehungsverhältnisse des Kindes weitestgehend erhalten bleiben. Dabei wird die Kontinuität der Beziehungen stärker gewichtet als die Kontinuität der Umweltbedingungen (Arntzen, 1994; Ell, 1990; Klußmann & Stötzel, 1995; Lempp, 1983; Suess, Schwabe-Höllein & Scheuerer, 1987). Allerdings ist Kontinuität an sich noch kein Wert, da konstante Lebensverhältnisse, wenn sie z.B. kommunikations- und anregungsarm sind, die Entwicklung des Kindes hemmen können. Die Unterbrechung einer bestehenden Kontinuität der emotionalen Beziehung und des Erlebens kann begründet werden, wenn die bisherige Kontinuität das Kind in seiner psychischen Entwicklung sicher beeinträchtigt oder schädigt und dies in der anderen Situation mit hoher Wahrscheinlichkeit ausgeschlossen ist (Ell, 1990; Lempp, 1983). Die Frage nach der Kontinuität beinhaltet deshalb auch die Frage, ob bei den sich ändernden Anforderungen des Kindes angemessene Änderungen und damit Entwicklungschancen für das Kind bereitstehen (Nowack, 1994; Salzgeber & Stadler, 1990).

Wie sehr Diskontinuitäten nach einer familiären Krise für das Kind belastend sind oder nicht, hängt mit davon ab, ob das Kind einen Wechsel seiner Lebensumstände freiwillig mitmacht – hier ist ein Bezug zum Willen des Kindes gegeben –, ob mit dem Wechsel eine Verbesserung oder Verschlechterung der Lebensqualität verbunden ist und welche persönlichen Ressourcen das Kind hat, seine Lebenssituation zu bewältigen. Welche Faktoren die Anpassung erleichtern und welche sie erschweren, wird der Sachverständige einzelfallorientiert untersuchen und dazu verschiedene Variablen auf Seiten des Kindes in seine Begutachtung einbeziehen. Hinzu kommt, dass ein Kind neue Beziehungen aufbauen kann, wenn ein Elternteil soziale Bezüge verändert. Je nachdem wie lange diese Beziehungen bestehen, haben sie aus der Sicht des Kindeswohls ein Recht auf Erhaltung. Um dies einschätzen zu können, wird der psychologische Sachverständige die voraussichtliche weitere Entwicklung betrachten. Die verschiedenen Aspekte der Kontinuität lediglich im Sinne einer reinen Statusdiagnostik zu beschreiben, birgt die Gefahr, die Lebenssituation des Kindes mit allen gegebenen Konfliktpotentialen festzuschreiben. Eine zeitlich begrenzte Modifikationsstrategie kann demgegenüber Potentiale des Kindes und der Eltern erarbeiten und neue Lebensformen erschließen, die die Anpassung für das Kind erleichtern (Salzgeber & Höfling, 1991).

4.3.4 Leitfragen zu den Förderungsmöglichkeiten der Eltern und ihrem Verhalten gegenüber dem Kind

Von Seiten der Eltern äußert sich ihre Art der Beziehung zu ihren Kindern in der Fähigkeit und Bereitschaft, deren physische und psychische Bedürfnisse wahrzunehmen und angemessen darauf einzugehen. Diese Beziehungsmerkmale zeigen sich darin, wie beide Eltern ihre bisherigen Erziehungsaufgaben erfüllt haben und welche äußeren und psychischen Möglichkeiten ihnen zur Verfügung stehen, eine zukünftige positive Entwicklung ihrer Kinder zu fördern. In der juristischen Literatur wird dies unter dem Stichwort „Förderungsprinzip“ zusammengefasst im Sinne der Unterstützung des Kindes bei der Entwicklung seiner Persönlichkeit. Das Verhalten der Eltern gegenüber ihren Kindern, ihr Verhalten im Trennungskonflikt oder in der familiären Krise und ihre Fähigkeit, dabei die Bedürfnisse ihres Kindes angemessen wahrzunehmen, gibt Aufschluss darüber, unter welchen Bedingungen schädigende Einflüsse für das Wohlergehen des Kindes aufrechterhalten oder minimiert werden. Um die Art und Weise, wie Eltern die Beziehung zu ihren Kindern gestalten, aus psychologischer Sicht zu beschreiben, sind verschiedene Aspekte bedeutsam, die zu den nachfolgenden Leitfragen diskutiert werden.

1. Welche Einstellung haben die Eltern zu ihrem Kind?

Ausgangspunkt der elterlichen Beziehung zum Kind ist die Einstellung, die sie zu ihrem Kind haben. In welcher Lebenssituation war die Mutter oder der Vater, als die Schwangerschaft bekannt und das Kind geboren wurde. Wie haben sich die Eltern auf das Kind eingestellt, und welche emotionale Beziehung haben sie ihrerseits zu dem Kind aufgebaut?

2. Nehmen die Eltern insgesamt die Bedürfnisse ihres Kindes wahr?
3. Kümmern die Eltern sich aktiv um die Förderung ihres Kindes oder unterstützen sie es darin, mögliche entwicklungsbedingte Rückstände aufzuholen?
4. Wurden bei der Prüfung der obigen Fragen die verschiedenen Bereiche der kindlichen Entwicklung (körperliche, kognitive, emotionale, motivationale, soziale, sprachliche Entwicklung) berücksichtigt?

Eine Voraussetzung dafür, sich dem einzelnen Kind angemessen zuzuwenden und es in seiner Entwicklung zu unterstützen, ist es, die Bedürfnisse des Kindes wahrzunehmen. Dabei sind Aspekte seiner körperlichen, kognitiven, emotionalen, motivationalen, sozialen und sprachlichen Entwicklung zu berücksichtigen. Bei nahezu allen psychologisch relevanten Variablen ist der Rückgriff auf retrospektive Informationen aus der Zeit des Zusammenlebens oder vor der familiären Krise erforderlich, um die Bedingungen für mögliche Änderungen diagnostisch erfassen zu können. Der Sachverständige wird daher zum einen prüfen, wie den Eltern die Förderung der kindlichen Entwicklung bisher gelang, und ob sie die Situation des Kindes auch in der für sie selber emotional belastenden Situation der familiären Krise noch sehen können. Nicht selten werden charakteristische Verhaltensmuster und Wesenszüge der Eltern durch die aktuelle Konfliktsituation überlagert (Büttner, 1988). Für eine prognostisch möglichst gültige Aussage wird der Sachverständige die zeitliche Entwicklung dieses elterlichen Verhaltensausschnittes berücksichtigen; wie es früher war, wie es jetzt ist und wie es sein wird, wenn verschiedene Bedingungen der Lebenssituation der Eltern sich ändern.

Die Wahrnehmung kindlicher Bedürfnisse alleine reicht jedoch nicht aus, Kinder in ihrer Entwicklung zu unterstützen. Neben dem Angebot einer emotionalen Beziehung, die Kindern Sicherheit vermittelt (vgl. Bindungen), ist es die Aufgabe der Eltern, die Kinder aktiv in ihrer Entwicklung zu unterstützen bzw. Bedingungen zu schaffen, die ihrer Entwicklung zumindest nicht entgegenstehen. Aktive Unterstützung ist besonders dann gefordert, wenn Kinder Schwierigkeiten haben oder Entwicklungsrückstände deutlich werden. Um diese aufholen zu können, brauchen Kinder in erster Linie die Hilfe ihrer Eltern, z. B., dass diese ihnen Kontakte zu anderen Kindern einräumen, ihnen Freiräume für Selbständigkeit schaffen oder ihnen bei Problemen angemessen helfen. Manchmal ist professionelle Hilfe erforderlich, die Eltern ihren Kindern ermöglichen müssen, z.B. Krankengymnastik oder logopädische Behandlung.

5. Sind die Eltern geeignet, ihr Kind eigenverantwortlich zu erziehen?
6. Gibt es Einschränkungen in der „Erziehungseignung"?
7. Sind mögliche Einschränkungen änderbar oder kompensierbar?

Der bisher diskutierte Aspekt der Förderung eines Kindes in seiner individuellen Entwicklung ist ein Bestandteil des elterlichen Erziehungsverhaltens, der sich in Erziehungszielen, Erziehungsstilen und im konkreten Verhalten der Eltern zeigt. Es ist nicht die Aufgabe des Sachverständigen, unterschiedliche Erziehungsziele und -stile der Eltern gegeneinander abzuwägen, solange sie in den Rahmen einer pluralistischen Gesellschaft passen und die Grenzen der Misshandlung oder Verwahrlosung eines Kindes nicht überschritten werden (Lempp, 1983; Salzgeber, 1992). Dies gilt besonders dann, wenn die Eltern oder ein Elternteil einer Familie einer anderen Nationalität oder Kultur angehören und die Kinder kulturspezifische Sozialisationsbedingungen vorfinden (Salzgeber & Menzel, 1997 a,b). Der Sachverständige wird sich somit bei der allgemeinen Beurteilung der „Erziehungseignung" von Eltern zurückhalten. Der Begriff „Erziehungseignung" ist sehr global und verführt dazu, Wertmaßstäbe an das Verhalten der Eltern anzulegen, die laut Grundgesetz Art. 6 natürliches Recht der Eltern sind. Die Beurteilung des elterlichen Verhaltens ist nur mit Blick auf das Wohl des Kindes bedeutsam, das heißt, der Sachverständige wird differenziert beschreiben, welche Auswirkungen das konkrete Verhalten der Eltern auf das Kind und seine Entwicklung hat. Das gilt auch, wenn Eltern an einer psychischen Störung, z.B. Alkoholmissbrauch, leiden, die sich möglicherweise auf die Erziehung der Kinder auswirkt (Arntzen, 1994; Salzgeber, Vogel & Partale, 1991). Der Sachverständige wird prüfen, wie sich kranke oder emotional belastete Eltern ihrem Kind gegenüber verhalten (s.u.) und wie sich das auf die Entwicklungsbedingungen auswirkt.

Vor dem Hintergrund des neuen Kindschaftsrechts, welches den Erhalt der Elternschaft und der elterlichen Verantwortung besonders betont und vor dem Hintergrund der emotionalen Beziehungen eines Kindes auch zu einer z.B. psychisch kranken Mutter oder einem alkoholabhängigen Vater wird der Sachverständige bei dieser Prüfung nicht eine reine Defizitdiagnostik durchführen, sondern ressourcenorientiert vorgehen (Salzgeber, Vogel, Partale & Schrader, 1995). Er wird fragen, welche Einschränkungen auf Seiten der Eltern z.B. durch andere Personen des familiären und sozialen Umfeldes kompensiert werden können oder durch welche professionellen Hilfen (z.B. Therapie, Tagespflege für die Kinder) elterliches Verhalten geändert werden kann oder Eltern unterstützt werden können. Hierzu sei angemerkt, dass aus entwicklungspsychologischer Sicht Erlebens- und Verhaltensbesonderheiten der Eltern für kleinere Kinder von größerer Bedeutung sind, da sie noch in stärkerem Maße auf die emotionale Zuwendung der Eltern angewiesen sind. Auch ältere Kinder brauchen diese Zuwendung ihrer Eltern, sie sind aber dadurch, dass sie sich auch außerhalb des familiären Umfeldes bewegen, eher in der Lage, eventuelle Betreuungs- oder Versorgungsdefizite zu kompensieren.

8. Wie verhält sich die Mutter/der Vater im Umgang mit ihrem/seinem Kind?
9. Wie war das Erziehungsverhalten der Mutter/des Vaters in der Zeit des Zusammenlebens vor der familiären Krise?

Die obigen Ausführungen münden in die Frage nach dem konkreten Verhalten der Eltern gegenüber dem Kind. Neben den Fallkonstellationen, in denen Eltern gesundheitliche oder psychische Probleme haben, gibt es die normalpsychologische Spannbreite elterlichen Verhaltens, welches dem einzelnen Kind in den verschiedenen Phasen seiner individuellen Entwicklung mehr oder weniger angemessen sein kann. Auch hier bleibt der Maßstab des Kindeswohls bzw. die Grenze der Kindeswohlgefährdung für die psychologische Bewertung des Verhaltens im Hinblick auf eine familienrechtliche Fragestellung zentral. Der Sachverständige wird somit prüfen, ob bestimmte Verhaltensweisen ein Kind in einer positiven Entwicklung behindern. Dabei kann er z.B. folgenden Fragen nachgehen: Gewährleisten die Eltern die Grundversorgung und Betreuung ihrer Kinder? Übernehmen sie selber die Verantwortung für die Kinder oder delegieren sie diese an andere? Instrumentalisieren sie das Kind für ihre eigene Bedürfnisbefriedigung? Bieten sie dem Kind emotionale Sicherheit? Wird das Kind von der Mutter oder dem Vater geschlagen oder besteht die Gefahr der sozialen Verwahrlosung? Auch Dimensionen wie z.B. das Ausmaß an emotionaler Wärme, an Lenkung, Stimulierung oder Aktivität können herangezogen werden, um elterliches Verhalten zu beschreiben (Salzgeber & Stadler, 1990).

Wie bei der Beschreibung der Beziehungen des Kindes zu den Eltern wird der Sachverständige sich nicht darauf beschränken, negative Aspekte des elterlichen Verhaltens herauszustellen, sondern auch positive Anteile beschreiben, die Ansatzpunkte für Änderungen und Interventionen sind. Hier kann der Sachverständige wiederum auf Informationen aus der Zeit des Zusammenlebens der Familie oder vor der familiären Krise zurückgreifen, um Hinweise auf die Bedingungen für „positives" oder „negatives" elterliches Verhalten zu bekommen. Wichtig ist in diesem Zusammenhang die Fähigkeit von Eltern, sich selbstkritisch mit dem eigenen Erziehungsverhalten auseinanderzusetzen.

Außer bei Familienkonstellationen, für die vor der Reform des Kindschaftsrechts das Vormundschaftsgericht zuständig war, wird der Sachverständige in den meisten Fällen elterliches Verhalten vorfinden, welches das Kindeswohl nicht gefährdet. Es sei noch einmal darauf hingewiesen, dass psychologische Bewertungen des Erziehungsverhaltens besonders vorsichtig vorzunehmen sind, um die elterliche Autonomie nicht zu verletzen. Der Sachverständige kann aber aufzeigen, wie die Kinder bestimmte Verhaltensweisen der Eltern erleben, wie sich unterschiedliche Verhaltensweisen der Eltern sinnvoll ergänzen lassen und wie die Eltern trotz unterschiedlicher Vorstellungen zum Wohle der Kinder miteinander kooperieren können. Sofern keine gravierenden Einschränkungen vorliegen, steht dann nicht ein Elternteil als „besser" oder „schlechter" da, sondern die gemeinsame Elternverantwortung wird gestärkt, was insgesamt konfliktmindernd wirken kann.

10. Wie unterstützt die Mutter/der Vater das Kind in der familiären Krise?
11. Was tut sie/er, um dem Kind zu helfen, die Situation kindgemäß verarbeiten zu können?
12. Nimmt die Mutter/der Vater die Bedürfnisse und Belastungen des Kindes wahr?
13. Inwiefern bezieht sie/er das Kind in den partnerschaftlichen Konflikt ein?
14. Kann die Mutter/der Vater zwischen ihrer/seiner Partner- und Elternrolle trennen?
15. Wie erlebt sie/er die Situation der Trennung oder die familiäre Krise im Hinblick auf das Kind?

Eltern im Trennungs- oder Scheidungskonflikt erleben selbst intensive eigene Emotionen. Häufig bleibt dann nur noch wenig Raum für die Auseinandersetzung mit den vielschichtigen Gefühlen der Kinder, die in dieser Situation eigentlich besonders auf die Unterstützung der Eltern angewiesen sind. Hinzu kommen u.U. Schuldgefühle der Eltern den Kindern gegenüber, die ihr elterliches Verhalten ändern können, indem sie die Kinder z.B. mit materiellen Dingen verwöhnen. Der Sachverständige wird hier Fragen nach den Möglichkeiten und Verhaltensweisen der Eltern stellen, ihren Kindern in der Konfliktsituation zur Seite zu stehen, oder Fragen danach, inwiefern Eltern die Kinder in den partnerschaftlichen Konflikt einbeziehen bzw. sie auch instrumentalisieren. An dieser Stelle kann der Sachverständige viel dazu beitragen, die Perspektive der Eltern auf die Bedürfnisse der Kinder zu lenken, indem er Zusammenhänge zwischen elterlichem Verhalten und kindlichem Erleben darstellt und Lösungsmöglichkeiten aufzeigt, um die Belastungen für die Kinder zu reduzieren.

16. Inwiefern nimmt die Mutter/der Vater Einfluss auf die Beziehung des Kindes zum anderen Elternteil?

Ein wichtiger Aspekt in diesem Zusammenhang ist die Frage, welche Freiräume Eltern, die sich getrennt haben, ihren Kindern lassen, die Beziehung zum jeweils anderen Elternteil zu gestalten, ob sie die Beziehung des Kindes zum ehemaligen Partner fördern oder eher behindern. In § 1684 des BGB (vor der Reform des Kindschaftsrechts § 1634 BGB) wird formuliert, dass Eltern alles zu unterlassen haben, was das Verhältnis des Kindes zum jeweils anderen Elternteil beeinträchtigt oder die Erziehung erschwert. Mit dieser juristischen „Wohlverhaltensklausel" ist die Kooperationsbereitschaft der Eltern angesprochen. Der Sachverständige wird vor diesem Hintergrund die Frage nach dem elterlichen Konflikt (s.u.) und nach einer möglichen Beeinflussung des Kindes in seine Begutachtung einbeziehen. Versuche der Eltern, das Kind gegen den anderen zu beeinflussen, wird der Sachverständige abgrenzen von Beeinflussungen, die im Rahmen der allgemeinen Erziehung des Kindes erfolgen. Die Erziehungswissenschaften haben sich intensiv damit auseinandergesetzt, Erziehung als Aneignung von Verhaltensweisen und -normen zu beschreiben und dabei die vielfältigen Sozialisationsleistungen im Zusammenhang mit dem stetigen Funktionswandel der Familie zu sehen (Krüger & Helsper, 1996). Schon z.B. Lempp (1983) erläutert, dass Erziehung ihrer Natur nach Beeinflussung ist, da Erziehung aufgrund von Identifikation und Identifikationsangebot erfolgt. Er geht sogar so weit zu sagen, dass Kinder einen Anspruch auf Beeinflussung haben, weil sie sich nur durch die Übernahme von Haltungen und Einstellungen in der Welt zurechtfinden und mit den Mitmenschen auseinandersetzen können.

Im Trennungskonflikt ist es ausgesprochen schwierig, von Eltern zu erwarten, dass sie ihre eigenen negativen Gefühle gegenüber dem ehemaligen Partner so weit im Griff haben, dass die Kinder dies nicht merken. Tatsächlich sind Kinder sehr sensibel für solche Verhaltensweisen, und damit findet zumindest indirekt immer eine Beeinflussung statt. Inwieweit die Beziehungen des Kindes zu seinen beiden Eltern allerdings negativ beeinflusst und beeinträchtigt werden, hängt u.a. davon ab, ob die Eltern sich abfällig über den anderen äußern und Kontakte aktiv behindern oder erschweren. Solche Beeinflussungsversuche, die in jüngster Zeit verstärkt unter dem Titel „Parental Alienation Syndrome“ (PAS) beschrieben werden (vgl. Clawar & Rivlin, 1991; Gardner, 1992; Kodjoe & Koeppel, 1998 a, b; Leitner & Schoeler, 1998; Stadler & Salzgeber, 1999; Ward & Campbell, 1998), sind für die Beantwortung der familienrechtlichen Fragestellung relevant, und der Sachverständige wird diese entsprechend bewerten. Dabei ist elterliches Verhalten im Sinne des PAS ein Hinweis auf eingeschränkte Kompetenz in einem Teilbereich der Erziehung. Andere ebenso wichtige Variablen, wie z.B. unterschiedliche Beziehungsqualitäten und weitergehende Erziehungskompetenzen oder Entwicklungs- und Anpassungsaufgaben des Kindes, dürfen bei einer einzelfallorientierten Gewichtung jedoch nicht unter den Tisch fallen. Die Beantwortung familienrechtlicher Fragestellungen erfordert eine komplexe Sichtweise, weil auch das Erleben und Verhalten der Kinder sowie die Bedingungen für deren positive weitere Entwicklung von vielfältigen Aspekten abhängig ist (Lehmkuhl & Lehmkuhl, 1999; Salzgeber & Stadler, 1998).

17. Was ist der Mutter/dem Vater im Hinblick auf den Aufenthalt des Kindes und die Ausübung der elterlichen Sorge wichtig?
18. Welche Wünsche hat sie/er hinsichtlich der Regelung der elterlichen Sorge und des Aufenthaltsbestimmungsrechts?
19. Was ist der Mutter/dem Vater im Hinblick auf die Besuchskontakte mit dem Kind wichtig?
20. Welche Wünsche hat sie/er hinsichtlich einer Besuchsregelung?
21. Wie berücksichtigt die Mutter/der Vater den Willen und die Bedürfnisse des Kindes?

Im Hinblick auf eine prognostisch möglichst gültige Empfehlung zu einer Regelung der elterlichen Sorge oder zum persönlichen Umgang wird der Sachverständige mit den Eltern über ihre Zukunftsvorstellungen sprechen. Welche Lösung der familiären Konfliktsituation wünschen Eltern sich? Was können und wollen sie selbst dazu beitragen? Was erwarten sie dabei von ihrem Partner oder auch von professioneller Hilfe? Inwiefern beziehen sie die Wünsche und Bedürfnisse ihres Kindes in ihre Vorstellungen ein? Diese Fragen sind bedeutsam, wenn Eltern nach neuem Recht einen Antrag auf alleinige elterliche Sorge gestellt haben, aber auch, wenn sie sich eine gemeinsame elterliche Sorge vorstellen und sich über den Aufenthalt des Kindes oder andere Dinge nicht verständigen können. Diese Fragen spielen weiterhin eine Rolle bei der Überlegung, ob Eltern das Sorgerecht gemäß § 1666 BGB entzogen werden soll. Die Zukunftsvorstellungen von Vätern und Müttern, ihre Hoffnungen und Ängste in Bezug auf ihre eigene Person und in Bezug auf ihr Kind und die Bedingungen und Möglichkeiten der Änderung sind Anknüpfungspunkte, die Verantwortung der Eltern für die Kinder ernst zu nehmen und ihnen Möglichkeiten der Kooperation mit dem ehemaligen Partner oder mit Trägern der Jugendhilfe zum Wohl ihrer Kinder aufzuzeigen. Spricht der Sachverständige diese Themen mit den Eltern im Verlauf einer Begutachtung an und sucht gemeinsam mit ihnen nach einer Lösung des familiären Problems, arbeitet er im Sinne des neuen Kindschaftsrechts, welches die helfende und unterstützende Begleitung der Familie auf den verschiedenen Stufen staatlicher Eingriffsmöglichkeiten betont (Balloff, 1998 b).

22. Welche Bedeutung hat das Verhalten der Eltern für die Empfehlung im konkret vorliegenden Fall?

Aus psychologischer Sicht ist eine differenzierte Auseinandersetzung mit den elterlichen Verhaltensweisen auf das kindliche Erleben für die Beantwortung familienrechtlicher Fragestellungen *immer* bedeutsam. Dabei wird der Sachverständige im Einzelfall sorgfältig prüfen, ob Elternrechte angemessen berücksichtigt und wo zum Wohl des Kindes sachdienliche Informationen und Beurteilungen erforderlich sind. Bei dieser Gratwanderung sind die hier formulierten Leitfragen und das Bemühen um weitgehende Offenheit und Transparenz während der Begutachtung Hilfestellungen für die praktische Arbeit mit der Familie.

4.3.5 Leitfragen zu den Geschwisterbeziehungen

Die Eltern-Kind-Beziehung hat gegenüber der Geschwisterbeziehung in der Entwicklung eines Kindes insgesamt eine größere Bedeutung, weil diese die Grundlage für emotionale Sicherheit bietet (vgl. Ausführungen zum Kriterium der Bindungen). Geschwister, seien es leibliche Geschwister, Stief- oder Halbgeschwister, übernehmen für ein Kind jedoch eine Reihe von Funktionen z. B. als Vorbild oder als Unterstützung im Umgang mit den Eltern, was aus entwicklungspsychologischer Sicht allgemein positiv bewertet wird (Schmidt-Denter, 1994; Oerter & Montada, 1998). Eine Geschwistertrennung wird in einer familiären Krisensituation deshalb nicht leichtfertig in Erwägung gezogen, zumal die Geschwister sich in der Trennungssituation gegenseitig stützen können (Arntzen, 1994; Ell, 1990; Lempp, 1983; Salzgeber & Stadler, 1990). Im Einzelfall wird der Sachverständige im Sinne des hypothesenorientierten Vorgehens genauer untersuchen, ob die Bedingungen und Qualitäten der Geschwisterbeziehung für oder gegen eine Trennung der Geschwister sprechen.

1. Welche Kontakte hatten die Geschwister bisher zueinander?
2. Welche Kontakte haben sie seit der Trennung ihrer Eltern oder seit der Herausnahme aus der Familie?

Um die Bedeutung der Geschwister für ein Kind einzuschätzen, wird der Sachverständige zunächst beschreiben, welche Kontakte die Kinder in der Zeit des Zusammenlebens der Familie zueinander hatten und wie sich diese im Zuge der familiären Krise geändert haben. Kontakt umfasst hierbei zunächst den zeitlichen Aspekt des Zusammenseins und die Frage, was die Geschwister miteinander zu tun hatten oder haben.

3. Werden die Geschwisterbeziehungen aus der Perspektive jedes Kindes beschrieben?
4. Welche Beziehungsqualitäten kennzeichnen die gegenwärtige Beziehung der Geschwister zueinander?

In einem familienrechtlichen Verfahren wird nach der bestmöglichen Lösung für jedes einzelne Kind gesucht. Entsprechend wird der im Auftrag des Gerichts tätige Sachverständige die Geschwisterbeziehungen aus der Perspektive jedes Kindes in die Begutachtung einbeziehen und beschreiben, welche Beziehungsqualitäten es jeweils zur Schwester oder zum Bruder erlebt. Bei mehr als zwei Kindern sind dabei verschiedene Dyaden zu berücksichtigen. Mögliche Fragen sind z.B.: Ist die Beziehung der Geschwister durch Solidarität mit dem Anderen oder durch erlebte Eifersucht bzw. Rivalität gekennzeichnet? Identifiziert sich das Kind mit dem Geschwisterkind oder grenzt es sich eher von ihm ab? Übernimmt ein Kind Verantwortung für die Schwester oder den Bruder? Gibt es wiederkehrende Konflikte zwischen den Kindern, die ihr individuelles Erleben beeinflussen? Geschwisterbeziehungen werden von den Kindern nicht selten auch ambivalent erlebt, da sie positive und negative Gefühle mit dieser Beziehung verbinden. Das wird der Sachverständige in seinen Untersuchungen herausarbeiten, soweit es für die Beantwortung der Fragestellung des Gerichts von Bedeutung ist.

5. Welche Bedeutung hat die Geschwisterbeziehung für die individuelle Entwicklung des Kindes?
6. Welche Bedeutung hat die Geschwisterbeziehung in der besonderen Situation der familiären Krise für jedes Kind?

Eng verknüpft mit der erlebten Qualität der Geschwisterbeziehung ist die Frage, welche Bedeutung die Schwester und/oder der Bruder für das Kind hat. Diese Frage zielt auf die entwicklungspsychologische Funktion der Geschwisterbeziehung ab. Dabei wird der Sachverständige unterscheiden zwischen der Bedeutung für die jeweilige individuelle Entwicklung eines Kindes, ob die Schwester oder der Bruder z.B. Spielgefährte ist, Modell, Vertrauensperson oder Rivale im Umgang mit den Eltern, und der Bedeutung für das Kind in der besonderen Situation der familiären Krise. Hier geht es um die oben bereits genannte Möglichkeit der wechselseitigen Unterstützung in der emotional verunsichernden Situation.

7. Welche Bedeutung hat das Kriterium Geschwisterbeziehung für die Empfehlung im konkret vorliegenden Fall?
8. Welche Wünsche haben die Kinder hinsichtlich des Zusammenlebens mit ihren Geschwistern?
9. Was spricht für ein Zusammenleben der Geschwister, was spricht dagegen?
10. Welche Vor- und Nachteile hat eine Geschwistertrennung für jedes Kind?

Geschwisterbeziehungen sind ein Kriterium unter vielen. Wenn im familienrechtlichen Verfahren eine Lösung für eine Sorgerechtsregelung oder Fremdplatzierung der Kinder gefunden werden soll, wird der Sachverständige prüfen, welchen „psychologischen Wert" die Geschwister für jedes einzelne Kind und dessen individuelle Entwicklung haben. Dann kann er auf die Beschreibung der Geschwisterbeziehung anhand der Leitfragen zurückgreifen. Dabei wird er auch die Wünsche der Kinder hinsichtlich des Zusammenlebens mit den Geschwistern berücksichtigen, wobei, vergleichbar zu dem Kriterium Wille des Kindes, eine Rolle spielt, wie ein Kind dazu kommt, sich für oder gegen das Zusammenleben mit Geschwistern auszusprechen. Vor allem, wenn eine Fremdunterbringung von Kindern erforderlich wird, wird der Sachverständige weiter sorgfältig prüfen, ob jedes einzelne Kind aufgrund einer bisherigen emotionalen Vernachlässigung Entwicklungsdefizite aufholen muss und ob es ihm eine Hilfe sein kann, wenn es weiterhin mit den Geschwistern zusammenbleibt (Nienstedt & Westermann, 1992). Die Vor- und Nachteile einer Geschwistertrennung ergeben sich für das jeweilige Kind erst aus der Beschreibung aller Variablen. Die Beziehungen zu den Eltern sind immer die wichtigste Voraussetzung für die weitere positive Entwicklung eines Kindes. Bei Abbruch oder Störungen dieser Beziehungen können Beziehungen zu Pflegeeltern oder anderen erwachsenen Bezugspersonen emotionale Sicherheit vermitteln. Geschwisterbeziehungen sind demgegenüber im Allgemeinen als nachrangig zu betrachten (Arntzen, 1994; Lempp, 1983; Klußmann & Stötzel, 1995).

4.3.6
Leitfragen zu den Beziehungen des Kindes zu anderen Personen seines familiären und sozialen Umfeldes

Kinder entwickeln nicht nur Beziehungen zu ihren Eltern und Geschwistern, sondern auch zu Personen der erweiterten Familie, zu Großeltern, Tanten, Onkeln oder anderen. Trennen sich die Eltern und gehen eine Beziehung zu einem neuen Partner ein, wird das Kind auch zu diesen neuen Partnern Beziehungen entwickeln. In den nachfolgenden Ausführungen zu solchen Beziehungen außerhalb der Kernfamilie werden in erster Linie die Großeltern der Kinder und die neuen Partner der Eltern thematisiert werden, da vor allem diese Personengruppen in den familienrechtlichen Auseinandersetzungen eine Rolle spielen (Klüber, 1998; Terlinden-Arzt, 1998). Die Ausführungen sind aber übertragbar auf andere Personen.

Die geänderte Lebenssituation nach einer familiären Krise bringt geänderte familiäre Zusammensetzungen mit sich. Großeltern und neue Partner können im Zusammenleben mit einem Elternteil oder bei Besuchskontakten für die Kinder von Bedeutung werden oder ihre Bedeutung ändern. Wird der Kontakt zu Großeltern oder anderen Verwandten durch eine Trennung oder Herausnahme aus der Familie unterbrochen, kann dies für das emotionale Erleben und die Anpassung des Kindes an die geänderte Situation von Belang sein (Ulich, Oberhuemer, Soltendieck, 1992; Fthenakis, 1998). Der Sachverständige wird die positiven oder negativen Gefühle, die die Kinder mit Großeltern und neuen Partnern verbinden, bei seiner Empfehlung zur elterlichen Sorge und zum persönlichen Umgang berücksichtigen. Seit In-Kraft-Treten des neuen Kindschaftsrechts haben Großeltern, Geschwister, Stief- und Pflegeeltern ein Umgangsrecht mit dem Kind, sofern dies dem Wohl des Kindes dient (§ 1685 BGB). Auch hieraus ergibt sich die Notwendigkeit, die Beziehungen des Kindes zu diesen Personen in die Begutachtung einzubeziehen. Neue Partner und Großeltern übernehmen zudem nicht selten Teile der Betreuung der Kinder. Die Situation des Kindes kann nur umfassend und differenziert beschrieben und beurteilt werden, wenn Personen, die neben Eltern und Geschwistern für das Kind wichtig sind, inhaltlich berücksichtigt und bereits in die Untersuchungsplanung einbezogen werden (vgl. Kapitel 4.1).

1. Welche Kontakte hatte das Kind zu seinen Großeltern?
2. Welche Kontakte hat das Kind seit der Trennung der Eltern oder Herausnahme aus der Familie zu seinen Großeltern?
3. Welche Kontakte hat es zu möglichen neuen Partnern seiner Eltern?
4. Wie erlebt das Kind die Kontakte zu den Großeltern/neuen Partnern?

Wie bei den Geschwisterbeziehungen ist die erste Annäherung an die Beschreibung der Beziehungen des Kindes zu Großeltern oder neuen Partnern die Frage, wie häufig ein Kind diese Personen sieht, mit ihnen zusammen ist. Die Bestimmung z. B. von Häufigkeit, Dauer und Regelmäßigkeit von Kontakten wird dann ergänzt durch Fragen und Beobachtungen zum Erleben des Kindes bei diesen Kontakten, ob es das Zusammensein z. B. mit den Großeltern genießt und sich darauf freut, ob es dem eher gleichgültig gegenüber steht oder die Kontakte lediglich als Pflichtaufgabe erfüllt. Um dieses Erleben des Kindes erklären zu können, wird der Sachverständige wie bei den anderen Beziehungen, die er beschreibt, Beziehungsqualitäten untersuchen.

5. Werden die Beziehungen des Kindes zu Großeltern/neuen Partnern aus der Perspektive des Kindes beschrieben?
6. Ist die gegenwärtige Beziehung zu den Großeltern/neuen Partnern überwiegend als positiv oder negativ zu bewerten?
7. Welche Bedeutung haben die Großeltern/neuen Partner für das Kind?

Die Qualität der Beziehung zu Großeltern und/oder neuen Partnern wird der Sachverständige immer aus der Perspektive des Kindes beschreiben, da für das Kind geprüft werden soll, ob diese Beziehungen aufrechterhalten werden sollen oder nicht, und wenn ja, in welcher Form. Wie bei den anderen bereits diskutierten Beziehungen der Kinder kann der Sachverständige zum einen beschreiben, ob ein Kind die Beziehungen zu Großeltern und neuen Partnern eher positiv oder negativ erlebt. Darüber hinaus kann er die Grundlage für dieses Erleben darstellen, indem er die Bedeutung herausarbeitet, die diese Personen schon immer oder durch die andere Familienzusammensetzung jetzt verändert für das Kind haben. Zu denken ist hier z.B. an Großeltern, die Hauptbezugspersonen von Kindern wurden, weil sie deren Betreuung in zeitlich großem Ausmaß übernommen haben, oder an Großeltern, die Kindern in der emotional verunsichernden Trennungszeit Schutz, Sicherheit und Stabilität geboten haben.

Auch neue Partner der Eltern können verlässliche Betreuungspersonen und gleich- bzw. gegengeschlechtliche Identifikationsfigur werden, wenn der entsprechende Elternteil aufgrund der Trennung nicht mehr alltäglich zur Verfügung steht. Die neuen Partner bieten den Kindern aufgrund ihres Beziehungsangebotes zudem die Möglichkeit, über die Ursprungsfamilie hinausgehend weitergehende Erfahrungen mit erwachsenen Bezugspersonen zu machen. Auf der anderen Seite können für das Kind vor allem mit den neuen Partnern ihrer Eltern Probleme verbunden sein, wenn sie diese z.B. verantwortlich machen für die Trennung der Eltern oder sie als Konkurrenz zu einem Elternteil erleben. Das Zusammenleben in neuen Familienkonstellationen kann Kindern auf der einen Seite Probleme bereiten und sie emotional weiter verunsichern, es kann aber auch Entwicklungschancen beinhalten, wenn die Erwachsenen für die besondere emotionale Situation der Kinder Verständnis aufbringen (vgl. Visher, E.B. & Visher, J.S., 1995).

8. Wie verhält sich das Kind im Alltag gegenüber den Großeltern/ neuen Partnern seiner Eltern?

Wie bei der Beurteilung der Eltern-Kind-Beziehungen aus der Perspektive des Kindes wird der Sachverständige die Beurteilung der Beziehungen des Kindes zu anderen erwachsenen Bezugspersonen durch konkrete Verhaltensbeschreibungen, seien sie berichtet oder selber beobachtet, untermauern. Dabei kann er Spielsituationen, Konfliktsituationen oder Situationen, in denen das Kind emotional verunsichert ist, als Beobachtungssituationen heranziehen. Er kann das Verhalten des Kindes gegenüber den Großeltern oder neuen Partnern beschreiben, wenn diese ihm erzieherisch Verhaltensregeln nahe bringen, wenn das Kind von ihnen im Alltag Unterstützung einfordert, wenn es Körperkontakt zu ihnen aufnimmt oder diesen vielleicht auch zurückweist.

9. Welche Bedeutung haben die Beziehungen zu anderen Personen in der vorliegenden Fragestellung?
10. Welche Wünsche hat das Kind hinsichtlich der Kontakte zu den Großeltern/neuen Partnern der Eltern?

Die Beziehungen des Kindes zu anderen Personen aus seinem familiären und sozialen Umfeld werden in ihrer Gewichtung immer in Bezug gesetzt zu den Beziehungen des Kindes zu seinen Eltern. Dabei wird der Sachverständige prüfen, welchen Einfluss diese anderen Beziehungen auf die Weiterentwicklung einer positiven Eltern-Kind-Beziehung haben, ob sie diese ergänzen oder behindern. Im Falle einer fehlenden oder negativen Eltern-Kind-Beziehung ist zu fragen, in welchen Ausschnitten die anderen verfügbaren erwachsenen Bezugspersonen die Aufgaben der Eltern für das Kind übernehmen und ihnen emotionale Sicherheit vermitteln können. Bei all diesen Erwägungen wird der Sachverständige auch die Wünsche des Kindes und die Entwicklung dieser Wünsche berücksichtigen. Neue Regelungen für die Alltags- und Beziehungsgestaltung von Kindern nach einer familiären Krise, seien sie einvernehmlich getroffen oder durch das Gericht bestimmt, sind konflikt- und belastungsärmer zu realisieren, wenn sie mit den direkt oder indirekt geäußerten Vorstellungen der Kinder übereinstimmen. Nur dann kann es gelingen, den Kindern neue Sicherheit zu vermitteln, als Grundlage für eine von ihnen akzeptierte Erziehung, die ihre weitere Entwicklung positiv beeinflusst.

4.3.7 Leitfragen zur Rolle der anderen Personen des familiären und sozialen Umfeldes

Die Personen aus dem familiären und sozialen Umfeld, zu denen ein Kind eine Beziehung entwickelt, haben nicht nur für das Kind eine Bedeutung, sondern auch für dessen Eltern. In der familienrechtlichen Auseinandersetzung kann dies wichtig werden, wenn z. B. Großeltern oder neue Partner der Eltern sich direkt oder indirekt an der Auseinandersetzung beteiligen oder Eltern das Verhalten eines neuen Partners als störend erleben. Das kann dann auch für die Situation der Kinder bedeutsam werden. Der psychologische Sachverständige wird deshalb die Rolle dieser Personen in der familienrechtlichen Auseinandersetzung in den Ausschnitten betrachten, die für die Situation des Kindes wichtig sind. Folgende Fragen kann er dabei berücksichtigen.

1. Welche Bedeutung schreiben die Eltern den Großeltern/ihren neuen Partnern für das Kind zu?

Hier geht es um die Zukunftsvorstellungen der Eltern hinsichtlich der neuen Familienkonstellation und darum, ob sie den Großeltern der Kinder bzw. ihren neuen Partnern z. B. eine aktive Rolle bei der Betreuung des Kindes zuteilen oder ob sie dem Kind einen neuen Partner als Ersatz für den Vater oder die Mutter vorstellen.

2. Wie ist die Bereitschaft der Großeltern/neuen Partner, sich an der Verantwortung für die Kinder zu beteiligen?
3. Was ist ihnen dabei wichtig?
4. Gibt es Einschränkungen in der „Erziehungsfähigkeit" der Großeltern/neuen Partner?
5. Wie verhalten sich die Großeltern/neuen Partner im konkreten Umgang mit dem Kind im Alltag oder bei Besuchskontakten?

Vor dem Hintergrund der Rolle, die Großeltern oder neue Partner für die Kinder auf Wunsch der Eltern oder aufgrund einer gewachsenen Beziehung der Kinder zu ihnen übernehmen sollen, wird der Sachverständige prüfen, wie weit die Großeltern oder neuen Partner bereit sind, Verantwortung für die Kinder zu übernehmen. Das kann nämlich bedeuten, dass sie ihren Alltag nicht unerheblich umgestalten und eigene Interessen zurückstellen müssen. Die Beschreibung der Beziehungsqualitäten wird hier inhaltlich ergänzt um Aspekte der „Erziehungseignung" von neuen Partnern und Großeltern, was insbesondere dann für das Kind von Bedeutung ist, wenn diese Personen im Alltag wichtige Bezugspersonen sind oder werden sollen. Mögliche Einschränkungen der „Erziehungseignung" können sich z.B. aus einer fehlenden Motivation, für die Kinder zu sorgen, ergeben oder vor allem bei Großeltern aufgrund ihres Alters und ihrer physischen und psychischen Belastbarkeit. Auch eine ablehnende und negative Haltung gegenüber einem Elternteil auf Seiten von Großeltern oder neuen Partnern, die sich dem Kind immer mitteilen wird, ist als problematisch zu bewerten. Der Sachverständige kann auch bei Großeltern und neuen Partnern beurteilen, wie gut sie das Kind betreuen und erziehen. Vergleichbar zur Einschätzung des Erziehungsverhaltens der Eltern (s.o.) wird er dabei auf konkrete Verhaltensbeschreibungen im Umgang mit den Kindern zurückgreifen (vgl. Leitfragen zum Verhalten der Eltern gegenüber dem Kind).

6. Wie ist die Beziehung der Eltern zu ihren neuen Partnern zeitlich angelegt?
7. Welche Haltung nimmt ein Elternteil zum neuen Partner des anderen ein?

Die Beziehungen zwischen den verschiedenen Erwachsenen können in der familienrechtlichen Begutachtung, bei der die Perspektive des Kindes im Mittelpunkt steht, nur am Rande einbezogen werden. Es ist wenig sachdienlich, die Qualität der neuen Liebesbeziehung eines Elternteils zu beurteilen. Von Bedeutung für eine prognostische Aussage für das Kind ist aber, ob diese Beziehung langfristig angelegt ist oder ob für das Kind erneut ein Wechsel der Ansprechpartner bevorsteht. Im Hinblick auf die Akzeptanz einer Aufenthaltsregelung oder Besuchsregelung für das Kind ist zudem wesentlich, welche Haltung ein Elternteil zu dem neuen Partner des anderen einnimmt. Eine ablehnende oder negative Haltung wird es dem Kind z.B. erschweren, sich in der Lebenssituation mit einem neuen Partner eines Elternteils einzuleben oder sich bei Besuchskontakten in Anwesenheit eines neuen Partners wohlzufühlen. Entsprechend wird der Sachverständige diese Fragen in seine Begutachtung vor allem bei der Frage nach möglichen Interventionen einbeziehen.

4.3.8 Leitfragen zu den Lebensumständen des Kindes

Um die familiäre Situation eines Kindes angemessen einschätzen zu können, wird der Sachverständige sich neben den komplexen wechselseitigen Beziehungen in der Familie auch mit den Lebensumständen des Kindes beschäftigen. Die an die Lebensbedingungen geknüpften sozialen Möglichkeiten der Eltern werden in der Literatur dabei als ein nachrangiges Kriterium für eine Sorgerechtsregelung oder andere familienrechtliche Entscheidung diskutiert. Ergänzend zu den qualitativen Beschreibungen der Beziehungen wird der Sachverständige jedoch Fakten des früheren und heutigen Lebensalltags des Kindes erheben, da sie das Beziehungserleben des Kindes mitgestalten oder mitgestaltet haben.

1. Wie sah das Zusammenleben der Familie vor der Trennung aus?
2. Wie sah die Betreuungssituation vor der Trennung aus?

Hier geht es z. B. um Fragen der Aufgabenteilung innerhalb der Familie, wer sich um welche Dinge die Kinder betreffend kümmerte, wann die Betreuungssituation für das Kind wechselte oder auf welche Personen Eltern in der Versorgung der Kinder zurückgegriffen haben (z. B. Großeltern oder Tagesmütter).

3. Mit wem lebt das Kind nach der räumlichen Trennung zusammen?
4. Wie sieht die Betreuungssituation nach der räumlichen Trennung aus?
5. Wie ist die aktuelle Wohnsituation des Kindes (Wohnung, Kinderzimmer, Spielzeug, soziales Umfeld)?
6. Wie erlebt das Kind die Lebensumstände bei der Mutter bzw. beim Vater?

Für die Zeit nach der räumlichen Trennung der Eltern wird der Sachverständige entsprechend erheben, welche Ansprechpartner dem Kind aktuell im Alltag zur Verfügung stehen und wie und durch welche Personen seine Betreuung sichergestellt ist. Zu diesem Fragenkomplex gehört auch die aktuelle Wohnsituation des Kindes, ob das Kind z. B. an Bekanntes anknüpfen kann, welche Möglichkeiten es hat, z. B. die Lebenswelt bei der Mutter und beim Vater miteinander zu verbinden, indem es Spielsachen u.a. mit hin- und hernimmt, etc.

Maßgebend für die Bewertung der Lebensumstände durch den Sachverständigen im Gutachten wird dann nicht sein, was er selber gut oder schlecht findet oder ob das Kinderzimmer z.B. seinen Vorstellungen entspricht, sondern ob das Kind sich im Lebensumfeld der Mutter bzw. des Vaters wohlfühlt. Die Variable der Lebensumstände erhält hier eine deutliche Relativierung durch die Variablen des Beziehungserlebens des Kindes.

7. Wie sieht die finanzielle Situation der Eltern aus?
8. Wie sieht die berufliche Situation der Eltern aus?

Die finanziellen Möglichkeiten der Eltern haben keinen Einfluss auf eine gesunde psychische Entwicklung des Kindes, solange die Grundversorgung gesichert ist. Auseinandersetzungen zwischen den Eltern über Unterhaltsfragen spielen in der familienrechtlichen Auseinandersetzung aber häufig eine große Rolle. In diesem Ausschnitt können sie für die Einschätzung der elterlichen Motivationen und Kooperationsmöglichkeiten von Bedeutung werden. Die berufliche Situation der Eltern wird der Sachverständige als einen weiteren Aspekt der Lebensbedingungen des Kindes berücksichtigen, sofern diese Auswirkungen auf die Betreuung des Kindes und auf das Zusammensein von Mutter bzw. Vater und Kind hat.

9. Wie ist die aktuelle Sorgerechtsregelung?
10. Wie ist die aktuelle Umgangsrechtsregelung?

Wenn der Sachverständige einen familienrechtlichen Gutachtenauftrag erhält, gibt es in der Regel eine noch bestehende oder vorläufige Regelung der elterlichen Sorge und/oder des persönlichen Umgangs. Diese bestimmt den Lebensmittelpunkt des Kindes und die Häufigkeiten und Bedingungen für die Kontakte mit den Eltern. Im Zusammenhang mit diesen Regelungen gibt es Abläufe, die gut funktionieren, aber auch Bereiche, in denen Schwierigkeiten auftreten. Indem dies mit Eltern und Kindern differenziert thematisiert wird, erhält der Sachverständige Informationen, wie Voraussetzungen und Bedingungen für eine langfristig tragbare Regelung geschaffen werden können. Wenn er dies mit den beteiligten Personen erarbeitet, kann dies die Akzeptanz für einen Lösungsvorschlag erhöhen.

4.3.9
Leitfragen zum Entwicklungsstand des Kindes

Bei verschiedenen bereits vorgestellten Variablen wurde deutlich, dass sie je nach Bedingungen des Einzelfalls aus psychologischer Sicht unterschiedlich gewichtet werden. Der Entwicklungsstand eines Kindes, der sich an dessen Alter und seinen altersgemäßen oder auch nicht altersgemäßen Entwicklungsfortschritten festmachen lässt, ist eine zentrale Größe für diese Gewichtung. Wenn der Sachverständige seine Einschätzung des Kindes im Gutachten mitteilt, trägt dies zum Verständnis der psychologischen Argumentation bei. Außerdem gibt er dem Leser die Möglichkeit, die eigene Wahrnehmung des Kindes um entwicklungspsychologische Aspekte zu erweitern. Anhand des Entwicklungsstandes lässt sich zudem unmittelbar ableiten, wo das Kind Unterstützung und Förderung durch seine Eltern oder andere Personen braucht. Wichtig ist es, bei diesem Fragenkomplex den Bezug zur Fragestellung im Auge zu behalten, um den Untersuchungsrahmen nicht unangemessen auszudehnen. Bei den vormals vormundschaftlichen Fragen haben Ausführungen zur Entwicklung des Kindes in aller Regel ein größeres Gewicht als bei familienrechtlichen Fragen, da häufig Auffälligkeiten der Kinder dazu geführt haben, dass sich die Jugendhilfe in die Belange der Familie eingeschaltet hat.

1. Wie alt ist das Kind zum Zeitpunkt der Begutachtung?
2. Welche entwicklungspsychologischen Aspekte sind aufgrund seines Alters zu berücksichtigen?
3. Ist das Kind insgesamt altersgemäß entwickelt?
4. Wurden bei der Prüfung des Entwicklungsstandes die verschiedenen Bereiche der kindlichen Entwicklung (körperliche, kognitive, emotionale, motivationale, soziale, sprachliche Entwicklung) berücksichtigt?

Neben Angaben zum Alter des Kindes erweitert es das Verständnis für seine Situation, wenn der Sachverständige kurz skizziert, welche entwicklungspsychologischen Besonderheiten mit der jeweiligen Altersstufe verbunden sind, z. B. welchen Entwicklungsaufgaben Kinder beim Eintritt in die Schule gegenüberstehen, oder wie die psychische Situation Jugendlicher zu beschreiben ist (vgl. Oerter & Montada, 1998). Solche allgemeinen Ausführungen bieten wichtige Informationen, um die emotionale Belastung der Kinder durch die familiäre Krise angemessen einschätzen zu können. Auch die Frage, ob das

Kind altersgemäß entwickelt ist oder nicht, betrifft eine wichtige Bedingung, um die Ressourcen zu beschreiben, die dem Kind bei der Anpassung an die geänderte Lebenssituation zur Verfügung stehen.

5. Welche konkreten Stärken und/oder Schwächen hat das Kind in den verschiedenen Bereichen seiner Entwicklung?
6. Wurden bei der Beschreibung der Stärken und/oder Schwächen des Kindes die verschiedenen Bereiche der kindlichen Entwicklung (körperliche, kognitive, emotionale, motivationale, soziale, sprachliche Entwicklung) berücksichtigt?

Gegenüber einer allgemeinen Einschätzung des Entwicklungsstandes als altersgemäß oder nicht gibt eine gezielte Angabe zum Entwicklungsstand des Kindes in einzelnen Bereichen genauere Informationen. Wenn der Sachverständige die Stärken und Schwächen eines Kindes genauer beschreibt, wird besser verständlich, welche Möglichkeiten es hat, sich an die neuen Lebensbedingungen anzupassen, auf welche Besonderheiten des jeweiligen Kindes die Empfehlung Rücksicht nehmen muss und welche Unterstützung und Förderung erforderlich ist. Im Bereich der kognitiven Entwicklung kann z.B. die Konzentrationsfähigkeit eines Kindes bedeutsam werden oder mögliche Lernschwierigkeiten. Dann ist abzuwägen, ob schulische Probleme in solchen Schwierigkeiten begründet sind und/oder in der emotionalen Belastung durch die familiäre Situation. Bei der sprachlichen Entwicklung kann z.B. die Fähigkeit des Kindes, sich differenziert auszudrücken oder der Umfang seines Wortschatzes als Erklärung dafür herangezogen werden, wie es seine Wünsche und Vorstellungen mitteilen kann (vgl. Kapitel 4.3.2). Im Bereich des sozialen Erlebens und Verhaltens wird z.B. die Fähigkeit des Kindes beschrieben, auf andere Kinder und Erwachsene zuzugehen, oder sein Verhalten in Konfliktsituationen mit Gleichaltrigen. Die psychischen Belastungen der Kinder durch die Trennung und Auseinandersetzung ihrer Eltern liegen besonders im emotionalen Bereich (u.a. Balloff, 1992b; Fthenakis, 1995; Oppawsky, 1987; Wallerstein & Blakeslee, 1989). Deshalb wird der Sachverständige besonders in diesem Entwicklungsbereich die Ressourcen der Kinder prüfen, z.B. wie selbstbewusst ein Kind ist oder ob es ängstlich und sensibel ist. Dabei wird er auch beschreiben, wie das Kind auf emotionale Belastungssituationen reagiert und welche emotionalen Bedürfnisse es hat.

7. Gibt es akute Auffälligkeiten beim Kind?
8. Was wird therapeutisch gegen diese Auffälligkeiten unternommen?

Sind bei einem Kind *chronische Erkrankungen, Behinderungen, psychische Auffälligkeiten* oder *Verhaltensstörungen* zu beschreiben, wird der Sachverständige auf diese ausführlich eingehen, weil damit zusätzliche Anforderungen an die weitere Lebensgestaltung des Kindes gerichtet sind. Neben der Beschreibung dieser Auffälligkeiten im Einzelfall und erklärenden allgemeinen Erläuterungen, die die Psychologie anzubieten hat, wird der Sachverständige weitergehend prüfen, ob Maßnahmen gegen diese Auffälligkeiten eingeleitet wurden, mit welchem Erfolg und welche Bedingungen dazu geführt haben, dass sie möglicherweise nicht erfolgreich waren.

9. Wie war die Entwicklung des Kindes in der frühen Kindheit?
10. Gab es medizinische oder psychische Auffälligkeiten des Kindes, die sein Verhalten und Erleben nachhaltig beeinflusst haben?

Die Einschätzung des Entwicklungsstandes eines Kindes wird abgerundet durch Informationen zu seinem Entwicklungsverlauf. Aktuelle Schwierigkeiten oder Auffälligkeiten sind anders zu gewichten, je nachdem, ob ein Kind in seinem bisherigen Leben immer wieder mit belastenden körperlichen oder psychischen Problemen konfrontiert war oder ob es sich „unauffällig" entwickelt hat. Hier geht es um Fragen nach dem Verlauf von Schwangerschaft und Geburt, um markante Entwicklungsschritte wie Laufenlernen, Sprachentwicklung oder Sauberkeitsentwicklung und Auffälligkeiten bei diesen Entwicklungsschritten, die das Kind nachhaltig beeinträchtigt haben.

11. Besucht das Kind einen Kindergarten?
12. Wie kommt es im Kindergarten zurecht?
13. In welche Schule geht das Kind?
14. Wie kommt es in der Schule zurecht?

Auch Beschreibungen des kindlichen Verhaltens im außerhäuslichen Bereich, im Kindergarten und in der Schule, tragen zum Verständnis des Entwicklungsstandes eines Kindes bei. Im Kindergartenalter kann z.B. die Fähigkeit des Kindes, sich von der Mutter oder dem Vater zu trennen, und die Art und Weise, wie es mit anderen Kindern, mit den Erzieherinnen und dem Spiel- und Förderangebot im Kindergarten umgeht, wichtige Hinweise geben. Im Bereich der Schule kann der Sachverständige mögliche Stärken und Schwächen im Leistungsbereich, Interessen und Neigungen des Kindes und seine Kontakte zu Mitschülern und Lehrern so weit untersuchen, wie es zur Beantwortung der Fragestellung von Bedeutung ist. Wenn der Sachverständige hierzu Erzieherinnen und/oder Lehrer befragen möchte, braucht er dazu das Einverständnis der Eltern oder des sorgeberechtigten Elternteils (vgl. Kapitel 4.1).

4.3.10 Leitfragen zu den Reaktionen des Kindes auf die familiäre Krise

Direkt verbunden mit dem Thema Entwicklungsstand des Kindes sind die Reaktionen des Kindes auf die Trennung seiner Eltern oder die Herausnahme aus seiner Familie. Inzwischen gibt es eine Reihe von Forschungsarbeiten, die sich mit der psychischen Situation der Kinder nach einer Trennung ihrer Eltern befasst haben (Amato & Keith, 1991; Beal & Hochmann, 1992; Fthenakis, 1995; Lehmkuhl & Huss, 1997; Napp-Peters, 1995; Oppawsky, 1987; Schmidt-Denter & Beelmann, 1997; Wallerstein & Blakeslee, 1989). Trennung und Scheidung wirken sich nachhaltig auf die sozio-emotionale Entwicklung von Kindern aus, wobei die Effekte auch zeitverzögert im Jugendalter, nach einer Phase der Stabilisierung, auftreten können. Es wurden z.B. alters- und geschlechtsabhängige negative Auswirkungen der Vater- oder Mutterabwesenheit auf die kognitive und moralische Entwicklung, auf den Geschlechtsrollenerwerb und die Genese von Verhaltensauffälligkeiten beschrieben. Gleichzeitig wurden Bedingungen beschrieben, die es den Kindern erleichtern, sich an die Änderungen durch die Scheidung ihrer Eltern anzupassen. Dabei spielt einerseits das Verhalten der Mütter und Väter eine Rolle, andererseits aber auch das Alter, der Entwicklungsstand und die Fähigkeit der Kinder, mit Belastungen umzugehen. Wenn Kinder in ihrer Familie vernachlässigt oder gar misshandelt werden, hat dies schwerwiegende Folgen für ihre weitere Entwicklung (Martinius & Frank, 1990; Oerter & Montada, 1998). Der psychologische Sachverständige kann bei seinen diagnostischen Entscheidungen auf inhaltlicher Ebene auf diese Forschungsergebnisse zurückgreifen.

1. Was hat das Kind von den Auseinandersetzungen zwischen den Eltern *vor der Trennung* mitbekommen?
2. Wie hat das Kind diese erlebt?
3. Wie ist das Kind damit umgegangen?
4. Was haben seine Eltern ihm dazu erklärt?
5. Wie ist die *konkrete Situation der Trennung* oder *Herausnahme* für das Kind verlaufen? Wo war das Kind?
6. Was hat es miterlebt?
7. Wer war bei dem Kind?
8. Welche Erklärungen hat das Kind von seinen Eltern bekommen?
9. Wie hat es sich damals dazu eingestellt, dazu verhalten?
10. Was hat sich für das Kind geändert?
11. Wie hat sich das Kind *inzwischen zu der Trennung* seiner Eltern oder zu der *Trennung von seinen Eltern* eingestellt?
12. Was bekommt das Kind jetzt noch von den Auseinandersetzungen zwischen den Eltern mit?
13. Wie erlebt das Kind diese?
14. Wie geht das Kind damit um?

Um das Erleben und die Belastung für das einzelne Kind beschreiben zu können, wird der Sachverständige differenziert untersuchen, was das Kind von der Trennung seiner Eltern oder der familiären Krise mitbekommen hat und welche Unterstützung und Erklärung ihm dazu angeboten wurde. Dabei sind die Zeit vor der Trennung, die konkrete Situation der Trennung oder Herausnahme und die Zeit danach wichtige Zeitabschnitte. Die Reaktionen des Kindes können sich im Laufe der Zeit geändert haben, je nachdem wie seine Lebenssituation sich änderte oder welche Unterstützung es bekommen hat. Als Reaktionen der Kinder können z.B. emotionale Verunsicherung, Trauer auf Verlust einer Bezugsperson, Angst, einen Elternteil zu verlieren, oder durch eine Willensäußerung zu verletzen, Schuldgefühle, Loyalitätskonflikte oder Gefühle der Überforderung beschrieben werden. Nicht selten entwickeln Kinder über einen langen Zeitraum Wiedervereinigungswünsche oder nutzen die Situation der Trennung, die Eltern gegeneinander auszuspielen. Andere Kinder arrangieren sich scheinbar mit der neuen Situation und sind wenig belastet. Inzwischen schließt das breit gefächerte Unterstützungsprogramm für Scheidungsfamilien eine Reihe gruppentherapeutischer Ansätze für die Nachbetreuung von Kindern und Jugendlichen aus Scheidungsfamilien ein (u.a. Fthenakis, Chow, Gemar, Koester-Goorkotte, Kohlmann, Lehmann, Meyer-Gaup, Seibel, Siefert, Stahl, Walbiner & Wolf,

1995; Gruetzner, Kulisch & Langenmayr, 1997; Huss & Lehmkuhl, 1997; Schmitz & Schmidt-Denter, 1997).

Auch Kinder, die nicht aufgrund der Trennung ihrer Eltern, sondern aufgrund einer Kindeswohlgefährdung von beiden Eltern getrennt wurden, reagieren emotional verunsichert. Diese Kinder sind jedoch ungleich mehr belastet, da ihnen der gesamte familiäre Kontext entzogen wird. Sie haben in der Regel deutliche Entwicklungsdefizite und damit geringere Kapazitäten, sich mit einer positiven Prognose an die neue Situation anzupassen. Gleichwohl bietet die Herausnahme aus der Familie diesen Kindern die Chance, in einem geschützten und ihren Bedürfnissen angemessenen Rahmen mit entsprechender Unterstützung ihre Defizite aufzuholen.

15. Wie geht das Kind bei den Untersuchungen im Rahmen der Begutachtung mit dem Thema Trennung der Eltern oder Trennung von den Eltern um?
16. Wie spricht das Kind über das Thema?
17. Wie ist der Kontakt des Kindes mit dem Sachverständigen?
18. Wie verhält sich das Kind in der Untersuchungssituation?

Die Reaktionen des Kindes auf die Trennung seiner Eltern oder die familiäre Krise kann der Sachverständige auch dann untersuchen, wenn er selber in der Begutachtung mit dem Kind zusammen ist. Die Art und Weise, wie das Kind über seine familiäre Situation spricht, ob es offen damit umgeht oder das Thema lieber vermeidet, gibt Hinweise auf seine Belastung und seine Bewältigungsstrategien. Hier sind immer auch die entwicklungspsychologisch begründeten Fähigkeiten des Kindes zu berücksichtigen (s.o.). Der konkrete Umgang des Kindes mit dem Sachverständigen gibt Aufschluss darüber, wie es die familiäre Krise zu diesem Zeitpunkt bewältigt. Dabei ist die Situation der Begutachtung eine besondere Situation. Manche Kinder treten dem Sachverständigen eher misstrauisch gegenüber und werden durch seine Untersuchungen emotional verunsichert, weil sie Angaben machen, die für oder gegen einen Elternteil sprechen können, und weil sie nicht wissen, was der Sachverständige mit ihren Aussagen macht. Andere Kinder sind froh, einer neutralen Person ihre Situation und ihre Wünsche schildern zu können, wieder andere sehen den Sachverständigen als Verbündeten, um ihre Interessen oder die eines Elternteils durchzusetzen.

4.3.11 Leitfragen zu den Besuchskontakten des Kindes zu dem Elternteil, bei dem es nicht lebt

Die Besuchskontakte des Kindes zu dem Elternteil, bei dem es nicht mehr lebt, sind häufig ein anhaltender Streitpunkt in familienrechtlichen Auseinandersetzungen und Anlass für Fragestellungen nur zu diesem Thema. Bei den Besuchskontakten überschneiden sich die ansonsten getrennten Lebenswelten des Kindes bei der Mutter und dem Vater. Für das Kind kann dies bedeuten, dass seine emotionale Belastung immer wieder neu aktualisiert wird, und für die Eltern können sich immer wieder Anlässe für Konflikte bieten. Im vormundschaftlichen Bereich haben Besuchskontakte die Funktion, die Beziehung des Kindes zu den Eltern in dem Maße aufrecht zu erhalten, wie es für seine weitere Entwicklung sinnvoll und notwendig ist. Der Sachverständige wird dieses Thema schwerpunktmäßig aus der Perspektive des Kindes aufgreifen.

1. Wann hat das Kind seine Mutter/seinen Vater nach der Trennung erstmalig wieder gesehen?
2. Gab es seitdem Unterbrechungen der Besuchskontakte?
3. Wie häufig trifft das Kind seine Mutter/seinen Vater?
4. Wie lange sind die beiden dann zusammen?
5. Wo finden die Kontakte statt?
6. Unter welchen Bedingungen finden die Kontakte statt?
7. Welche Personen sind außer dem jeweiligen Elternteil bei den Kontakten anwesend?
8. Was machen das Kind und seine Mutter/sein Vater, wenn sie zusammen sind?
9. Gibt es telefonische oder briefliche Kontakte zwischen dem Kind und seiner Mutter/seinem Vater?
10. Gibt es Schwierigkeiten bei der Durchführung der Besuchskontakte?

Zum einen wird der Sachverständige die konkreten Umstände und Bedingungen der Besuchskontakte beschreiben, z.B. ob ein Kind einen Elternteil längere Zeit nicht gesehen hat, wann Besuchskontakte eingeleitet wurden, wie häufig und wie regelmäßig diese stattfinden und durch welche Rahmenbedingungen sie gestaltet werden. Gibt es Schwierigkeiten bei der Durchführung der Besuchskontakte, wird der Sachverständige diese differenziert untersuchen: Seit wann gibt es diese Schwierigkeiten? Unter welchen Bedingungen treten sie auf? Was wurde oder wird unternommen, um die Schwierigkeiten zu beheben, und mit welchem Erfolg? Wie kam es, dass sich nichts änderte?

11. Wie sieht die Übergabesituation aus?
12. Wie geht das Kind auf seine Mutter/seinen Vater zu, wenn es diese/diesen trifft?
13. Wie verhält sich das Kind, wenn es wieder zurückkommt?

Eine wichtige Beobachtungssituation im Zusammenhang mit Besuchskontakten ist die Übergabe des Kindes von einem Elternteil zum anderen oder wenn Eltern ihr Kind im Heim oder bei Pflegeeltern besuchen. Die Art und Weise, wie Eltern die Übergabe oder Begrüßung gestalten, wirkt sich entscheidend auf das Erleben des Kindes aus. Nicht selten verhalten Kinder sich in dieser Situation anders als Eltern es erwarten. Das kindliche Verhalten unmittelbar vor den Besuchen oder wenn das Kind wieder zurückkommt, veranlasst Eltern, die über Besuchskontakte streiten, häufig zu dem Schluss, dass die Kontakte dem Kind schaden bzw. dass der andere Elternteil dem Kind einen unbeschwerten Kontakt nicht ermöglicht. Hier wird der Sachverständige sorgfältig die Umstände der Besuchskontakte aus der Perspektive des Kindes beschreiben. Welche Belastungen sind tatsächlich mit den Besuchen verbunden? Welche Zusammenhänge gibt es zwischen dem kindlichen Verhalten und den Belastungen durch die Übergabesituation selbst, aber auch durch die emotionale Verunsicherung des Kindes durch die Trennung der Eltern oder von den Eltern?

14. Wie erlebt das Kind die Besuchskontakte?
15. Wie verhält sich das Kind bei den Besuchskontakten gegenüber seiner Mutter/seinem Vater?

Ein Bestandteil der Untersuchungsplanung ist die Beschreibung der Besuchskontakte durch die einzelnen Familienmitglieder. Der Sachverständige wird darüber hinaus auch selbst das Kind bei Besuchskontakten beobachten, um die Aussagen durch eigene Beobachtungen zu ergänzen. Damit wird es ihm insgesamt möglich zu beurteilen, wie das Kind die Besuchskontakte erlebt, ob es sich in Anwesenheit des Vaters oder der Mutter wohlfühlt, was es an den Kontakten gut findet und was ihm daran vielleicht auch nicht gefällt. Damit hat das

Thema der Besuchskontakte einen engen Bezug zum Thema Bindungen des Kindes. Die Art und Weise, wie das Kind bei den Kontakten die Beziehung zu dem Elternteil, den es besucht, gestaltet, gibt Aufschluss über seine Beziehung zu ihm. Das Gespräch über die konkreten Interaktionen des Kindes mit dem Vater oder der Mutter und eigene Beobachtungen des Sachverständigen machen seine Beurteilungsgrundlage für die Leser des Gutachtens auch hier transparent und nachvollziehbar. Werden verschiedene Situationen dabei gegenübergestellt, z. B. Spielsituationen, Konfliktsituationen, Situationen, in denen das Kind emotional verunsichert ist, in denen es Körperkontakt sucht, Unterstützung braucht oder Eltern Verhaltensregeln durchsetzen, kann die Beziehung differenziert beschrieben werden.

4.3.12 Leitfragen zur Persönlichkeit der Eltern

Eine umfassende psychologische Untersuchung der Persönlichkeit der Eltern greift in nicht unerheblichem Maße in das Persönlichkeitsrecht der Eltern ein, was bei familienrechtlichen Fragestellungen in der Regel nicht gerechtfertigt werden kann. Dabei wird vor allem der Einsatz von Persönlichkeits-Struktur-Tests im Rahmen familienrechtlicher Diagnostik in Frage gestellt (Balloff, 1994; Salzgeber & Stadler, 1990; Zuschlag, 1992). In der Literatur wird immer wieder betont, dass eine Beurteilung der Eltern kindeswohlabhängig erfolgen muss, das heißt, die Auswirkungen auf das Kind müssen im Vordergrund stehen (u.a. Salzgeber, 1992). Einerseits wird so nicht mehr als unbedingt nötig in die Elternrechte eingegriffen, und andererseits können Wege aufgezeigt werden, wie die Eltern ihrer Verantwortung gegenüber den Kindern besser gerecht werden können. Elterliches Verhalten ist dabei nicht nur beim aktiven Handeln in der Erziehung gefragt (vgl. Leitfragen zum Verhalten der Eltern). Auch die Vorbildfunktion der Eltern, die sich aus ihrer aktuellen Lebensführung, ihrer eigenen Entwicklungsgeschichte und ihrer zukünftigen Lebensplanung zusammensetzt, spielt dabei eine wichtige Rolle. Der Sachverständige wird sorgfältig abwägen, welche Inhalte und Aspekte zur Beantwortung der familienrechtlichen Fragestellung beitragen können und welche Aspekte die Akzeptanz des gutachterlichen Handelns und damit der gutachterlichen Argumentation gefährden. – Bei Familien, mit deren Problematik ursprünglich die Vormundschaftsgerichte befasst waren, trägt die persönliche Situation der Eltern häufig mit dazu bei, dass sie ihren Kindern keinen positiven Entwicklungsraum schaffen konnten und können. Dies wird der Sachverständige bei der Auswahl der zu untersuchenden Aspekte berücksichtigen.

1. Welche Angaben zur Biographie der Eltern sind unbedingt notwendig, um die elterlichen Verhaltensweisen gegenüber dem Kind zu erklären?
2. Haben die Eltern persönliche Schwierigkeiten, die ihre Möglichkeiten, das Kind zu betreuen und zu erziehen, einschränken?

Biographische Angaben der Eltern tragen nur in Ausnahmefällen Informationen zur Beantwortung familienrechtlicher Fragestellungen bei. Wenn Eltern durch ihr Verhalten das Wohl ihrer Kinder gefährden, können Angaben z. B. über ihre Herkunftsfamilie oder ihre Lebenssituation Erklärungen bieten für ihre Schwierigkeiten, die Bedürfnisse ihrer Kinder angemessen wahrzunehmen. Persönliche Schwierigkeiten der Eltern sind allerdings ein wichtiges Kriterium, wenn eine Entscheidung zum Wohle des Kindes vorbereitet werden soll. Sie sind dann von Bedeutung, wenn z. B. körperliche Besonderheiten oder Behinderungen, psychische Erkrankungen, Suchtverhalten, Gewaltneigung, sexuelle Auffälligkeiten oder eine verminderte intellektuelle Leistungsfähigkeit so weitreichende Konsequenzen haben, dass die weitere Entwicklung des Kindes gefährdet ist. Liegen solche Schwierigkeiten bei den Eltern vor, wird der Sachverständige nicht nur deren Auswirkungen auf das Kind beschreiben, sondern auch erheben, wie die Eltern mit ihren Schwierigkeiten bisher umgegangen sind, welche Unterstützung sie wahrgenommen haben oder welche Hilfen unter welchen Bedingungen eingeleitet werden können, um negative Einflüsse auf die Eltern-Kind-Beziehung zu reduzieren und in Zukunft eine möglichst positive Entwicklung des Kindes zu fördern.

3. Wie verhält die Mutter/der Vater sich in der Untersuchungssituation?
4. Wie ist der Kontakt der Mutter/des Vaters mit dem Sachverständigen?

Wie bei den Kindern kann der Sachverständige auch aus dem Kontakt mit den Eltern Informationen heranziehen, um die Art und Weise, wie sie mit dem familiären Konflikt umgehen, zu beurteilen. Dazu gehört z. B. ihre Bereitschaft, mit ihm zusammenzuarbeiten, oder ihre

Offenheit in den Gesprächen. Dabei wird er sich aber immer vor Augen halten, dass die Begutachtung freiwillig ist und dass die besondere Situation der Begutachtung auch bei Eltern Verunsicherung und Ängste hervorrufen kann. Bei der Beurteilung der elterlichen Verhaltensweisen ihm gegenüber wird der Sachverständige sich deshalb zurückhalten, um auch hier die Rechte der Eltern nicht zu verletzen.

4.3.13 Leitfragen zur Beziehung zwischen den Eltern und zu ihrer Kooperationsbereitschaft

Ähnlich wie bei der Variablen Persönlichkeit der Eltern kommt es auch bei der Beschreibung der Beziehung der Eltern darauf an, dass der Sachverständige deutlich macht, wie sich das Verhalten der Eltern untereinander auf die Kinder auswirkt.

1. Wie hat sich die Beziehung zwischen den Eltern entwickelt, und was bedeutet dies für die familiäre Situation des Kindes?
2. Welche Rolle hatte die Mutter/der Vater *während des familiären Zusammenlebens*?
3. Welcher Art waren die Konflikte zwischen den Eltern?
4. Um welche Inhalte wurde gestritten und inwiefern betrafen diese das Kind?
5. Wer führte die Trennung herbei?
6. Welcher Art sind die Konflikte zwischen den Eltern *nach der Trennung*?
7. Um welche Inhalte wird heute gestritten und inwiefern betreffen diese das Kind?

Die Ergebnisse der nationalen und internationalen Scheidungsforschung zeigen, dass anhaltende Konflikte der Eltern vor, während und nach der Trennung, die keine gemeinsam getragenen Kompromisse oder Lösungen mehr ermöglichen, Kinder äußerst beunruhigen oder verunsichern und deren Entwicklung insbesondere im Leistungs- und Gefühlsbereich negativ beeinflussen (u.a. Beal & Hochmann, 1992; Furstenberg & Cherlin, 1993; Hoffmann-Hausner & Bastine, 1995; Schmidt-Denter, Beelmann & Trappen, 1995; Wallerstein & Blakeslee, 1992). Vor diesem Hintergrund haben Fragen nach der Beziehung zwischen den Eltern ihre Berechtigung. Für das Erleben der Kinder ist es z. B. bedeutsam, ob die Eltern sich über die Kinder betreffende Inhalte gestritten haben oder weiterhin streiten und in welcher Form Konflikte ausgetragen werden, ob verbal oder handgreiflich, im Beisein der Kinder oder ohne deren Anwesenheit. Um die Auswirkungen dieser elterlichen Konflikte auf das Kind angemessen einschätzen zu können, wird der Sachverständige auch untersuchen, ob das Kind beobachten konnte oder kann, ob und wie die Eltern zu einer Konfliktlösung finden. Mit ihrem Konfliktverhalten sind die Eltern wichtige Vorbilder für ihre Kinder.

8. Wie erlebt die Mutter/der Vater die Situation der Trennung heute?
9. Wie geht sie/er damit um?
10. Was bedeutet das für das Kind und dessen Beziehungen zu seinen Eltern?

Die Art und Weise, wie Eltern selber die Trennung von ihrem Partner verarbeitet haben, und ob sie vor diesem Hintergrund bereits neue Zukunftsperspektiven entwickelt haben, gibt Aufschluss darüber, welche emotionalen Kapazitäten sie haben, ihre Kinder bei der Anpassung an die neue Lebenssituation zu begleiten und zu unterstützen. Dies ist ein wichtiger Aspekt für das weitere Beziehungserleben des Kindes.

11. Wie bewertet die Mutter/der Vater die Beziehung des Kindes zum anderen Elternteil?
12. Wie bewertet sie/er heute das Erziehungsverhalten des ehemaligen Partners?

Hier wird der Sachverständige prüfen, inwiefern Eltern bereit und in der Lage sind, die Bedeutung des ehemaligen Partners als Vater oder Mutter der Kinder realistisch zu sehen, die Bedürfnisse des Kindes zu respektieren und die Beziehung zu beiden Eltern möglichst ungestört gestalten zu können. Nehmen sie dabei die Perspektive des Kindes ein oder beurteilen sie die Eltern-Kind-Beziehung und das elterliche Verhalten vor dem Hintergrund der eigenen Gefühle dem anderen gegenüber.

13. Welche Bereitschaft zeigen die Eltern, im Hinblick auf das gemeinsame Kind miteinander zu kooperieren oder mit Trägern der Familienhilfe zusammenzuarbeiten?
14. Welche Fähigkeiten haben sie, zum Wohle ihres Kindes aufeinander zuzugehen und zusammenzuarbeiten?
15. Gibt es Bedingungen, die eine Kooperation im Sinne des Kindes verbessern würden?
16. In welchen Bereichen oder hinsichtlich welcher Fragen das Kind betreffend läuft das gut, in welchen weniger gut?
17. Welche Möglichkeiten gibt es, die gemeinsame elterliche Sorge zu realisieren?
18. Welche Bedingungen sprechen für, welche gegen die gemeinsame elterliche Sorge?
19. Welche Möglichkeiten sind gegeben, mit den Eltern einen einvernehmlichen Vorschlag zu erarbeiten?
20. Wie kann die Kooperation der Eltern ermöglicht oder verbessert werden, wenn diese fachliche Unterstützung bekommen?
21. Wie weit sind die Eltern bereit, eine solche Unterstützung wahrzunehmen?

Nach neuem Kindschaftsrecht behalten Eltern nach Trennung und Scheidung die gemeinsame elterliche Sorge. In strittigen Fällen wird der Sachverständige die Fähigkeit und Bereitschaft der Eltern, bei Belangen der Kinder mit dem ehemaligen Partner zusammenzuarbeiten, sorgfältig prüfen. Das ist eine sehr anspruchsvolle Aufgabe, vor allem weil Eltern, wenn die Begutachtung der Familie beginnt, häufig bereits beraten worden sind und diese Bemühungen gescheitert sind. Thematisiert der Sachverständige die Interaktion zwischen den Eltern, können diese etwas über das Zusammenwirken eigener Verhaltensweisen mit denen des ehemaligen Partners und denen des Kindes lernen. Entsprechende Verhaltensänderungen können zu einer Entspannung des Konfliktes führen und bieten den Eltern die Möglichkeit, weiterhin gemeinsam Verantwortung für ihre Kinder zu tragen.

Um diese Prozesse im Rahmen der Begutachtung zu fördern, wird der Sachverständige auf eine ausgewogene Betrachtung der Perspektive des Vaters und der Mutter achten. Er wird mit ihnen die Bedingungen der bisher gescheiterten Kooperation und die Voraussetzungen und Bedingungen einer funktionierenden Kooperation besprechen und auf die Unterstützung durch Fachleute verweisen. Dabei wird er im Einzelfall sehr viel Motivierungsarbeit leisten müssen, deren Erfolg auch davon abhängen wird, ob Eltern sich darauf einlassen können und wollen oder nicht. Hier erreicht der Sachverständige u.U. die Grenzen der Beratungsmöglichkeiten und wird dann sorgfältig abwägen, wie lange eigene oder delegierte Bemühungen, die Eltern zu einer Zusammenarbeit zu bewegen, fortgesetzt werden können, ohne dem Kind zu schaden. In manchen Fällen wird er dann eine Empfehlung für die alleinige elterliche Sorge aussprechen müssen, weil sich die gemeinsame elterliche Sorge nicht realisieren lässt, ohne die Kinder weiterhin den sie schädigenden Auseinandersetzungen zwischen den Eltern auszusetzen.

Die Frage der Kooperationsbereitschaft der Eltern bezieht sich bei Fragestellungen im Rahmen des § 1666 BGB auf die Zusammenarbeit der Eltern mit Trägern der Jugendhilfe. Hier wird der Sachverständige z.B. prüfen, welche Unterstützung die Familie bisher erhalten hat, wie sie diese angenommen hat und inwiefern dies die Situation des Kindes verbessern konnte. Ausgehend davon wird er sich damit beschäftigen, welche Bereitschaft und Möglichkeiten die Eltern noch haben, die Situation für ihr Kind mit Hilfe anderer zu ändern oder auch wie sie zu Fragen der Fremdunterbringung oder dem Entzug des Aufenthaltsbestimmungsrechts oder der elterlichen Sorge stehen. Wenn Eltern mit den Trägern der Jugendhilfe gemeinsam einen Weg finden, den Kindern positive Entwicklungschancen zu bieten, werden Kinder diese auch besser nutzen können. Hier kann der Sachverständige versuchen, im Kontakt mit den Eltern durch Aufklärung über die Situation der Kinder Verständnis zu wecken, und z.B. darauf hinweisen, dass Elternverantwortung in familiären Belastungssituationen auch heißen kann, die Kinder in die Obhut professioneller Hilfe zu geben.

4.4 Leitfragen zu Informationsquellen und Untersuchungsverfahren

Dem Psychologen steht eine ganze Reihe von Informationsquellen zur Verfügung, die relevante Informationen zur Beantwortung der Psychologischen Fragen und somit der Fragestellung beitragen können. Man kann sie grob einteilen in nichtstandardisierte, teilstandardisierte und standardisierte.

1. Welche *nichtstandardisierten* Informationsquellen stehen im vorliegenden Fall zur Verfügung und können relevante Informationen zur Beantwortung der gerichtlichen Fragestellung beisteuern?

Eine wichtige erste Informationsquelle ist die Gerichtsakte und die in ihr enthaltenen Arztberichte, Zeugnisse oder Berichte des Jugendamtes. Da die Informationen aus diesen Quellen für andere Zwecke zusammengetragen wurden, wird der Sachverständige immer berücksichtigen, aus welchem Anlass sie ursprünglich von wem für wen niedergeschrieben wurden. Unklarheiten wird er bei seinem weiteren diagnostischen Vorgehen klären.

Hausbesuche ermöglichen dem Sachverständigen, die Lebensbedingungen des Kindes und seinen Umgang mit anderen, z.B. mit seinen Eltern(-teilen), in seinem üblichen Lebensumfeld kennen zu lernen. Bei Fragen zur elterlichen Sorge wird der Sachverständige Hausbesuche in den Wohnungen beider Elternteile machen, um die Lebensbedingungen des Kindes bei beiden angemessen einschätzen zu können. Bei Umgangsfragestellungen kann es ausreichen, einen Besuchskontakt zu begleiten. Grundsätzlich ist im Einzelfall zu prüfen, welches Vorgehen dabei angemessen ist. Die Dauer der Hausbesuche hängt davon ab, ob der Sachverständige aus dieser Informationsquelle genügend Informationen gesammelt hat, um die Fragestellung beantworten zu können. Es ist nicht zu befürchten, dass die Kinder bei Hausbesuchen mit den Erwachsenen völlig anders umgehen, als sie es üblicherweise tun, erwarten sie doch von diesen auch das übliche Verhalten. Das grundlegende Verhaltensmuster im Umgang zwischen Kind und anderen ändert sich nicht. Eltern werden beispielsweise bei alltäglichen Konflikten mit dem Kind weiterhin das von ihnen auch sonst bevorzugte Konfliktverhalten zeigen, anderenfalls wird das Kind erstaunt sein und so lange nicht kooperativ reagieren, bis sich die Eltern wie gewohnt verhalten.

Insbesondere bei ethnischen oder religiösen Minderheiten oder Gruppen, mit denen er nicht vertraut ist, wird sich der Sachverständige vor seinen Kontakten über dort herrschende Sitten und Gebräuche informieren. Er kann allerdings nicht davon ausgehen, dass alle Angehörigen einer bestimmten Gruppierung sich entsprechend deren offiziellen Verlautbarungen in ihrem Alltag verhalten. Religiöse Schriften wie Bibel, Talmud, Koran oder Katechismus erlauben noch keine Vorhersage des Erziehungsverhaltens einzelner Angehöriger bestimmter Religionsgemeinschaften, Konfessionen oder so genannter

Sekten. Als Konsequenz daraus wird der Sachverständige immer den Einzelfall untersuchen und beschreiben, wie die zu begutachtenden Personen miteinander umgehen.

2. Welche *teilstandardisierten* Informationsquellen stehen im vorliegenden Fall zur Verfügung und können relevante Informationen zur Beantwortung der gerichtlichen Fragestellung beisteuern?

Die systematische Verhaltensbeobachtung ist eine wesentliche Quelle psychologischer Informationen. Wenn sich Verhalten nicht direkt beobachten lässt, so kann der Psychologe es indirekt beobachten, indem er es sich z.B. in diagnostischen Gesprächen schildern lässt. Entscheidend ist immer die gründliche Vorbereitung, bei der das vorhandene empirisch gesicherte theoretische Wissen genutzt wird, um die relevanten Verhaltensweisen im Vorhinein bestimmen zu können. Wie entscheidungsorientierte Gespräche geplant, durchgeführt und ausgewertet werden können, beschreiben Westhoff und Kluck (1998). Wichtigstes Hilfsmittel sind dabei Gesprächsleitfäden, mit denen Informationen möglichst konkret und vollständig erhoben werden können. Ein Leitfaden für ein entscheidungsorientiertes Gespräch bei gerichtlichen Fragen zur Umgangsregelung findet sich bei Kluck und Westhoff (1992, S. 35–44).

3. Welche *standardisierten* Informationsquellen stehen im vorliegenden Fall zur Verfügung und können relevante nformationen zur Beantwortung der gerichtlichen Fragestellung beisteuern?

Ein weiterer Bestandteil der diagnostischen Strategie familienrechtlicher Begutachtungen sind standardisierte psychologische Untersuchungsverfahren. Angesichts der Vielzahl standardisierter psychologischer Verfahren, die z.T. dieselben psychologischen Konstrukte erfassen, muss der Diagnostiker sich über die theoretischen Grundlagen eines Verfahrens informieren. Bislang gibt es keine standardisierten Messinstrumente, die den speziellen Rahmenbedingungen familienrechtlicher Begutachtung gerecht werden. Setzt ein Sachverständiger ein entsprechendes standardisiertes Verfahren ein, wird er dies bei der Auswertung berücksichtigen. In Kapitel 4.8 gehen wir näher auf dieses Thema ein.

4. Wie objektiv, zuverlässig und gültig sind die jeweiligen Untersuchungsverfahren?

Bei allen Informationen, die in ein psychologisches Gutachten einfließen, also nicht nur denen aus psychologischen Tests und Fragebögen oder standardisierten Beobachtungssituationen, wie solchen in Anlehnung an die „fremde Situation" zur Feststellung der Bindungsqualität, wird sich der Sachverständige fragen, wie objektiv, zuverlässig und gültig sie sind. Dabei ist mit „objektiv" gemeint, wie sehr verschiedene Beobachter in ihrem Bericht über das Beobachtete übereinstimmen. Eine Beobachtung ist umso zuverlässiger (reliabler), je besser sie wiederholt werden kann. Eine Beobachtung ist umso gültiger (valider), je besser in ihr das erfasst wird, was erfasst werden soll.

5. Welche materiellen und immateriellen Kosten und Nutzen sind mit dem Einsatz der verschiedenen Untersuchungsverfahren für die beteiligten Personen verbunden?

Ein Sachverständiger wird letzten Endes immer nach dem Verhältnis von Kosten und Nutzen entscheiden, ob und wie er eine Informationsquelle nutzt. Dabei wird er nicht nur die materiellen Kosten, sondern auch die sonstigen Belastungen für alle Beteiligten gegen den möglichen Informationsgewinn abwägen.

6. Beeinträchtigen die Untersuchungsverfahren die Persönlichkeitsrechte der untersuchten Personen?

Die Versorgung, Betreuung und Erziehung von Kindern ist in unserer pluralistischen Gesellschaft ein natürliches Recht der Eltern (vgl. Grundgesetz, Artikel 6). Es gibt kein Gesetz, das dieses Recht der Eltern einschränkt, wenn bei ihnen Persönlichkeitsmerkmale in einer bestimmten Weise ausgeprägt sind. Da dies so ist, ist auch die Erfassung von Persönlichkeitsmerkmalen der Eltern in aller Regel unangebracht, sodass der Sachverständige keine Verfahren und Methoden zur Erfassung von Persönlichkeitsmerkmalen einsetzen wird. Als Persönlichkeitsmerkmal gelten nicht Verhaltensstörungen oder psychische Krankheiten. Diese können durchaus mit einer Beeinträchtigung der kindlichen Entwicklungschancen verbunden sein.

7. Welchen Einfluss nimmt der Einsatz eines Untersuchungsverfahrens möglicherweise auf die Situation der Familie?

Der Kontakt mit dem Sachverständigen, die von ihm eingesetzten Verfahren und die Themen seiner diagnostischen Gespräche setzen idealerweise bei allen Beteiligten Prozesse in Gang, die das Kind und seine Bedürfnisse wieder mehr in das Licht der Aufmerksamkeit der Eltern rücken. Der Sachverständige wird allen Beteiligten seine Rolle als Gehilfe des Gerichts und sein Vorgehen erklären und durch sein Verhalten zeigen, dass er sich für das Kind, seine Rechte und Bedürfnisse sowie seine möglichst förderlichen Entwicklungsbedingungen einsetzt. Bringen Gesprächspartner Themen in die diagnostischen Gespräche ein, die vom Kind und seiner Situation wegführen, wird er auf diese zurückführen.

4.5 Leitfragen zur Gerichtsakte

1. Welche Informationen über die Situation des Kindes und seiner Familie können der Gerichtsakte entnommen werden?
2. Welche Ansatzpunkte ergeben sich daraus für die Planung der Begutachtung?

Die Gerichtsakte enthält in aller Regel eine ganze Reihe von Informationen, die für die Begutachtung von Bedeutung ist. Deshalb erstellt ein Psychologe sinnvollerweise zuerst die *Aktenanalyse unter psychologischen Gesichtspunkten*, in die er nur die Informationen aufnimmt, die er bei der Begutachtung verwenden will. Aus der Akte geht hervor, welche Personen zu beachten sind, worum sie sich streiten oder – bei einer Fragestellung nach § 1666 BGB – worin die Misshandlung oder Vernachlässigung bestanden haben soll. Auch der Bericht über den Verlauf und das Ergebnis von Beratungen durch das Jugendamt können wertvolle Hinweise enthalten. Es ist bei der Aktenanalyse unter psychologischen Gesichtspunkten immer zu beachten, wer welche Informationen in welchem Kontext und mit welchen (vermutlichen) Zielen geäußert hat. Dargestellte Ansichten können für die Begutachtung wichtig sein. Um zu einer Klärung der Situation des Kindes zu kommen, wird der Sachverständige z. B. unterschiedliche Auffassungen der beteiligten Personen in diagnostischen Gesprächen aufgreifen.

In der Aktenanalyse unter psychologischen Gesichtspunkten erarbeitet der Sachverständige nicht nur relevante Fakten, sondern er geht auch auf das ein, was zu klären und zu prüfen ist. Für die Planung der Gespräche mit den Eltern oder anderen am Verfahren beteiligten Personen ergeben sich aus den Akten Hinweise darauf, was nach Ansicht dieser Personen zu beachten ist. Dieses ist im Sinne einer Klärung der Situation aufzugreifen.

3. Welche nichtstandardisierten Informationsquellen enthält die Gerichtsakte?
4. Auf welche dieser Vorerhebungen kann zurückgegriffen werden?

In der Gerichtsakte können sich Informationsquellen z. B. Arztberichte, Jugendamtsberichte, Schulzeugnisse oder Vorgutachten befinden, die für die Begutachtung von großer Bedeutung sind. Der Sachverständige wird bei diesen Quellen nicht nur den Inhalt sorgfältig prüfen, sondern auch z. B. die zeitliche Reihenfolge bestimmter Ereignisse. In den diagnostischen Gesprächen wird der Sachverständige die Eltern zu diesen Informationen hören, denn es ist psychologisch immer bedeutsam, wie es zu bestimmten Fakten gekommen ist. Aus welchem Grund wurde z. B. ein ärztliches Attest ausgestellt?

4.6
Leitfragen zu diagnostischen Gesprächen

Zur Vorbereitung möglichst zufrieden stellender Entscheidungen müssen alle wichtigen Informationen in angemessener Weise berücksichtigt werden. Diagnostische Gespräche sind die wichtigste Informationsquelle bei familienrechtlichen Fragestellungen. Mit ihnen können die meisten und die zentralen Informationen erhoben werden. Ungeplante, nicht oder nur schlecht vorbereitete Gespräche führen in der Regel zu fehlerhaften und verzerrten Informationen. Diagnostisch relevante Informationen bekommt man jedoch nur, wenn sie sachverständig geplant und erhoben werden.

1. Wie kann man diagnostische Gespräche planen und vorbereiten?

Wir beziehen uns hier auf die Planung und Vorbereitung diagnostischer Gespräche nach der Konzeption des entscheidungsorientierten Gesprächs (vgl. Westhoff & Kluck, 1998, S. 99–116). Sachverständige können für die Vorbereitung entscheidungsorientierter Gespräche die von Westhoff und Kluck (1998, Kapitel 21) angebotenen Checklisten 22.25–22.29 nutzen. Die wesentlichen Aspekte seien hier kurz wiedergegeben und in den Kontext familienrechtlicher Fragestellungen eingebunden.

Mit einem entscheidungsorientierten Gespräch können Informationen möglichst vollständig und unverzerrt erhoben werden, die für zufrieden stellende Entscheidungen nützlich sind. Wichtigstes Hilfsmittel sind dabei Gesprächsleitfäden. Ein Leitfaden für ein entscheidungsorientiertes Gespräch ist ein vollständiger, konkret ausformulierter Plan für die Durchführung eines Gesprächs. Dabei ist die Entwicklung eines Leitfadens erheblich komplexer als eine Liste von Stichworten, die man mit dem Gesprächspartner besprechen will. Im Folgenden befassen wir uns damit, wie für familienrechtliche Fragestellungen mit Hilfe von Gesprächsleitfäden Bedingungen für ein erfolgreiches entscheidungsorientiertes Gespräch geschaffen werden können. Ein Beispiel für einen Leitfaden bei einer Umgangsfragestellung haben Kluck und Westhoff (1992) veröffentlicht.

2. Welche Funktionen haben Gesprächsleitfäden?

Bei einem entscheidungsorientierten Gespräch besteht die Aufgabe des Psychologen darin, den Bericht seines Gesprächspartners mit möglichst wenig Worten zu steuern. Im Gespräch entlastet es den Diagnostiker geistig und gefühlsmäßig, wenn er alle anzusprechenden Themen vorher in einem Leitfaden formuliert hat, er kann sich dann jederzeit vergewissern, dass er keine wichtige Frage vergessen hat. In einem Leitfaden werden die Fragen zu allen relevanten Themen zuvor entsprechend vorbereitet.

3. Welche Merkmale haben Gesprächsleitfäden?

Bei einem entscheidungsorientierten Gespräch werden nur solche Informationen erhoben, die der Beantwortung der gerichtlichen Fragestellung und den daraus abgeleiteten Psychologischen Fragen dienen. Das bedeutet, dass Leitfäden für jedes Gespräch neu formuliert werden, damit sie sich an den jeweiligen Anforderungen des Einzelfalls orientieren. Ein angemessenes Verhältnis von Kosten und Nutzen bedeutet auch für entscheidungsorientierte Gespräche, dass nur solche Fragen gestellt werden, die nützliche Informationen für die Entscheidungsfindung beitragen sollen. Der Sachverständige überlegt dabei, wie ausführlich einzelne Gesprächsinhalte besprochen werden müssen und vermerkt dies in seinem Leitfaden.

4. Wie ist ein Leitfaden aufgebaut?

Nach der Begrüßung und Vorstellung aller Gesprächspartner folgt in der Regel ein kurzes „miteinander vertraut werden". Dabei können durchaus Dinge besprochen werden, die mit der Fragestellung nichts zu tun haben. Von der Fragestellung ausgehend stellt der Sachverständige dann die Ziele des Gesprächs und seine Vorgehensweise dar. Damit verbessert er das Verständnis seines Gesprächspartners für seine Arbeit und erhöht dessen Bereitschaft zur Mitarbeit. In aller Regel erklären sich die Gesprächspartner damit einverstanden, dass das Gespräch auf Tonband aufgezeichnet wird. Geben sie ihr Einverständnis dazu nicht, können nach dem Gespräch die relevanten Informationen mit Hilfe schriftlicher Aufzeichnungen und des Leitfadens diktiert werden. Am Ende eines Gesprächsabschnitts kann der Sachverständige den Bericht seines Gesprächspartners kurz zusammenfassen und ihm Gelegenheit geben, Missverständnisse aufzuklären oder Informationen zu ergänzen. Es empfiehlt sich, das Gespräch mit einer offenen Frage zu beginnen, bei der der Gesprächspartner auf das eingehen kann, was für ihn momentan im Hinblick auf die Fragestellung des Gerichts wichtig ist. Anschließend können mit Hilfe des Gesprächsleitfadens Informationen zu den ausgewählten psychologischen Variablen nachgetragen werden. Bei familienrechtlichen Fragestellungen berücksichtigt der Sachverständige, dass die Bedürfnisse und Belange des Kindes im Mittelpunkt stehen. Indem er den Bericht seines Gesprächspartners auf die Perspektive des Kindes lenkt, kann er zu einer Befriedung des Konflikts beitragen.

Es ist hilfreich, wenn der Sachverständige alle vorhersehbar notwendigen Erklärungen vor dem Gespräch in Ruhe überlegt und als Teil des Leitfadens niederschreibt. Im Gespräch selber kann er dann Fragen des Gesprächspartners kurz, zutreffend und verständlich erklären. Ohne eine entsprechende Vorbereitung geraten solche Erklärungen oft unnötig lang. Indem der Sachverständige konkrete und anschauliche Beschreibungen verwendet und abstrakte Begriffe, unnötige Fremdwörter und Fachbegriffe vermeidet, trägt er viel zum Verständnis seiner Arbeit bei. Sofern entsprechende Formulierungen nötig sind, helfen dem Gesprächspartner kurze Erklärungen.

5. Was sind Merkmale günstiger und ungünstiger Fragen?

Entscheidungsorientierte Gesprächsführung zeichnet sich u.a. dadurch aus, dass konkretes Erleben und Verhalten berichtet wird, sodass man auch von einer indirekten Verhaltensbeobachtung sprechen kann. Der Gesprächspartner berichtet dabei, was er beobachtet hat, und braucht keine Wertungen oder Interpretationen vorzunehmen, die schnell zu Missverständnissen führen können. Der Sachverständige hilft ihm dabei, indem er sich immer auf konkretes individuelles Verhalten bezieht, einen eindeutigen Bezugsrahmen herstellt und in jeder Frage nur einen Aspekt anspricht. Er kann seinem Gesprächspartner den Bericht erleichtern, indem er ihn auffordert, sich zunächst an den Kontext zu erinnern, in dem etwas geschehen ist. Wenn emotional geladene Wörter und Redewendungen Bestandteil einer Frage sind, können sie vom Gesprächspartner als treffend, aber auch als unpassend erlebt werden. Es ist hilfreich, entsprechende Formulierungen zu vermeiden und lediglich zu fragen, wie jemand etwas erlebt hat, dann kann der Psychologe das Berichtete genauer erfassen und angemessener darauf reagieren.

Schwerwiegende Interviewerfehler können durch Suggestivfragen entstehen. Suggestivfragen enthalten für den Gesprächspartner Hinweise auf die „erwünschte" Antwort. Es kann vorkommen, dass ein Psychologe bestimmte Fragen als peinlich erlebt und diese vermeiden möchte, obwohl sie für die Beantwortung der Fragestellung wichtig sind. Auch hier erweist sich ein Gesprächsleitfaden als hilfreich, weil entsprechende „Hindernisse" bei der Vorbereitung des Gesprächs ausgeräumt werden können. Wenn der Sachverständige versucht, die Motivation eines Menschen zu einem bestimmten Verhalten zu erfragen, wird er oft nur später erdachte Erklärungen für das relevante Verhalten hören, aber nicht das, was die entsprechende Person damals tatsächlich zu ihrem Handeln veranlasst hat. Für den Gesprächspartner ist es leichter, einen bestimmten Hergang zu schildern und dabei das zu beschreiben, was er gedacht, getan und gefühlt hat.

Ungünstig ist es auch, den Gesprächspartner zu fragen, wie er sich vermutlich in einer unbekannten Situation verhalten wird. Es ist eine intellektuelle und emotionale Überforderung für ihn, sich alle wichtigen Situationsbedingungen angemessen vorzustellen und gleichzeitig angemessene Verhaltensweisen zu überlegen. Günstiger ist es, sich eine erlebte Situation direkt schildern zu lassen. Nachweislich gute Verhaltensvorhersagen ergeben sich daraus, wenn der Sachverständige die Überzeugungen und Erwartungen seines Gesprächspartners erfasst, die dieser mit verschiedenen sich ihm bietenden Verhaltensmöglichkeiten verbindet. Je besser der Gesprächspartner dabei sein Erleben und Verhalten in entsprechenden Situationen kennt, desto besser lässt sich aufgrund seines Berichts sein zukünftiges Verhalten einschätzen.

Die Fragen in einem entscheidungsorientierten Gespräch sind grundsätzlich, abgesehen von begründeten Ausnahmen, offen formuliert. Der Gesprächspartner weiß dabei genau, worüber er berichten soll, wird aber in der Art seines Berichts nicht festgelegt. Durch die Formulierung indirekter Fragen wird der Gesprächspartner aufgefordert, alles das zu berichten, was er für berichtenswert hält. Dabei ergeben sich oft nützliche Informationen für die Bewertung des Verhaltens im Hinblick auf die Fragestellung, die bei einer direkt formulierten Frage nicht geäußert würden, weil das leicht erkennbare Ziel der Frage sehr schnell einschränkend wirkt. Im Gespräch wägt der Sachverständige ab, ob er eine Frage eher direkt oder indirekt formuliert. Dabei berücksichtigt er, dass es seinem Gesprächspartner bei bestimmten Inhalten schwer fallen kann, darüber zu sprechen, wenn keine Atmosphäre der Offenheit und des Vertrauens entstanden ist.

6. Was sind Voraussetzungen für ein entscheidungsorientiertes Gespräch?

Indem der Sachverständige seinem Gesprächspartner die Ziele des Gesprächs darstellt und seine Vorgehensweise erklärt und begründet, hilft er diesem, zutreffende Erwartungen an das Gespräch auszubilden. Damit schafft er eine Atmosphäre der Offenheit, sodass beide Gesprächspartner das Gefühl haben, miteinander reden zu können. Durch Vorinformationen über seinen Gesprächspartner hat der Sachverständige oft schon eine Vorstellung davon, wie dieser sich im Gespräch verhalten wird. Es ist nicht richtig, anzunehmen, man sei einem Gesprächspartner gegenüber global „neutral" eingestellt. Eine faire Einstellung kann der Sachverständige jedoch dadurch erreichen, dass er darüber nachdenkt, was er an dem Gesprächspartner angenehm und unangenehm findet. Bleibt eine Bewertungsrichtung unreflektiert, kann sie die Einstellung zu dem Gesprächspartner verzerren. Wenn dem Sachverständigen dies bewusst ist, kann er mit den Gefühlen umgehen, die seine Erwartungen begleiten. Durch die Bearbeitung eigener Gefühle kann sich der Sachverständige angemessen auf ein Gespräch vorbereiten und günstige Voraussetzungen für den sozialen Kontakt mit seinem Gesprächspartner schaffen.

7. Was sind Bedingungen für ein erfolgreiches entscheidungsorientiertes Gespräch?

Neben der Vorbereitung auf die Gesprächspartner und neben den Leitfäden für die Gespräche gibt es weitere Bedingungen, die den Erfolg eines Gespräches mitbestimmen. Dazu gehört u.a. ein angemessener zeitlicher Rahmen für das Gespräch, aber auch eine angenehme und störungsfreie Umgebung. Probleme können sich ergeben, wenn der Sachverständige den Gesprächspartner nicht oder nur teilweise verstehen kann. Dann ist in aller Regel ein Dolmetscher hinzuzuziehen, um sicherzustellen, dass die entscheidenden Informationen fachgerecht erhoben werden (zu weiteren Bedingungen vgl. Westhoff & Kluck, 1998, S. 114–116).

8. Welche Informationen über die Situation des Kindes und seiner Familie können mit Hilfe diagnostischer Gespräche gewonnen werden?

Im diagnostischen Gespräch wird sich der Sachverständige die bei der Fragestellung der Begutachtung wichtigen Stationen in der Entwicklung der Familie des Kindes sowie die aktuelle Lebenssituation des Kindes von den Eltern schildern lassen. Er wird z.B. danach fragen, wie das Kind sich vor, während und nach der familiären Krise und in der aktuellen Lebenssituation verhält, wie der Alltag mit dem Kind aussieht und was darin gut und auch was weniger gut „läuft", worin die Eltern die Stärken und Schwächen ihres Kindes sehen. In Kapitel 4.3 sind wir bereits ausführlich darauf eingegangen, welche Variablen für ein sorgfältiges einzelfall- und entscheidungsorientiertes Gespräch bedeutsam werden können.

9. Welche Themen müssen aus psychologischer Sicht angesprochen und in die Leitfäden für diagnostische Gespräche aufgenommen werden?

Der Sachverständige wird in seinen Leitfäden die Inhalte ansprechen, die im Einzelfall zur Beantwortung der Fragestellung aus psychologischer Sicht relevant sind. Hinweise des Gerichts auf Besonderheiten der Familie und Hinweise, die aus der Aktenanalyse unter psychologischen Gesichtspunkten hervorgehen, wird er dabei berücksichtigen und auf jeden Fall in den Gesprächen mit den Eltern darauf eingehen.

Die Zahl der anzusprechenden Themen kann relativ groß sein. Weiter oben in diesem Kapitel (vgl. Kapitel 4.3) sind wir auf die bei der Begutachtung zu beachtenden inhaltlichen Bereiche detailliert eingegangen. Die Informationen dazu gewinnen Sachverständige überwiegend aus dem Gespräch, deshalb helfen bei den komplexen familienrechtlichen Fragestellungen sorgfältige Planung und Vorbereitung, alle wichtigen Punkte im diagnostischen Gespräch ansprechen zu können. Eine differenzierte, konkrete Planung ist darüber hinaus auch eine entscheidende Grundlage für die sorgfältige Auswertung und vollständige schriftliche Darstellung der Gesprächsergebnisse.

10. Welche Themen führen zu sehr von der Situation des Kindes weg und sind damit nicht mehr relevant für die Beantwortung der Fragestellung?

Ein Problem besteht bei jedem diagnostischen Gespräch in der Auswahl der Themen. Da es relativ viele gibt, wird der Sachverständige nur auf die Themen zu sprechen kommen, die in engem Zusammenhang mit der vergangenen, jetzigen und zukünftigen Situation des Kindes stehen. Hier helfen die von uns weiter oben (vgl. Kapitel 4.3) zusammengestellten Themen, die sich aus der Analyse von 245 Gutachten zu familienrechtlichen Fragestellungen ergeben haben (Klüber, 1998; Terlinden-Arzt, 1998). Der Sachverständige wird immer wissenschaftlich begründet darstellen, warum er bestimmte Themen anspricht. Geht er auf bestimmte Themen nicht ein, wird er, wenn dies erforderlich und gewünscht ist, ebenfalls wissenschaftlich begründet aufzeigen, wieso ihre Besprechung nichts oder zu wenig mit der Fragestellung des Gerichts zu tun hat.

11. Welche Informationen können aus den nichtsprachlichen Elementen des diagnostischen Gespräches (Mimik, Gestik, Körperhaltung) gewonnen werden? In welchem Zusammenhang stehen diese zu der besonderen Situation der Begutachtung?

Bei den diagnostischen Gesprächen kann der Sachverständige die Körperhaltung, Gestik und Mimik seines Gesprächspartners beobachten. Wenn er auf Änderungen in diesem nonverbalen Verhalten im Gespräch eingeht, kann er durch die Ausführungen seines Gesprächspartners hierzu zusätzliche relevante Informationen bekommen. Nur aus den Erläuterungen dazu lassen sich mit der nötigen Sicherheit die interessierenden Informationen entnehmen, nicht aber aus Mimik, Gestik oder Körperhaltung allein. Eine Begutachtung ist für jeden eine seltene, wenn nicht gar einmalige Situation, die als verunsichernd erlebt wird. In solchen Situationen können Menschen Verhaltensmuster zeigen, die nicht typisch sind für ihr alltägliches Verhalten.

4.7 Leitfragen zu Verhaltens- und Interaktionsbeobachtungen

1. Welche Informationen über die Situation des Kindes und seiner Familie können mit Hilfe von Verhaltensbeobachtungen gewonnen werden?

An der Situation des Kindes interessiert bei familienrechtlichen Fragestellungen in erster Linie sein Umgang mit für es wichtigen anderen. Zu diesen wichtigen anderen gehören zuallererst die Menschen, an die sich das Kind emotional gebunden hat. Das sind in der Regel die Eltern, können aber beispielsweise auch die Großeltern oder Geschwister sein. Der Sachverständige beobachtet, wie das Kind mit diesen Personen Kontakt aufnimmt und aufrecht hält, wie diese das Kind wahrnehmen und auf sein Verhalten reagieren, und wie wiederum das Kind auf das Verhalten dieser Personen reagiert. Den Sachverständigen interessiert dabei nicht nur die Qualität der Bindungen des Kindes, sondern die sozialen Beziehungen des Kindes, unter denen erheblich mehr zu verstehen ist, als unter den emotionalen Bindungen (vgl. Kapitel 4.3.1).

An dem wechselseitigen Verhalten in alltäglichen Situationen kann beobachtet werden, wie die Interaktionen zwischen dem Kind und anderen üblicherweise aussehen. Der Sachverständige sucht bei der Verhaltensbeobachtung nach Regelmäßigkeiten im Interaktionsmuster z.B. zu folgenden Fragen: Wie realistisch beurteilen Eltern das Verhalten ihres Kindes? Wie gehen sie auf das Kind und seine Bedürfnisse ein? Was tun sie zu seiner Förderung? Wie setzen sie ihm Grenzen?

2. Welche Situationen ermöglichen relevante Verhaltens- oder Interaktionsbeobachtungen?

Der Sachverständige wird das Verhalten von Kind und Eltern vor allem in ganz alltäglichen Situationen beobachten, denn dieses Verhalten wird sich als typisches Verhalten auch in Zukunft zeigen. Dies ist bei allen ungewöhnlichen Situationen fraglich. Eine Ausnahme bildet die in Anlehnung an die entsprechende Forschungssituation so genannte *fremde Situation* zur Feststellung der Bindungsqualität bei Kleinkindern (Ainsworth & Wittig, 1969; Oerter & Montada, 1998). Hier wird das Verhalten des Kindes gegenüber einem Elternteil beobachtet, wenn dieser nach einer kurzzeitigen Trennung vom Kind wieder zurück in den Raum kommt, in dem er das Kind und den Sachverständigen zurückgelassen hat. Das Verhalten des Kindes in der Vereinigungssituation ist nachweislich ein gültiger Indikator für die Qualität der Bindung des Kindes an den zurückgekommenen Elternteil.

3. Welche Beobachtungssettings müssen im Verlauf der Begutachtung erst hergestellt werden?

Hat das Kind länger keinen Kontakt zu einem Elternteil gehabt oder lehnt es einen solchen ab, dann wird der Sachverständige versuchen, diesen Kontakt anzubahnen, wenn dies dem Wohl des Kindes nicht entgegensteht. Dabei wird er den betreuenden Elternteil im Sinne des Kindeswohls um Unterstützung bitten und wenn möglich in diese Kontaktanbahnung einbeziehen. Vorbehalte des betreuenden Elternteils gegen solche Kontakte wird der Sachverständige mit ihm diskutieren und dabei mit Nachdruck auf die Situation des Kindes und seinen Gewinn aus solchen Kontakten hinweisen. Kommt es zur Kontaktverweigerung durch den betreuenden Elternteil, so wird der Sachverständige auf die möglichen schädlichen Folgen hinweisen und gegebenenfalls mit dem Gericht beraten, wie diese Verweigerungshaltung geändert werden kann. Die Verweigerung von Kontakten zum anderen Elternteil, die für die Entwicklung des Kindes förderlich sind, verstößt ebenso gegen das Kindeswohl wie die Verweigerung der Unterhaltszahlung. Gleichwohl kann es durchaus Gründe geben, die Zurückhaltung bei Umgangskontakten sinnvoll erscheinen lassen. Dies wird der Sachverständige im Einzelfall sorgfältig prüfen.

4. Ist eine vergleichende Interaktionsbeobachtung möglich, bei der das Kind im Umgang mit beiden Eltern gesehen wird?

Um die Beziehung des Kindes zu seinen Eltern gleichermaßen beurteilen zu können, wird der Sachverständige in seiner Untersuchungsplanung darauf achten, dass er das Kind in vergleichbaren Situationen mit der Mutter und dem Vater beobachten kann. Dazu gehören z.B. Spielsituationen, Situationen, in denen Grenzen gesetzt werden, und Konfliktsituationen.

Um die Kooperation der Eltern im Hinblick auf die Bedürfnisse und Belange ihrer gemeinsamen Kinder zu stärken, wird der Sachverständige sich dafür einsetzen, ein gemeinsames Gespräch mit beiden Eltern zu führen. Natürlich dient ein solches Gespräch auch diagnostischen Zwecken. Bestimmte Verhaltensmuster in der Interaktion zwischen den Eltern können beschrieben und analysiert werden und darauf aufbauend Veränderungen eingeleitet werden. In diesem Sinne kann der Sachverständige auch die Kinder in ein gemeinsames Gespräch mit den Eltern einbeziehen und Interaktionen zwischen den beteiligten Personen beobachten. Zuvor wird er jedoch im Einzelfall prüfen, ob die familiären Beziehungen ein solches Zusammentreffen erlauben, oder die Kinder vor zu große Belastungen gestellt werden. Auch hier gilt es wieder, den Nutzen, bestimmte Informationen zu bekommen, und den Versuch, eine Lösung herbeizuführen, den damit verbundenen Kosten gegenüberzustellen.

5. Welche standardisierten Beobachtungspläne stehen für die familienrechtliche Begutachtung zur Verfügung?

Die bereits erwähnte *fremde Situation* ist eine standardisierte Beobachtungssituation, die im Rahmen der internationalen Bindungsforschung entwickelt und auf ihre Qualität geprüft wurde. Sie entspricht in allen Punkten einem guten psychologischen Test. Da sie sich in familienrechtlichen Beobachtungssituationen kaum in der standardisierten Form realisieren lässt, spricht man wohl besser von einer „Beobachtungssituation in Anlehnung an die fremde Situation". Ansonsten sind bisher keine für die familienrechtliche Begutachtung relevanten standardisierten Beobachtungspläne verfügbar. Kötter und Nordmann (1996) weisen darauf hin, dass familiendiagnostische Beobachtungsmethoden bis auf wenige Ausnahmen lediglich für wissenschaftliche Untersuchungen entwickelt worden sind. Methodische Probleme ergeben sich bezüglich der Konzeption der Beobachtungssituation, der Konstruktion von Kodierinstrumenten und der Auswahl der Auswertungsmethoden. Der psychologische Sachverständige wird daher das Verhalten der Familienmitglieder möglichst systematisch in aussagekräftigen Alltagssituationen wie Spielsituationen, sozialen Interaktionen mit anderen Kindern, Konflikten mit Eltern und Gleichaltrigen beobachten und hypothesenorientiert auswerten.

6. Welche Kriterien sind geeignet, um die Beobachtung möglichst zuverlässig und gültig zu gestalten?

Die Beobachtung des Verhaltens in alltäglichen Situationen bedarf sorgfältiger Planung. Der Sachverständige wird ähnlich wie ein Testkonstrukteur eine wissenschaftlich begründete Vorstellung von den zu beobachtenden Verhaltensweisen und den Situationen entwickeln, in denen sie zu beobachten sind. Da eine wissenschaftliche Prüfung seiner Überlegungen im Rahmen der diagnostischen Untersuchung nicht möglich ist, wird er Situationen auswählen, die auch andere Sachverständige als typisch für den Alltag des Kindes ansehen würden, und in ihnen nur Verhalten beobachten, ohne auf dahinter zu vermutende Konzepte oder Konstrukte zu schließen. Es würde den vorliegenden Rahmen sprengen, wenn wir hier auf die zu beachtenden Aspekte detailliert eingehen wollten. Wir verweisen deshalb auf Westhoff und Kluck (1998, S. 69–76), für die familiäre Interaktion vgl. Kötter und Nordmann (1996).

7. Welche Einschränkungen ergeben sich daraus, wenn der Sachverständige an der Beobachtungssituation teilnimmt?

Teilnehmende Beobachtung verlangt Zurückhaltung vom Sachverständigen, und zwar so, dass nicht primär er die Situation gestaltet. Eine immer wieder geäußerte Befürchtung zu Verhaltensbeobachtungen bei familienrechtlichen Fragestellungen besteht darin, dass die beobachteten Personen sich „verstellen" könnten. Dies ist erst dann möglich, wenn die Beobachteten erkennen, dass sie sich anders verhalten könnten und diese anderen Verhaltensweisen auch zeigen können. Beides ist oft nicht möglich. Weiter ist festzuhalten, dass Menschen innerhalb kürzester Zeit in ihre gewohnten Verhaltensweisen zurückfallen, auch wenn sie sich anders verhalten wollen und können. Bei familienrechtlichen Fragestellungen geht es aber nicht um isoliertes Verhalten eines Einzelnen, sondern um Interaktionen zwischen Kind und Eltern. Wenn sich die Eltern in den Augen des Kindes ungewöhnlich verhalten, kann es geschehen, dass ein Kindergartenkind dies feststellt und äußert. Selbst wenn dies nicht so ist, kann man an den Verhaltensweisen des Kindes oft erkennen, welches Verhalten es von seinen Eltern erwartet. Allerdings muss man nicht erwarten, Missbrauch oder Misshandlung des Kindes beobachten zu können.

8. Welche Einschränkungen ergeben sich daraus, dass das Kind sich in seinem Verhalten auf das jeweilige Umfeld und die jeweils verfügbaren Bezugspersonen einstellt?

Ein Kind stellt sich in aller Regel in seinem Verhalten auf das jeweilige Umfeld und die jeweils verfügbaren Bezugspersonen ein. Dieses Verhalten lässt sich im Spannungsfeld von Identifikation, Identifikationsangebot und Beeinflussung beschreiben. Wenn ein Kind, dessen Eltern sich getrennt haben, von einem Elternteil weiß, dass er ungehalten auf alles reagiert, was mit dem anderen Elternteil zusammenhängt, dann wird es entweder solche problematischen Themen meiden, sich selbst entsprechend abfällig äußern oder nach Möglichkeiten suchen, dem Sachverständigen seine Schwierigkeiten mit der familiären Situation mitzuteilen. Unterschiedliche Aussagen zu ihrem Beziehungserleben machen häufig jüngere Kinder, wenn sie sich einmal im Haushalt der Mutter und einmal im Haushalt des Vaters zu den gleichen Fragen äußern. Die Bedingungen, unter denen solche Aussagen entstanden sind, relativieren daher deren Aussagekraft. Erst im Zusammenhang mit anderen Informationen lassen sich die Aussagen der Kinder richtig einordnen.

4.8 Leitfragen zur Auswahl standardisierter Verfahren

Das oberste Kriterium bei der Wahl einer Informationsquelle ist das Verhältnis von materiellen wie immateriellen Kosten und Nutzen für alle an der Begutachtung beteiligten Personen und Institutionen. Damit Anwender besser einschätzen können, ob ein Verfahren der Fragestellung angemessen ist, beschäftigen wir uns nun in knapper Form mit den notwendigen methodischen Überlegungen.

Die Auswahl angemessener standardisierter Verfahren scheint nur bei oberflächlicher Betrachtung einfach zu sein. Die bei der Begutachtung wichtigen methodischen Überlegungen hierzu sind bei Westhoff und Kluck (1998, S. 77–91 und in den Checklisten 22.19–22.24) zusammengestellt. Eine Kurzfassung ausgewählter Aspekte sei hier nach Westhoff (1995, S. 29–42) in Form von Leitfragen und knappen Antworten gegeben.

1. Wozu soll das Verfahren praktisch dienen?

Bevor man sich auf einen Weg macht, ist es nützlich, sich erst einmal darüber klar zu werden, wohin man eigentlich will. Entsprechendes gilt für den Einsatz eines standardisierten psychologischen Verfahrens. Je konkreter ein Ziel formuliert ist, umso eher kann man feststellen, wie sehr man sich ihm nähert.

Sehr globale Zielformulierungen, z. B.: „Der Fragebogen dient der Erfassung der Persönlichkeit.“, haben den Nachteil, dass der Anwender nicht weiß, welche der vielen Definitionen des zu erfassenden Konstrukts, hier „Persönlichkeit“, der Autor des Verfahrens zugrundelegt.

Gibt ein Autor an, wozu sein Instrument praktisch dienen soll, legt er damit auch fest, woran man feststellen kann, wie gut er die Ziele bei der Entwicklung seines Verfahrens erreicht hat. Er kann zeigen, wie gut sein Verfahren für den angestrebten Zweck geeignet ist. Anhand konkreter Ziele lässt sich so der Grad der Gültigkeit (Validität) der Messungen mit einem Instrument bestimmen. Die Validität von Verfahren hat viele Aspekte, die jeweils von Bedeutung dafür sind, wie gut man ein Verfahren für einen bestimmten Zweck einsetzen kann. Die nun folgenden Ausführungen dienen dazu, ein Verfahren wählen zu können, das den eigenen Zielsetzungen möglichst dienlich ist.

2. Wie definiert der Autor sein Konstrukt/Konzept?

Standardisierte psychologische Verfahren sollen ein Konstrukt wie „Intelligenz“ oder ein Konzept wie „Sprachkenntnisse“ erfassen. Hier ist es für den Anwender sehr hilfreich, wenn der Autor definiert, was er unter seinem Konstrukt oder Konzept versteht. Dabei ist es für Anwender eines Verfahrens klarer, wenn der Autor die Facetten des Konstrukts, das er mit seinem Verfahren messen will, konkret beschreibt.

3. Welche Probandenpopulation soll das Verfahren untersuchen?

Bevor man ein Verfahren sinnvoll anwenden kann, muss man zuerst wissen, für welche Zielgruppe es konstruiert ist, aus welchen Arten von Items es besteht und wie die Probanden auf die Items zu reagieren haben. Nur dann kann man entscheiden, ob es für die eigenen Zwecke in Frage kommt. Mit den meisten standardisierten psychologischen Verfahren werden für den Probanden durch den Vergleich seiner Antworten mit denen einer repräsentativen Stichprobe Werte ermittelt. Hier ist zu beachten, dass es „die“ repräsentative Stichprobe nicht gibt, sondern der Testautor anhand seiner Theorie festlegt, wie eine repräsentative Stichprobe aus der Population aussieht.

4. Wie ist die Itempopulation beschrieben?
5. Wie können die Probanden auf die Items reagieren?

Die einzelnen Fragen, Feststellungen oder Aufgaben sind die Items eines psychologischen Verfahrens. Durch sie formuliert der Autor konkret aus, was er unter seinem Konstrukt oder Konzept versteht, und worauf die Probanden reagieren sollen. Die Reaktion eines Probanden auf ein Item kann prinzipiell sehr verschieden sein. Der Testautor legt fest, welcher Aspekt erfasst werden soll und wie der Proband reagieren soll. Zumeist soll der Proband zwischen vorgegebenen Antwortmöglichkeiten wählen, die freie Formulierung von Antworten ist dagegen selten.

6. Welche Hypothesen enthält die Theorie?

Jede Theorie besteht aus mehreren Hypothesen, das sind begründete Vermutungen über Zusammenhänge zwischen Variablen. Je expliziter diese genannt sind, umso einfacher kann ein Anwender eines Verfahrens sich ein Bild von den theoretischen Überlegungen des Testautors machen und umso sicherer kann er entscheiden, ob dessen Verfahren für seine Zwecke geeignet ist.

7. Wie will der Autor die Reaktionen auf die Items in Zahlen umwandeln?
8. Wie angemessen ist die gewählte Testtheorie den theoretischen Überlegungen?

In aller Regel werden die Antworten in einem standardisierten Verfahren in Zahlen umgewandelt. Dabei sollen weder Informationen verloren gehen, noch sollen Informationen hinzugefügt werden, die in den Antworten der Probanden nicht enthalten waren. Jedes hier zu wählende Vorgehen hat bestimmte Vor- und Nachteile, über die man sich auch als Anwender klar sein muss, wenn man das für eine bestimmte Fragestellung am besten geeignete Verfahren auswählen will (vgl. z. B. Rost, 1996).

9. Auf welche Aspekte der empirischen Struktur beziehen sich die Hypothesen?

Wenn die Reaktionen der Probanden in Zahlen überführt wurden, kann man bei einem inhaltlich begründeten Vorgehen bestimmte Regelmäßigkeiten oder Aspekte der empirischen Struktur erwarten und an diesen die Hypothesen prüfen. Die entsprechenden Hypothesen können sich entweder auf die Verteilungen der Antworten oder auf die Zusammenhänge zwischen Items oder auf Zusammenhänge zwischen den zu Testwerten zusammengefassten Messwerten und anderen Variablen beziehen.

10. Wie ist die Objektivität des Verfahrens bei Durchführung, Auswertung und Interpretation zu beurteilen?

Ein standardisiertes Verfahren ist umso objektiver, je übereinstimmender es verschiedene Anwender durchführen, auswerten und interpretieren. Der Grad der Objektivität wird also operationalisiert durch das Ausmaß der intersubjektiven Übereinstimmung zwischen den Anwendern hinsichtlich Durchführung, Auswertung und Interpretation. Die so verstandene Objektivität ist eine notwendige, aber noch keine hinreichende Voraussetzung dafür, dass ein Verfahren ein nützliches Messinstrument sein kann. Neben dem Verfahren ist auch die diagnostische

Kompetenz der Anwender wichtig, wenn man an möglichst objektiven Testergebnissen interessiert ist (Westhoff & Kluck, 1998, S. 80–85).

11. Wie ist die Stabilität der Werte des Verfahrens zu beurteilen?

Das zu messende Konstrukt oder Konzept bleibt bei verschiedenen Menschen über die Zeit hinweg mehr oder weniger gleich ausgeprägt, d.h. mehr oder weniger stabil. Bei einem standardisierten Verfahren zur Erfassung eines stabilen Merkmals sollten die Itemwerte und die Testwerte stabil sein, d.h. ihre Verteilungen und deren charakteristische Merkmale sollten gleich bleiben.

12. Wie ist die Homogenität eines Verfahrens zu beurteilen?

In den Naturwissenschaften ist die Wiederholbarkeit von Messungen der Königsweg bei der Prüfung von Messinstrumenten. Items, die das Gleiche erfassen, sollten demnach übereinstimmende Messwerte zu demselben Messzeitpunkt liefern. In der klassischen Testtheorie z.B. prüft man die Homogenität der Items dadurch, dass man die interne Konsistenz, die Testhalbierungs- oder Paralleltest-Reliabilität bestimmt. In modernen Testtheorien stellt man fest, ob die Items eindimensional oder, z.B. im Sinne des Raschmodells, homogen sind.

13. Wie ist die Retest-Reliabilität des Verfahrens zu beurteilen?

Von einem Verfahren zur Messung stabiler Merkmale erwartet man, dass es zu verschiedenen Testzeitpunkten die Probanden hinsichtlich des gemessenen Merkmals in die gleiche Rangordnung bringt. Dies kann auch dann möglich sein, wenn die gemessenen Werte nicht besonders stabil sind. Wichtig ist nur, dass sie sich bei allen Personen so ändern, dass sich die Rangordnung zwischen ihnen hinsichtlich des gemessenen Merkmals nicht ändert. In der klassischen Testtheorie spricht man hier von der Retest-Reliabilität oder Testwiederholungs-Zuverlässigkeit.

14. Wie ist die Kriteriumsvalidität des Verfahrens zu beurteilen?

Ein standardisiertes Verfahren wird für einen bestimmten Zweck konstruiert. Dieser besteht oft darin, ein Merkmal effizienter zu erfassen, als es bisher möglich war. Solche Indikatoren für die Ausprägung eines Merkmals kann man als Kriterien dafür verwenden, wie gut ein Verfahren das misst, was es messen soll, d.h., wie kriteriumsvalide es ist. Dabei werden die Testwerte zeitgleich mit der Ausprägung des Kriteriums erhoben.

15. Wie ist die prädiktive Validität des Verfahrens zu beurteilen?

Wird ein standardisiertes Verfahren verwendet, um ein späteres Verhalten vorherzusagen, dann wird die Ausprägung des Kriteriums später erhoben. Je besser die Vorhersagen eines Kriteriums mittels eines standardisierten Verfahrens sind, umso höher ist seine prädiktive Validität.

16. Wie ist die Konstruktvalidität des Verfahrens zu beurteilen?

Je mehr Hypothesen und je öfter diese Hypothesen zu einem standardisierten Verfahren im Laufe der Entwicklung eines Verfahrens von der Realität unterstützt wurden, umso wahrscheinlicher ist es, dass der Testautor das Konstrukt oder Konzept der Realität angemessen konzipiert hat, dass es valide ist. Einen einzelnen Zahlenwert für „die" Konstruktvalidität kann es also nicht geben. Die erfolgreichen Prüfungen aller Merkmale eines Verfahrens sind zugleich Beiträge zur „Validierung des Konstrukts", wie man besser sagen würde, statt „Konstruktvalidität", wie es in der Literatur üblich ist.

17. Wie sind die Normen des Verfahrens zu beurteilen?

Die Ausprägung eines Persönlichkeitsmerkmals kann man immer nur durch den Vergleich eines Menschen mit vergleichbaren anderen feststellen. Dies geschieht dadurch, dass man den Testwert eines Individuums in die Verteilung der Testwerte einer Stichprobe aus der Population einordnet, zu der auch der Proband gehört. In der Regel gibt man an, wie das Persönlichkeitsmerkmal im Vergleich mit dem Durchschnitt der Stichprobe ausgeprägt ist.

18. Wie ist das Vorgehen bei der Konstruktion des Verfahrens zu beurteilen?

Der Anwender von standardisierten Verfahren kann sich umso besser begründet für ein Verfahren entscheiden, je mehr der möglichen Hypothesen zu diesem Verfahren erfolgreich mit Methoden geprüft worden sind, die der inhaltlichen Theorie zu den zu erfassenden Merkmalen entsprechen. Die Begründungen des Testkonstrukteurs für die gewählten Methoden lassen erkennen, wie weit den Anwendern eines Verfahrens alle notwendigen Informationen gegeben werden, die sie für die begründete Auswahl eines standardisierten Verfahrens brauchen.

19. Welche Ergebnisse findet der Autor bei der Prüfung seiner Hypothesen mit den von ihm gewählten Methoden?

Der Anwender eines wissenschaftlichen Messinstruments ist dafür verantwortlich, dass er sachgerecht arbeitet. Daher braucht er zur begründeten Wahl eines Instruments alle Forschungsergebnisse, die bei dessen Entwicklung gewonnen wurden. Zur Abschätzung der Möglichkeiten und Grenzen eines standardisierten Verfahrens sind aber nicht nur die Ergebnisse von Bedeutung, welche die theoretischen Überlegungen des Testautors unterstützen, sondern auch die, die dies nicht tun oder ihnen sogar widersprechen.

20. Wie ordnet der Autor die von ihm gefundenen Ergebnisse in die Literatur ein?
21. Wie beurteilt er sein Verfahren im Vergleich zu anderen, die Ähnliches bzw. Gleiches erfassen?
22. Was sind seiner begründeten Ansicht nach die Möglichkeiten und Grenzen dieses Verfahrens?
23. Für welche Arten von Fragestellungen und warum kommt dieses Verfahren seiner Ansicht nach in Frage?

Die Qualität einer wissenschaftlichen Arbeit, wozu auch die Entwicklung eines standardisierten Verfahrens gehört, lässt sich u.a. daran erkennen, wie kenntnisreich der Testautor seine Forschungsergebnisse in den international verfügbaren Wissensstand einordnet. Hierzu gehört auch der Vergleich des eigenen Verfahrens mit anderen, die Ähnliches oder Gleiches erfassen. Dabei hilft es dem Anwender, wenn der Testautor nicht nur die Möglichkeiten seines Verfahrens darstellt, sondern auch auf die Grenzen der Einsatzmöglichkeiten hinweist. Ganz besonders hilfreich ist es, wenn der Testautor erklärt, für welche Arten von Fragestellungen sein Verfahren wie gut bzw. nicht geeignet ist.

24. Welche *neueren Untersuchungen* gibt es zu dem Verfahren seit seiner Veröffentlichung?
25. Wie ist das Verfahren im Vergleich zu anderen zu beurteilen, die Ähnliches bzw. Gleiches erfassen?
26. Was sind die Möglichkeiten und Grenzen dieses Verfahrens?
27. Für welche Arten von Fragestellungen und warum kommt dieses Verfahren in Frage?

Jeder Auftraggeber psychologischer Untersuchungen erwartet, dass ein Auftragnehmer auf dem Stand der Wissenschaft arbeitet. Damit ist es notwendig, nicht nur ein bestimmtes Verfahren genau zu kennen, bevor man es einsetzt, sondern auch die seit seiner Veröffentlichung erschienene hier relevante Fachliteratur angemessen zu berücksichtigen. Daneben wird ein Anwender auch die relevanten theoretischen und methodischen Weiterentwicklungen beachten, wenn er auf dem Stand der Wissenschaft arbeiten will. Hier hilft es, wenn er sich die angeführten Leitfragen stellt und beantwortet.

4.9 Leitfragen zu Entwicklungs-, Intelligenz- und Leistungstests in der familienrechtlichen Begutachtung

1. Welche Informationen über die Situation des Kindes und seiner Familie können mit Hilfe von Entwicklungs-, Intelligenz- und Leistungstests gewonnen werden?
2. Erfordern extreme Auffälligkeiten (z.B. Debilität der Eltern, Behinderungen der Kinder) eine Leistungsdiagnostik?
3. Wie sehen Eltern und Kinder Entwicklungs-, Intelligenz- und Leistungstests bei einer familienrechtlichen Begutachtung?

Leistungs- und Intelligenztests kommen in aller Regel bei einer familienrechtlichen Begutachtung des Kindes nicht in Frage, weil dies nicht die Frage nach den innerfamiliären Beziehungen berührt. In besonderen Fällen kann die Frage nach dem Entwicklungsstand eines Kindes den Einsatz von Entwicklungs- und Leistungstests erforderlich machen, z.B. bei Entwicklungsverzögerungen, welche die Frage aufwerfen, wie gut die Eltern ihr Kind und seine Entwicklung fördern können. Extreme Auffälligkeiten eines Elternteils (Debilität) oder des Kindes (Behinderungen) können im Ausnahmefall den Einsatz von Leistungstests sinnvoll erscheinen lassen.

Kinder wie Erwachsene stehen Tests, bei denen ihnen der Bezug zur Fragestellung nicht deutlich wird, verständlicherweise ablehnend gegenüber. Sie bemerken zudem die Unsicherheit des Psychologen, der ihnen keine überzeugende Begründung für seinen Testwunsch bringen kann. Eine Erklärung, wofür das Testen gut sein soll, wird nur wenig überzeugend ausfallen können. Nicht alle Eltern und Kinder sehen sich in der Lage, z. B. an psychologischen Verfahren und deren Auswahl Kritik zu äußern, und beugen sich aus Furcht vor Nachteilen der Autorität des Sachverständigen. Umso mehr ist es Aufgabe des Psychologen, sich zu fragen, welche Informationen über die Situation des Kindes und seiner Familie mit Hilfe von Leistungstests gewonnen werden können, und dies den Probanden zu erklären. Wenn dies nicht möglich ist, macht der Einsatz von Tests unter Kosten- und Nutzen-Gesichtspunkten keinen Sinn.

4.10 Leitfragen zu Persönlichkeitstests in der familienrechtlichen Begutachtung

1. Welche Informationen über die Situation des Kindes und seiner Familie können mit Hilfe von Persönlichkeitstests gewonnen werden?

Weiter oben haben wir schon dargestellt, dass unser Rechtsstaat nicht vorsieht, dass Personen mit einer bestimmten Ausprägung von festzulegenden Persönlichkeitsmerkmalen keine Kinder haben dürften. Daraus folgt, dass die Erfassung von Persönlichkeitsmerkmalen der Eltern in aller Regel unangebracht ist. Der psychologische Sachverständige wird daher keine Verfahren und Methoden zur Erfassung von Persönlichkeitsmerkmalen einsetzen.

2. Gibt es Hinweise auf Verhaltensstörungen bei den Eltern, die sich auf die Erziehung der Kinder auswirken (z. B. Alkoholabusus, Drogensucht, Psychosen)?

Zeigen die Eltern jedoch Verhaltensstörungen wie Alkoholmissbrauch, Drogensucht oder Psychosen, so handelt es sich hierbei nicht um Persönlichkeitsmerkmale. Hier wird der Sachverständige immer im Einzelfall prüfen, wie die jeweilige Verhaltensstörung konkret aussieht und wie sie sich auf das Kind und seine Entwicklung auswirkt und weiterhin auswirken wird. Aus einer ärztlichen Diagnose bei einem Elternteil kann auf keinen Fall schon geschlossen werden, wie sich die diagnostizierte Verhaltensstörung auf den Kontakt zum Kind und dessen Entwicklung jetzt und in Zukunft auswirkt. Dies gilt es, im Verlauf der Begutachtung festzustellen.

3. Gibt es Hinweise auf eine Verhaltensstörung beim Kind, die besondere erzieherische Maßnahmen oder eine gezielte Förderung erfordern?

Liegen hingegen umgekehrt Belege für eine Verhaltensstörung bei dem Kind vor, so stellt sich die Frage, wie diese am ehesten und wirkungsvollsten positiv beeinflusst werden kann. Hierbei wird ein Sachverständiger immer an besondere erzieherische Maßnahmen wie auch an gezielte Förderung z.B. durch Beratung und Therapie denken. Er wird z.B. auch prüfen, wie die Eltern mit der Auffälligkeit des Kindes umgehen und inwiefern sie in der Lage sind, das Kind durch eine geeignete Erziehung zu fördern.

4. Ist die allgemeine Untersuchung der Persönlichkeit von Eltern und Kindern im Rahmen der familienrechtlichen Fragestellung zulässig?

Da die Untersuchung von Persönlichkeitsmerkmalen im Allgemeinen keinen Beitrag zur Beantwortung der Fragestellung des Gerichts leisten kann, ist sie allein schon aus Kosten- und damit aus ethischen Gründen abzulehnen. Darüber hinaus würde ein Sachverständiger in unvertretbarer Weise in die Persönlichkeitsrechte der Untersuchten eingreifen.

5. Welche zeitliche und persönliche Belastung ist für die untersuchten Personen mit Persönlichkeitstests verbunden?

Die zeitliche Belastung bei einer Untersuchung mit Persönlichkeitstests kann von einer halben bis zu mehreren Stunden variieren, je nachdem welche Verfahren eingesetzt werden. Die persönliche Belastung ist hingegen viel höher einzuschätzen, weil die Beunruhigung der Eltern sich über Wochen und Monate erstrecken kann, da sie den Einsatz der Verfahren nicht verstehen können. Hinzu kommt, dass die Eltern die Kosten für den Einsatz dieser überflüssigen Verfahren zu bezahlen haben.

6. Wie ist die Akzeptanz der Eltern und Kinder für die Mitarbeit bei Persönlichkeitstests einzuschätzen?

Da in aller Regel weder der Einsatz von Persönlichkeitstests noch deren Sinn in einer familienrechtlichen Untersuchung plausibel erklärt werden kann, ist nicht zu erwarten, dass Eltern oder ein Kind ein für sie so undurchsichtiges Vorgehen bereitwillig akzeptieren. Sie beugen sich lediglich der Autorität des Sachverständigen.

7. Welche Verfälschungstendenzen sind beim Einsatz von Persönlichkeitstests im Rahmen der familienrechtlichen Begutachtung zu berücksichtigen? Welche Aussagekraft haben diese Verfahren dann?

Eine Grundvoraussetzung bei allen psychologisch-diagnostischen Untersuchungen besteht in der angemessenen Mitarbeit der untersuchten Personen (Probanden). Können diese nicht den Sinn eines Verfahrens verstehen, so werden sie sich entsprechend ihren eigenen Erklärungen verhalten. Hier muss dann mit allen möglichen Verfälschungs- und Verzerrungstendenzen gerechnet werden, gegen die eine Begutachtung nur sehr unvollkommen geschützt werden kann. Dies ist ein weiterer Grund dafür, dass Persönlichkeitstests in familienrechtlichen Verfahren keine Aussagekraft haben.

8. Ist es in einem familienrechtlichen Gutachten erforderlich, Einblicke in die „Persönlichkeiten" der beteiligten Personen zu geben? Was bedeutet dies für die Konfliktsituation zwischen den Beteiligten?

Der Einsatz von Persönlichkeitstests ist im familienrechtlichen Kontext ein unangemessener Eingriff in die Persönlichkeitsrechte der Eltern. Hinzu kommt, dass die damit verbundenen Eigenschaftszuschreibungen in der familienrechtlichen Auseinandersetzung Probleme erzeugen oder verschärfen können, wenn Beteiligte etwas über sich oder andere dargestellt sehen, was sie missverstehen oder zu einer Verschärfung der Konfliktsituation benutzen können.

4.11 Leitfragen zu Fragebögen in der familienrechtlichen Begutachtung

1. Welche Informationen über die Situation des Kindes und seiner Familie können mit Hilfe von Fragebögen gewonnen werden?

Mit Fragebögen kann man alle Informationen erheben, die sich mit standardisierten Fragen und auch mit - in der Regel - standardisierten Antworten erheben lassen. Bei familienrechtlichen Fragestellungen können dies z.B. Erziehungseinstellungen der Eltern, Interessen des Kindes oder die Wahrnehmung der Situation des Kindes durch die Eltern oder die Selbstwahrnehmung des Kindes sein. Hier können beispielsweise der Diagnostische Elternfragebogen, (Dehmelt, Kuhnert & Zinn, 1981), die Marburger Verhaltensliste (Ehlers, B., Ehlers, T. & Makus, 1978) oder der Fragebogen zur praktischen und sozialen Selbständigkeit (FPSS) (Duhm & Huss, 1979) genannt werden. Ein Fragebogen, bei dem die Kinder selbst ihre Probleme darstellen können, ist der Problemfragebogen für 11- bis 14-jährige (PF 11–14) (Westhoff, Geusen-Asenbaum, Leutner & Schmidt, 1982).

2. Welche Einstellungen und Interessen der Eltern und des Kindes sind für die Beantwortung familienrechtlicher Fragestellungen relevant?

Grundsätzlich sind auf Seiten der Eltern nur deren Einstellungen und Interessen relevant, die für die weitere Entwicklung des Kindes von Bedeutung sind. Auf Seiten des Kindes sind nur solche durch Fragebögen zu erfassende Aspekte relevant, die zur Einschätzung der emotionalen Situation des Kindes und bei seiner Erziehung zu beachten sind.

3. Welche Verfälschungstendenzen sind beim Einsatz von Fragebögen im Rahmen der familienrechtlichen Begutachtung zu berücksichtigen? Welche Aussagekraft haben diese Verfahren dann?

Wie bei jeder psychologischen Untersuchung ist auch bei solchen zu familienrechtlichen Fragestellungen damit zu rechnen, dass die Probanden Ziele verfolgen, die nicht mit denen des Sachverständigen oder des Gerichts übereinstimmen müssen. Die Objektivität der Durchführung standardisierter psychologischer Verfahren kann durch eine Reihe von Faktoren gemindert werden. Maßnahmen zur Erhöhung der Durchführungsobjektivität beschreiben Westhoff und Kluck (1998, S. 81–85) ebenso wie Kriterien für eine möglichst objektive Auswertung und Interpretation.

4.12 Leitfragen zu projektiven Verfahren in der familienrechtlichen Begutachtung

1. Vor welchem theoretischen Hintergrund stehen projektive Verfahren?
2. Welche Informationen über die Situation des Kindes und seiner Familie können mit Hilfe von projektiven Verfahren gewonnen werden?

Bei projektiven Verfahren nehmen die Autoren im Allgemeinen an, dass die Probanden unbewusste Informationen über sich äußern, im familienrechtlichen Kontext in der Regel über ihre familiären Beziehungen. Diese und weitere Annahmen sind für die Situation der Einzelfalldiagnostik nicht überzeugend. Insgesamt kann man sagen, dass die von Hörmann (1964) dargestellten Probleme bei den theoretischen Grundlagen projektiver Verfahren bis heute nicht gelöst sind. Daher ist die Interpretation der Äußerungen eines Probanden im diagnostischen Einzelfall so unsicher, dass wir von der Verwendung projektiver Verfahren zu diagnostischen Zwecken abraten.

Sehr viele Sachverständige setzen projektive Verfahren nicht als solche ein, sondern sie verwenden sie dazu, mit Kindern ins Gespräch zu kommen. Dazu kann ein Sachverständiger aber nicht nur Material aus projektiven Verfahren, sondern prinzipiell alle Materialien verwenden, die ihm geeignet erscheinen.

3. Was bedeutet der Einsatz projektiver Verfahren für die Handlungsfreiheit der untersuchten Personen?

Projektive Verfahren zeichnen sich vor allem dadurch aus, dass die mit ihnen untersuchten Personen nicht erkennen können, welche Schlüsse der Sachverständige aus ihren Äußerungen oder sonstigen Verhaltensweisen ziehen wird. Von den Befürwortern projektiver Verfahren wird dies als Vorteil hervorgehoben. Die Handlungsfreiheit der Probanden ist damit aber stark eingeschränkt, was z.B. dazu führen kann, dass sie es ablehnen, an solchen Verfahren teilzunehmen. Dadurch wird die gesamte Untersuchung extrem durch Misstrauen belastet, wo doch Vertrauen nötig wäre.

4. Wie durchschaubar sind projektive Verfahren, die z. T. sehr eng mit der familiären Situation assoziiert sind?
5. Welche emotionale Belastung ist vor diesem Hintergrund mit dem Einsatz der Verfahren verbunden?

Speziell für familienrechtliche Kontexte wurden Verfahren entwickelt, die, wie bei projektiven Verfahren, Kindern Situationen vorgeben, die eng mit ihrer Situation verknüpft sind. Beispiele sind: Wem macht ein Kind was zum Geschenk? Wer bekommt ein wie großes Stück von der Geburtstagstorte? Wen würde es, wenn es nur einen außer sich selbst retten könnte, aus einem brennenden Haus retten? Hier ist die Frage zu stellen, inwiefern die Kinder solche Vorgaben durchschauen, sie verfälschen oder durch sie emotional belastet werden.

4.13 Leitfragen zur Planung der Untersuchungskontakte

1. Welche Personen sind unbedingt einzubeziehen, um die Situation der Kinder angemessen einschätzen zu können?

Damit ein Sachverständiger die Situation eines Kindes angemessen einschätzen kann, wird er alle Personen in seine Untersuchungen einbeziehen, die Bezugspersonen des Kindes sind oder einen rechtlichen Anspruch auf den Kontakt zum Kind haben (können). Nur im Einzelfall kann entschieden werden, welche weiteren Personen in die Untersuchungen einbezogen werden. Hier kann ein Sachverständiger vor allem an professionelle Helfer wie Ärzte, Therapeuten, Mitarbeiter in Erziehungsberatungsstellen und Mitarbeiter im Jugendamt denken. Lehrer und Erzieherinnen, die primär in Gruppen oder Klassen erzieherisch mit dem Kind Kontakt haben, können nur einen bestimmten Verhaltensausschnitt des Kindes beschreiben. Zudem wird der Sachverständige immer abwägen, ob die gewinnbaren Informationen den Aufwand und die Ausdehnung des hinzugezogenen Personenkreises rechtfertigen.

2. Wird den Beteiligten gleichermaßen die Gelegenheit eingeräumt, ihre Sicht der familiären Situation darzustellen?

Entsprechend dem Gebot der Unparteilichkeit wird der Sachverständige allen Beteiligten Gelegenheit geben, ihre Sicht der familiären Situation darzustellen, damit er über möglichst alle relevanten Informationen verfügt. Der Sachverständige wird die Beteiligten immer so behandeln, wie er selbst an ihrer Stelle behandelt werden möchte.

3. Wurde mit den Sorgeberechtigten und dem Gericht Rücksprache genommen, wenn Personen außerhalb der Kernfamilie in die Begutachtung einbezogen werden sollen?

Im Verlauf der Begutachtung kann es über die im Beweisbeschluss formulierte Fragestellung hinaus erforderlich sein, Personen außerhalb der Kernfamilie in die Begutachtung einzubeziehen. Hierzu wird der Sachverständige die Zustimmung der Sorgeberechtigten und auch des Gerichts einholen. Die Zustimmung der Sorgeberechtigten ist hier erforderlich, weil ihre Rechte betroffen sind. Mit der Erweiterung des zu untersuchenden Personenkreises steigen die Kosten, daher ist auch eine Rücksprache mit dem Gericht notwendig.

4. Haben die Sorgeberechtigten Ärzte, Lehrer, Erzieher u.a., mit denen der Sachverständige sprechen möchte, von der Schweigepflicht entbunden?

Personen, die in Ausübung ihres Berufes mit der Familie oder dem Kind Kontakt haben, unterliegen in der Regel der Schweigepflicht. Erst wenn die Sorgeberechtigten sie von dieser entbunden haben, können sie in die Untersuchung einbezogen werden, und der Sachverständige wird zu ihnen Kontakt aufnehmen.

5. Welche Personen sollten in einem gemeinsamen Kontakt untersucht werden?

Grundsätzlich sollten alle die Personen in einem gemeinsamen Kontakt mit dem Kind untersucht werden, die auch später im persönlichen Kontakt zu dem Kind sein werden und für seine Entwicklung von Bedeutung sind. Auch gemeinsame Kontakte mit den Eltern können ein wichtiger Bestandteil der Untersuchungsplanung werden, wenn z.B. eine einvernehmliche Lösung erarbeitet wird oder die Möglichkeiten der Eltern geprüft werden, in Zukunft wieder gemeinsam für ihre Kinder zu sorgen.

6. Welche Interaktionssituationen ermöglichen bei diesen gemeinsamen Kontakten relevante Beobachtungen?

Bei allen Beobachtungssituationen wird sich der Sachverständige fragen, inwieweit diese für ähnliche Situationen im Alltag repräsentativ sind, sodass es gerechtfertigt erscheint, von den gewählten oder sich ergebenden Beobachtungssituationen aus verallgemeinernde Schlüsse zu ziehen. Die Kontaktaufnahme des Kindes zum Sachverständigen beispielsweise wird abhängen vom Alter, Entwicklungsstand und der Informiertheit des Kindes über den Kontakt zum Sachverständigen. Bei Hausbesuchen kann der Sachverständige bei einer angemessenen Dauer dieses Besuches die Interaktion zwischen Eltern(-teil) und Kind in ganz verschiedenen Situationen beobachten, die für das alltägliche Zusammenleben repräsentativ sind. Hierbei können dann auch Interaktionen zwischen dem Kind und seinen (Halb-)Geschwistern in relevanten Situationen beobachtet werden.

Bei umgangsrechtlichen Fragestellungen ist die Beobachtung einer oder mehrerer Übergabesituationen sowie der weitere Verlauf der Besuchskontakte für den Sachverständigen eine wichtige Informationsquelle.

Jeder Sachverständige, der seiner Befriedungsfunktion gerecht werden will, wird ein oder mehrere Gespräche zwischen den Eltern über die Situation des Kindes versuchen. Dabei ergeben sich wichtige diagnostische Beobachtungen zur Kommunikation und Kooperation zwischen Vater und Mutter mit Blick auf das Kind und dessen Wohlergehen.

7. Wie ist die Bereitschaft der beteiligten Personen zu gemeinsamen Kontakten?

Aufgrund der konflikthaften Situation sind Eltern oft nicht zu gemeinsamen Gesprächen bereit. Der Sachverständige wird versuchen, ihren Blick wieder mehr auf das Kind und seine Bedürfnisse zu richten, um sie so zu gemeinsamen Gesprächen zu motivieren. Gelingt das nicht, wird der Sachverständige dies akzeptieren und abwägen, wie lange die unklare Situation dem Kind noch zugemutet werden kann.

8. Was ist bei der Auswahl des Untersuchungsortes aus psychologischer Sicht zu beachten?

Der Sachverständige wird den Untersuchungsort immer vom Untersuchungsziel abhängig machen. Die Neutralität seiner Praxisräume erleichtert die Untersuchung der einzelnen Personen. Vor allem für Gespräche mit Kindern ist eine neutrale Umgebung wichtig, um Einflüsse des Wohnumfelds möglichst gering zu halten. Kleinkinder lassen sich allerdings kaum in der Praxis ohne ihre Bezugspersonen untersuchen. Die gewohnte Atmosphäre in der Wohnung der Familie ist der richtige Ort für die Beobachtungen, die über die alltäglichen Interaktionen zwischen dem Kind und seinen Eltern, Geschwistern usw. Auskunft geben sollen. Sind Beobachtungen in anderen Umgebungen erforderlich, so wird der Sachverständige das Kind dort, z. B. auf dem Spielplatz, beobachten. Bei der Wahl der Untersuchungsorte sind diese Überlegungen vorrangig, gleichwohl kann der Sachverständige Aspekte der Mobilität der Personen nicht ganz außer Acht lassen und muss gegebenenfalls auf die Wohnung der Personen oder Räume anderer Institutionen am Wohnort der Personen ausweichen.

9. Was ist bei der Vorbereitung der Untersuchungskontakte zu berücksichtigen?

Bei der Vorbereitung der Untersuchungskontakte wird der Sachverständige das Alter des Kindes und den damit in der Regel verbundenen Entwicklungsstand ebenso berücksichtigen wie Besonderheiten der beteiligten Personen, soweit diese aus den Akten hervorgehen. Hierzu gehören z. B. die Erfahrungen der beteiligten Personen mit Psychologen oder psychologischen Sachverständigen sowie ihre Motivation, an der Begutachtung teilzunehmen.

10. Welche einzelfallorientierten Vorbereitungen sind erforderlich?

Nach einer Aktenanalyse unter psychologischen Gesichtspunkten wird der Sachverständige einen vollständig ausformulierten Gesprächsleitfaden für ein systematisches psychologisch-diagnostisches Gespräch entwickeln (vgl. Kapitel 4.6). Entsprechend wird er sich einen Beobachtungsplan ausarbeiten, der die Grundlage einer systematischen psychologisch-diagnostischen Verhaltensbeobachtung darstellt (vgl. Kapitel 4.7). Wenn es erforderlich ist, wird der Sachverständige sich auch über den aktuellen Stand des Wissens z.B. zu einer bestimmten Verhaltensstörung, mit der er bisher selten konfrontiert wurde, informieren.

11. In welcher Reihenfolge sollten die notwendigen Untersuchungskontakte durchgeführt werden?

Um zu prüfen, ob aus Sicht des Kindes kurzfristig Änderungen der familiären Situation herbeigeführt werden müssen, wird der Sachverständige die ersten Untersuchungen möglichst bald nach der Auftragserteilung vorsehen. Wenn dann nicht unmittelbar Maßnahmen zum Schutz des Kindes erforderlich sind, wird der Sachverständige der Familie Zeit geben, um sich auf die veränderte Situation einzustellen, die sich durch die Einschaltung eines Sachverständigen ergibt. Die ersten Untersuchungen des Sachverständigen bringen häufig Prozesse in der Familie in Gang, deren Ergebnis diagnostisch bedeutsam ist, die aber eben auch die entsprechend notwendige Zeit brauchen.

Immer am Kriterium des Verhältnisses von Kosten und Nutzen orientiert wird der Sachverständige die Untersuchungen so staffeln, dass er sie bei genügendem Informationsstand nicht alle durchführen muss. Er wird also sequentiell über den weiteren Verlauf der Begutachtung entscheiden. Wenn es diagnostisch erforderlich ist und dem Wohl des Kindes entspricht, wird er die Ergebnisse von Interventionen und die Erprobung von Regelungen abwarten und beurteilen.

12. In welchem zeitlichen Rahmen kann der Sachverständige die Begutachtung durchführen und abschließen?

Bei der Auftragserteilung benennen Richter in der Regel eine Frist von zwei bis sechs Monaten für die Erstattung des Gutachtens. Das bedeutet in der Regel eine nicht unerhebliche Verzögerung des gerichtlichen Verfahrens und damit eine Verlängerung der ungewissen Situation über den Ausgang des Verfahrens für alle beteiligten Personen. Heilmann (1998) verweist auf die Gefahr faktischer Präjudizierungen, d.h. auf die Gefahr, dass das gerichtliche Verfahren durch den Zeitablauf und nicht durch den das Verfahren beendenden Gerichtsbeschluss beendet wird. Er geht darauf ein, dass sich das kindliche Zeitempfinden deutlich von dem der Erwachsenen unterscheidet, sodass selbst kurze Zeitspannen als unerträglich lang empfunden werden. Vor diesem Hintergrund wird der Sachverständige möglichst bald mit den ersten Untersuchungen beginnen und versuchen, das

Gutachten alsbald fertig zu stellen. Die grundsätzliche Vorgabe, ein Gutachten so schnell wie möglich fertig zu stellen, kann jedoch durch Besonderheiten des Falles oder die Auftragslage des Sachverständigen verhindert werden. Wenn z. B. eine Besuchsregelung erprobt werden soll, kann die Begutachtung für einige Zeit ruhen und nach einiger Zeit wieder aufgenommen werden, um mögliche Veränderungen zu erfassen. Da psychologische Sachverständige in der Regel mehrere Fälle parallel bearbeiten, wird der Sachverständige im Hinblick auf die Dringlichkeit der Bearbeitung Prioritäten setzen müssen, was dazu führen kann, dass sich die für die Begutachtung vorgesehene Frist verlängert. Die Gründe hierfür wird der Sachverständige dem Gericht bei einer Sachstandsanfrage mitteilen. Im Einzelfall kann auch kurzfristig eine mündliche Berichterstattung erfolgen.

13. Wie geht der Sachverständige damit um, wenn eine Person sich weigert, an der Begutachtung teilzunehmen?

Der Sachverständige wird den an der Begutachtung beteiligten Personen offen gegenübertreten und sie über seine Pflichten und sein Vorgehen informieren. Trotzdem kann es vorkommen, dass diese es ablehnen, bei der Begutachtung mitzuarbeiten. Dies kann der Sachverständige nur akzeptieren und in seinen Bericht an das Gericht aufnehmen. Ausnahmefälle liegen bei Fragestellungen gemäß § 1666 BGB vor. Hierbei ist die Untersuchung der Kinder auch gegen den Willen der Eltern möglich.

14. Was bedeutet es für die Beantwortung der gerichtlichen Fragestellung, wenn Eltern oder Kinder nicht an der Begutachtung teilnehmen wollen?

Wenn durch die Weigerung eines Beteiligten nur unvollständige Informationen vorliegen, kann kein Gutachten erstellt werden. Aufgrund der erhobenen Informationen kann der Sachverständige allerdings eine Stellungnahme abgeben, in der er auf die eingeschränkte Datengrundlage hinweist. Das Gericht kann sich bei einer Anhörung die erhebbaren Informationen und die Schlüsse des Sachverständigen daraus vortragen lassen.

5 Durchführung und Auswertung

Bei der Durchführung der psychologischen Untersuchungen greift der Sachverständige auf seine ausführliche einzelfallspezifische Planungsarbeit zurück (vgl. Kapitel 4). Aus diesem Grund muss an dieser Stelle nicht mehr viel zur Durchführung der Untersuchungen gesagt werden, da der ausgearbeitete Plan umgesetzt wird. Was hier ergänzend angemerkt wird, betrifft die Interaktion zwischen dem Sachverständigen und den beteiligten Familienmitgliedern. Es handelt sich um Aspekte des Erstkontakts und Verlaufs der Untersuchungen.

1. Wird die Durchführung der psychologischen Untersuchungen offen und transparent gestaltet?

Die in Kapitel 2 beschriebenen ethischen und juristischen Rahmenbedingungen der Begutachtung verpflichten den Sachverständigen zu Offenheit und Transparenz. Wenn er den Prozess der Begutachtung im konkreten Kontakt mit den verschiedenen Familienmitgliedern offen und transparent gestaltet, nimmt er Eltern in ihrer Verantwortung ernst und kann sie damit eher motivieren, sich aktiv an der Erarbeitung einer Konfliktlösung zu beteiligen. Die Aufgabe des Sachverständigen ist es, eine offene und verständnisvolle Atmosphäre zu schaffen, bei der die Eltern und Kinder spüren, dass an einer Lösung ihres Konfliktes gearbeitet wird.

2. Worüber werden die beteiligten Familienmitglieder im Erstkontakt informiert?

Ein Sachverständiger wird seiner Aufklärungspflicht entsprechend die an der Untersuchung beteiligten Personen immer zuerst über eine Reihe von Punkten informieren, z.B., dass die Teilnahme an der Begutachtung oder an einzelnen Untersuchungen freiwillig ist, dass Eltern sich damit einverstanden erklären müssen, wenn ihre Kinder psychologisch untersucht werden sollen, dass dritte Personen nur mit Wissen der Eltern und Genehmigung des Gerichts einbezogen werden können. Erforderlich und hilfreich ist es auch, wenn der Sachverständige über seine Rechtsstellung im Verfahren und über die doppelte Funktion des Gutachtens informiert, die darin besteht, dem Richter Empfehlungen zu geben und zur Befriedung der familiären Konfliktsituation beizutragen.

Der Sachverständige wird die zu untersuchenden Personen über seine Schweigepflicht zu Inhalten informieren, die für die Beantwortung der Fragestellung nicht relevant sind, aber er wird auch darauf hinweisen, dass er verpflichtet ist, dem Gericht alles mitzuteilen, was unter den Beweisbeschluss fällt. Ferner wird er den geplanten Verlauf und den voraussichtlichen zeitlichen Rahmen der Begutachtung darstellen und Fragen der Eltern und/oder Kinder beantworten (vgl. ausführlich dazu Salzgeber, 1992).

3. Wie werden die Untersuchungsergebnisse dokumentiert?
4. Sind die untersuchten Personen damit einverstanden, dass Gespräche aufgezeichnet werden?

Um die Ergebnisse seiner Untersuchungen zu dokumentieren, wird der Sachverständige bei der Durchführung jedes einzelnen Verfahrens Protokolle anfertigen. Bei Tests und Fragebögen erfolgt dies im Allgemeinen in schriftlicher Form. Bei Gesprächen empfiehlt es sich, diese auf Tonband aufzunehmen und später schriftlich zusammenzufassen. Dies kann aber nur mit Einverständnis des Gesprächsteilnehmers geschehen. Erläutert der Sachverständige, dass er sich bei dieser Form der Protokollierung besser auf das Gespräch konzentrieren kann, dass Urteilsfehlern vorgebeugt wird, da Gedächtnisfehler ausgeschlossen werden, und alle Beteiligten die Möglichkeit haben, das Gesagte im Fall eines Missverständnisses noch einmal nachzuvollziehen, wird die Einwilligung fast immer gegeben. Die Aufnahme wird dabei lediglich für die Arbeit des Sachverständigen gemacht und darf keinem Dritten zugeführt werden. Die parallele Durchführung von Verfahren und Dokumentation der jeweiligen Ergebnisse lässt sich jedoch nicht immer realisieren. So müssen z.B. bei Hausbesuchen oder begleiteten Besuchskontakten zunächst Gedächtnisprotokolle erstellt werden, die später schriftlich niedergelegt werden. Dies gilt auch für teilnehmende Verhaltensbeobachtungen, die z.B. das Verhalten eines Kindes während eines Gespräches betreffen.

5. Sind die erhobenen Informationen ausreichend, um die gerichtliche Fragestellung und die daraus abgeleiteten Psychologischen Fragen zu beantworten?
6. Ist eine ergänzende Untersuchungsplanung erforderlich?

Beendet wird der Prozess der Informationssammlung, wenn die erhobenen Informationen ausreichen, um die gerichtliche Fragestellung und die daraus abgeleiteten Psychologischen Fragen zu beantworten. Manchmal ergeben sich im Verlauf der Begutachtung Hinweise darauf, dass Änderungen im geplanten Vorgehen oder der Einsatz weiterer Untersuchungsverfahren erforderlich sind. Während der Begutachtung können sich die Lebensbedingungen der Familienmitglieder entscheidend ändern, z. B., dass ein Elternteil mit den Kindern umzieht, dass neue Partnerschaften geschlossen werden oder jemand schwer erkrankt. Immer, wenn sich für das Kind zentrale Änderungen abzeichnen, beginnt der Prozess der Planung der Begutachtung im Sinne eines rekursiven Prozesses von neuem. Wenn geänderte Bedingungen noch nicht diagnostisch beschreibbar sind, kann die Begutachtung nach Absprache mit dem Gericht und Erläuterung für die beteiligten Personen für eine Zeit unterbrochen werden. Die gerichtliche Entscheidung wird dann zurückgestellt, bis die neue Situation angemessen berücksichtigt werden kann.

7. Ergeben sich bei der Durchführung der Untersuchungen Ansatzpunkte für Interventionen, die sinnvoll in den Prozess der Begutachtung integriert werden können (peridiagnostische Interventionen)?
8. Welche Interventionen kann der Sachverständige selber vornehmen?
9. Welche sollten von anderen Personen oder Institutionen durchgeführt werden?
10. Sind die beteiligten Familienmitglieder damit einverstanden?
11. Wurden die möglichen Interventionen mit dem Gericht abgestimmt?
12. Ist die mit den Interventionen verbundene zeitliche Verzögerung für das Kind zumutbar?

Im Rahmen einer modifikationsorientierten Strategie der Begutachtung kann der Sachverständige den Prozess der Begutachtung unterbrechen und Interventionen durchführen oder einleiten. Er kann z.B. selber mit Eltern eine Besuchsregelung vereinbaren, die für einen gewissen Zeitraum ausprobiert wird, und anschließend in einer neuen diagnostischen Phase mit den beteiligten Erwachsenen und Kindern besprechen, wie sie mit der Besuchsregelung zurechtgekommen sind, welche Schwierigkeiten es möglicherweise gab und an welche Bedingungen diese geknüpft waren. Er kann auch eine alternative Aufenthaltsregelung für die Kinder für eine bestimmte Zeit mit den Eltern abstimmen und die Erfahrungen, die Kinder und Eltern dabei machen, als weitere Informationen heranziehen. Andere Möglichkeiten solcher peridiagnostischer Interventionen liegen darin, dass Eltern und/oder Kinder eine Beratung oder Therapie durch andere Personen oder Institutionen wahrnehmen, und der Sachverständige zu einem späteren Zeitpunkt prüft, inwiefern sich auf dieser Grundlage die familiäre Konfliktsituation ändert. Beispiele sind eine Therapie der Eltern, eine Beratung hinsichtlich der Kooperationsmöglichkeiten der Eltern oder den Kindern die Möglichkeit zu geben, außerhalb der Familie ihre trennungsbedingten Belastungen zu verarbeiten.

Voraussetzung für diese zwischengeschalteten Interventionen, die mit einer Unterbrechung der Begutachtung verbunden sind, ist es, dass die beteiligten Familienmitglieder damit einverstanden sind und das Vorgehen mit dem Gericht abgestimmt wurde. Der Sachverständige wird aus psychologischer Sicht immer prüfen, ob eine solche Unterbrechung für das Kind zumutbar ist, d.h. nicht zu zusätzlichen Belastungen führt oder bestehende Belastungen unnötig aufrechterhalten werden. Sind allerdings peridiagnostische Interventionen aus psychologischer Sicht vertretbar und werden diese von der Familie getragen, bieten die Erfahrungen damit und die daran gebundenen Entwicklungen der einzelnen Familienmitglieder und der Familie diagnostisch wertvolle Informationen für prognostisch gültige Empfehlungen zu familienrechtlichen Fragestellungen.

Nach der Durchführung der Untersuchungen kommt deren Auswertung. Die erhobenen Informationen werden im Gutachten zusammenfassend wiedergegeben. Bei der Darstellung wird der Sachverständige in besonderem Maße auf Verständlichkeit und Nachvollziehbarkeit achten, um die Transparenz der Begutachtung für Eltern und Richter zu gewährleisten. Was er dabei im Einzelnen berücksichtigen kann, wird in Kapitel 7 beschrieben. Hier werden nur einige allgemeine Hinweise zur Auswertung gegeben.

> 13. Orientiert sich die Auswertung der erhobenen Informationen an der Fragestellung des Gerichts bzw. den daraus abgeleiteten Psychologischen Fragen?

Oftmals schildern die einzelnen Familienmitglieder oder Personen aus dem sozialen Umfeld der Familie dem Sachverständigen ihre Situation sehr umfassend. Sie teilen das mit, was ihrer Meinung nach zum Verständnis der familiären Krise relevant ist. Nicht alles ist auch aus psychologischer Sicht zur Beantwortung der gerichtlichen Fragestellung bedeutsam. Vor allem vor dem Hintergrund der Befriedungsfunktion eines Gutachtens wird der Sachverständige sorgfältig auswählen, welche Details oder wechselseitigen Vorhaltungen er darstellen muss und auf welche er verzichten kann, damit der Konflikt nicht wieder auflebt.

> 14. Wird jede Informationsquelle bzw. jeder Untersuchungstermin getrennt ausgewertet?
> 15. Werden Ergebnisse und Befundaussagen des Sachverständigen getrennt voneinander dargestellt?

Damit die Leser eines Gutachtens die Herkunft einzelner Informationen besser nachvollziehen können, wird der Sachverständige den Untersuchungsbericht quellenbezogen verfassen, d.h. die Ergebnisse aus jeder Informationsquelle und jedem Untersuchungszeitpunkt getrennt darstellen. Nur dann werden seine Entscheidungsgrundlagen transparent. Beziehungen zwischen Ergebnissen aus unterschiedlichen Quellen werden bei einem entscheidungsorientierten Vorgehen erst im Befund des Gutachtens hergestellt (vgl. Kapitel 6). Die Trennung von Ergebnissen und Befundaussagen gewährleistet, dass der Leser beobachtete bzw. berichtete Informationen von Bewertungen des Sachverständigen unterscheiden kann. Das ist eine Grundlage dafür nachzuvollziehen, wie der Sachverständige zu seiner Empfehlung gekommen ist.

6 Psychologischer Befund und Empfehlung des Sachverständigen

Im Ergebnisteil eines Gutachtens werden alle relevanten Informationen getrennt für die einzelnen Informationsquellen dargestellt. Im psychologischen Befund werden sie so kombiniert, dass die zugrunde liegenden Psychologischen Fragen beantwortet werden können. Dazu ist es hilfreich, in einer Befundskizze alle relevanten Informationen geordnet nach Psychologischen Fragen zusammenzustellen, um den Befund zu strukturieren (zum konkreten Vorgehen vgl. Westhoff & Kluck, 1998).

1. Orientiert sich der Befund an der gerichtlichen Fragestellung bzw. den daraus abgeleiteten Psychologischen Fragen?
2. Können abstrahierende Aussagen über die Situation der Familie mit Informationen über konkretes Verhalten belegt werden?

Wie bei der Auswertung wird der Sachverständige auch im Befund seines Gutachtens nur Bewertungen vornehmen, die für die Beantwortung der gerichtlichen Fragestellung bedeutsam sind. Im Gutachten werden sehr persönliche und wichtige Erlebnisbereiche von Menschen thematisiert. Die Aussagen des Sachverständigen werden im gerichtlichen Verfahren verwendet und damit verschiedenen Personen zugänglich. Deshalb wird der Sachverständige darauf achten, dass er seine Ausführungen so formuliert, dass die beteiligten Familienmitglieder seine Bewertungen akzeptieren können. Dies kann erreicht werden, wenn Informationen über konkretes Verhalten herangezogen werden, um Zusammenhänge zu erläutern, und erst dann abstrahierende Aussagen getroffen werden. Der Leser des Gutachtens kann die Argumentation des Sachverständigen dann besser nachvollziehen. Weitere Hinweise zur Formulierung im Befund finden sich in Kapitel 7.

3. Können Ergebnisse aus empirischen Untersuchungen oder Modelle und Konzepte der Psychologie herangezogen werden, um die einzelfallspezifischen Aussagen über die Situation der Familie zu untermauern?

Die Psychologie als empirische Wissenschaft stellt dem Sachverständigen nicht nur das diagnostische Handwerkszeug für die Begutachtung zur Verfügung, sondern in ihren anderen Fächern auch Grundlagenwissen und empirische Forschungsergebnisse. Beides kann der Sachverständige heranziehen, wenn er im Befund die einzelfallspezifische familiäre Situation beschreibt und erklärt. Wenn der Sachverständige dies nicht nur implizit bei der eigenen Urteilsbildung tut, sondern auch explizit im Befund darstellt, auf welche Modelle, Konzepte oder empirische Ergebnisse er Bezug nimmt, wird für den Leser des Gutachtens die Nachvollziehbarkeit und Transparenz der Urteilsbildung erhöht. Für den familienrechtlichen Kontext sind insbesondere Ergebnisse aus der Entwicklungs- und Sozialpsychologie relevant. Auch die Ergebnisse anderer Disziplinen wie Klinische oder Pädagogische Psychologie können von Bedeutung sein.

4. Wird die gerichtliche Fragestellung vollständig und eindeutig beantwortet?
5. Wird begründet, wenn dies aus psychologischer Sicht nicht möglich ist?

Am Ende des diagnostischen Prozesses steht die Empfehlung des Sachverständigen, bei der die Psychologischen Fragen und damit auch die gerichtliche Fragestellung beantwortet wird. Dabei wird der Sachverständige auf eine vollständige und eindeutige Antwort achten. Ist ihm dies nicht möglich, so wird er erklären, warum das so ist (vgl. allgemein dazu Westhoff & Kluck, 1998). Wichtig ist, dass der Sachverständige weder gegenüber den Kindern noch im Gespräch mit den Eltern oder im Gutachten selbst der Entscheidung des Richters vorgreift. Zum einen würde er dabei seinen Kompetenzbereich überschreiten und zum anderen Gefahr laufen, Versprechungen zu machen, die nicht eingehalten werden können.

Bei der Empfehlung zu einer familienrechtlichen Fragestellung ist der Sachverständige an die vom Gesetzgeber vorgesehenen Möglichkeiten gebunden. Nach den verschiedenen Reformen im Bereich des Familienrechts geht es nicht mehr um eine Empfehlung für oder gegen einen Elternteil oder für oder gegen den Entzug der elterlichen

Sorge. Vielmehr sollen die Möglichkeiten der Familie geprüft werden, dem Kind die Beziehung zu seinen Eltern zu erhalten, Vätern und Müttern möglichst viel elterliche Verantwortung zu belassen und gleichzeitig für das Kind möglichst optimale Entwicklungsbedingungen zu schaffen.

6. Welche Möglichkeiten gibt es, die elterliche Sorge für das Kind zu regeln?
7. Ist die Empfehlung für eine Sorgerechtsregelung aus psychologischer Sicht an bestimmte Bedingungen und Voraussetzungen gebunden?

Die Frage, wie im Falle der Trennung und Scheidung oder im Falle einer möglichen Gefährdung des Kindeswohls die elterliche Sorge geregelt werden kann, erlaubt viele verschiedene Antworten. Auf die juristischen Möglichkeiten soll hier nicht im Detail eingegangen werden. Einige Stichworte machen aber deutlich, dass es verschiedene Modelle gibt, die Lebenssituation von Kindern und Eltern so zu gestalten, dass das Wohl der Kinder gesichert ist.

Das neue Kindschaftsrecht sieht vor, dass Eltern nach einer Trennung die elterliche Sorge weiterhin gemeinsam ausüben. Wenn es dabei im Einzelfall Probleme gibt und ein Gutachten in Auftrag gegeben wird, kann der Sachverständige die Voraussetzungen für die gemeinsame elterliche Sorge prüfen. Wenn die Grundlage für die gemeinsame Sorge fehlt, kann die elterliche Sorge nur einem Elternteil übertragen werden. Auch die Übertragung der alleinigen elterlichen Sorge kann an Voraussetzungen gebunden sein, z. B., dass eine Mutter Unterstützung durch eine Tagespflege wahrnimmt oder ein Vater sich in Fragen der Erziehung beraten lässt. Einzelne Bestandteile der elterlichen Sorge können auch verschiedenen Personen übertragen werden, z. B., dass das Aufenthaltsbestimmungsrecht einem Elternteil zugesprochen wird, beide aber die Personensorge behalten. Manchmal kann es sinnvoll sein, gezielt Entscheidungsbefugnisse zu spezifischen Inhalten einem Elternteil oder dritten Personen zuzusprechen, z. B. Fragen der ärztlichen Versorgung oder der schulischen Betreuung.

Sind die Eltern nicht in der Lage, die elterliche Sorge oder bestimmte Bestandteile derselben im Sinne ihrer Kinder wahrzunehmen, kann eine Vormundschaft empfohlen werden oder auch eine Fremdunterbringung des Kindes, wenn die alltägliche Betreuung und Versorgung durch die Eltern nicht mehr gewährleistet werden kann oder wenn eine Gefährdung der Kinder zu befürchten ist. Neben diesen konkreten Regelungsmöglichkeiten kann eine Empfehlung auch dahin gehen, das Verfahren für eine bestimmte Zeit auszusetzen, um eine bestimmte Regelung zu erproben oder eine sich abzeichnende Entwicklung abzuwarten. Vor dem Hintergrund der Komplexität familienrechtlicher Fragestellungen und der Bedürfnisse der Kinder wird es nur selten einfache Lösungen geben, wenn die Frage der elterlichen Sorge erst einmal gerichtlich geklärt werden muss. Der Sachverständige übernimmt dabei eine sehr verantwortungsvolle Aufgabe, die ihn zu sorgfältigem und gewissenhaftem Handeln verpflichtet. Er wird verschiedene Möglichkeiten prüfen und gegeneinander abwägen, um die bestmögliche Lösung zu finden.

8. Welche Möglichkeiten gibt es, Besuchskontakte zu regeln?
9. Ist die Empfehlung für Besuchskontakte aus psychologischer Sicht an bestimmte Bedingungen und Voraussetzungen gebunden?

Auch bei der Regelung von Besuchskontakten wird der Sachverständige in seiner Empfehlung verschiedene Möglichkeiten abwägen. Er kann zu dem Ergebnis kommen, dass Kontakte zwischen dem Kind und seinen Eltern oder einem Elternteil uneingeschränkt möglich sind oder dass sie besser eine Zeit lang ruhen. Besuchskontakte ganz auszusetzen ist nach neuem Kindschaftsrecht nur noch möglich, wenn das Wohl des Kindes durch die Kontakte zu den Eltern gefährdet ist. Der psychologische Sachverständige wird im Einzelfall das Recht des Kindes auf Umgang mit seinen Eltern und die damit verbundenen positiven Aspekte für seine weitere Entwicklung betrachten und mit den Eltern darauf hinarbeiten. Wenn Umgangskontakte gerichtlich geregelt werden müssen, weil Eltern sich nicht darüber verständigen können, ist dies für Kinder in der Regel mit großen Belastungen verbunden. Der Sachverständige wird prüfen, worin die Belastungen bestehen, wie sie reduziert werden können und welchen Beitrag Eltern dazu leisten müssen, ihrem Kind die Möglichkeit zu geben, die Beziehung zu beiden Elternteilen zu gestalten (vgl. Kapitel 4.3).

Neben einer Empfehlung, ob Besuchskontakte stattfinden sollen, kann es erforderlich sein, die Bedingungen dieser Kontakte in der Empfehlung zu formulieren. Das ist immer dann der Fall, wenn Eltern die Modalitäten der Kontakte nicht flexibel vereinbaren können oder wenn eine festgelegte Regelung für das Kind die erforderliche Ruhe und Sicherheit bringt. Als Bedingungen für Umgangskontakte kann der Sachverständige ihre Häufigkeit, ihre Regelmäßigkeit und ihre Dauer beschreiben. Auch weitere Modalitäten können festgelegt werden: Wo und wie wird die Übergabe gestaltet? An welchem Ort finden die Kontakte statt? Sind zwischen den Besuchen briefliche Kontakte oder Telefonkontakte zwischen Eltern und Kind sinnvoll? Wie können Ferienzeiten aufgeteilt werden? Wie kann im Falle einer Geschwistertrennung der Kontakt der Geschwister untereinander aufrechterhalten werden?

Wenn Besuchskontakte zwischen einem Elternteil und dem Kind nach langer Zeit wieder angebahnt werden sollen, z.B. bei nichtehelichen Vätern, ist es erforderlich, dass dritte Personen die Kontakte begleiten. Die Anwesenheit dritter Personen ist auch dann notwendig, wenn Eltern und Kinder nach einer familiären Krise Unterstützung brauchen oder Kinder vor möglichen sexuellen oder körperlichen Übergriffen bei Kontakten zu den Eltern geschützt werden müssen. Solche begleitete Umgangskontakte haben im neuen Kindschaftsrecht einen festen Stellenwert bekommen (§1684 BGB). Besuchskontakte können aus psychologischer Sicht aber auch an weitere Bedingungen geknüpft sein. So kann es für das Kind wichtig sein, dass der Elternteil, bei dem es lebt, die Kontakte zum anderen positiv unterstützt oder dass Beeinflussungen des Kindes gegen den anderen unterlassen werden.

10. Welche Konsequenzen sind mit einer Sorgerechtsregelung bzw. Umgangsregelung für die weitere Entwicklung des Kindes verbunden?
11. Welche Konsequenzen sind mit einer Sorgerechtsregelung bzw. Umgangsregelung für die Eltern und die gesamte familiäre Situation verbunden?

Mit jeder geänderten Regelung der elterlichen Sorge oder des Umgangsrechts ändern sich die Lebensbedingungen des Kindes bzw. seine Möglichkeiten, die familiären Beziehungen zu gestalten. Hier wird der Sachverständige gegenüberstellen, welche Änderungen sich jeweils ergeben und welche Vor- und Nachteile für das Kind aus psychologischer Sicht damit verbunden sind. Eine solche Gegenüberstellung gibt dem Leser die Möglichkeit, die Urteilsbildung des Sachverständigen nachzuvollziehen. Wenn der Sachverständige dabei auch die Konsequenzen für die Eltern und die gesamte familiäre Situation berücksichtigt, kann besser eingeschätzt werden, ob eine bestimmte Regelung umsetzbar und von der Familie tragbar ist. Für die psychische Situation der beteiligten Kinder ist es leichter, Änderungen ihrer Lebenssituation zu akzeptieren und damit verbundene Entwicklungschancen zu nutzen, wenn sie erfahren, dass ihre Eltern diese Änderungen gutheißen. Das wird in familienrechtlichen Auseinandersetzungen leider nicht immer zu erreichen sein.

12. Welche über die Empfehlung hinausgehenden Ratschläge sind für die beteiligten Personen wichtig, um in Zukunft die familiäre Situation für das Kind möglichst entwicklungsförderlich zu gestalten?

Solange der Sachverständige sich im Rahmen der gerichtlichen Fragestellung bewegt, kann er in seiner Empfehlung auch weitergehende Ratschläge formulieren. Dabei wird er sich auf konkretes Verhalten beziehen, damit Eltern und Kinder die Ratschläge umsetzen können. Sie können Aspekte der Förderung des Kindes betreffen, dass z.B. aus psychologischer Sicht eine logopädische Behandlung sinnvoll ist, sie können das Verhalten der Eltern gegenüber dem Kind betreffen oder die Empfehlung an einen Elternteil, eine Entziehung zu machen oder eine Beratung aufzusuchen.

7 Darstellung und Beurteilung psychologischer Gutachten

In diesem Kapitel beschreiben wir, was bei der Darstellung eines Gutachtens zu beachten ist, damit das diagnostische Vorgehen für alle Leser nachvollziehbar und transparent ist. Die nachfolgend genannten Aspekte können auch herangezogen werden, um ein psychologisches Gutachten daraufhin zu beurteilen, wie weit es in seiner Darstellung bestimmten Mindestanforderungen an eine wissenschaftliche Begutachtung entspricht. Dabei bleibt naturgemäß alles das ausgespart, was sich auf das theoretische, inhaltliche und methodische Wissen in der Psychologie bezieht. Kein nach ISO 9000ff. arbeitender Betrieb stellt zwangsläufig gute Produkte her, genauso kann ein Gutachten, das diesen nun folgenden allgemeinen Standards entspricht, auch theoretische, inhaltliche oder methodische Schwächen und Fehler haben. Allerdings ist die Orientierung an formalen Standards, wie wir sie hier aufführen, ein Indikator dafür, ob ein Sachverständiger möglichst gut gearbeitet hat. Vor allem anderen aber führt die Beachtung dieser Standards zu nachvollziehbaren und nachprüfbaren Aussagen (Westhoff, 1998).

Damit auch Nichtpsychologen die Darstellungsweise in einem Gutachten beurteilen können, beschreiben wir nun systematisch alle an der Darstellung eines Gutachtens zu beurteilenden Aspekte. Dabei wird sich für Psychologen einiges wiederholen, das wir weiter oben schon ausgeführt haben.

7.1 Gliederung eines Gutachtens

Ein psychologisches Gutachten ist eine wissenschaftliche Arbeit, die sich folglich an den in der Wissenschaft üblichen Standards orientiert. Diese Standards werden durch nationale wissenschaftliche Gesellschaften gesetzt und weltweit übereinstimmend gehandhabt. Der

Aufbau einer wissenschaftlichen Arbeit ist in der empirischen Wissenschaft Psychologie weltweit einheitlich festgelegt. Entsprechend diesem internationalen Standard umfasst die Gliederung eines Gutachtens die folgenden neun Punkte:

1. Fragestellung (und Auftraggeber)
2. Psychologische Fragen
3. Untersuchungsplan und -ablauf
4. Ergebnisse
5. Befund
6. Empfehlungen oder Vorschläge
   (wenn in der Fragestellung vereinbart)
7. Literatur
8. Anhang (eventuell mit Testauswertung)
9. Unterschrift (des verantwortlichen Diplom-Psychologen).

In der *Fragestellung* sind die Ziele einer Untersuchung genannt. Da sich die gesamte Untersuchung an diesen Zielen ausrichtet, werden diese schon in der Einleitung oder in einem eigenen Abschnitt beschrieben. Daraus folgt, dass der Sachverständige im Gutachten die Fragestellung des Auftraggebers wörtlich wiedergibt. Zur Nachvollziehbarkeit und Nachprüfbarkeit des Gutachtens gibt er außerdem das beauftragende Gericht an.

In jeder wissenschaftlichen Arbeit werden *Hypothesen* geprüft. Da die Art der Formulierung wissenschaftlicher Hypothesen Leser verwirren kann, eignet sich die Form der *Psychologischen Fragen* besser. Im ersten Teil einer Psychologischen Frage erklärt der Sachverständige mit Hilfe eines gesetzmäßigen oder regelhaften Zusammenhangs die Beziehung zwischen der Fragestellung des Gerichts und der von ihm ausgewählten Variablen. Im zweiten Teil fragt er dann nach der Ausprägung der zu untersuchenden Variablen. Im weiteren Verlauf des Begutachtungsprozesses trägt der Sachverständige systematisch Informationen zu diesen Psychologischen Fragen zusammen und beantwortet diese im Befund des Gutachtens unter Verwendung dieser Informationen.

In jeder wissenschaftlichen Arbeit gibt es ein Kapitel *Methoden*. Diesem entspricht im Gutachten der *Untersuchungsplan und -ablauf*, also wer, wann, wie und womit wen untersucht hat.

Unter *Ergebnisse* werden im Gutachten wie in jeder anderen wissenschaftlichen Arbeit die Informationen berichtet, die den einzelnen Informationsquellen entnommen wurden.

Im *Befund* beantwortet der Sachverständige die Psychologischen Fragen, indem er alle Informationen zu jeder einzelnen Psychologischen Frage zusammenstellt und diese Schritt für Schritt nachvollziehbar beantwortet. Dieses Vorgehen findet sich bei empirischen wissenschaftlichen Arbeiten in Fachzeitschriften unter der Überschrift *Diskussion*.

Die vom Gericht erbetenen *Empfehlungen* leitet ein Sachverständiger für jeden nachvollziehbar und nachprüfbar aus den im Befund erarbeiteten Tatsachen ab.

Unter *Literatur* werden die wissenschaftlichen Arbeiten aufgeführt, die im Gutachten wörtlich oder sinngemäß zitiert worden sind, damit die Ausführungen des Sachverständigen gegebenenfalls nachgeprüft werden können.

Der *Anhang* enthält die Auswertungen, z. B. von Tests. Da die Auswertung und Interpretation von Tests ein Studium der Psychologie verlangt, sind die Ausführungen im Anhang so gehalten, dass Psychologen sie nachvollziehen und prüfen können.

Mit der *Unterschrift* des verantwortlichen Diplom-Psychologen schließt ein Gutachten ebenso ab, wie bei einer wissenschaftlichen Arbeit die Autoren eine Erklärung zu der Arbeit abgeben und unterzeichnen.

7.2 Transparenz des Gutachtens

1. Sind alle Aussagen im Gutachten nachvollziehbar?

Ein wissenschaftliches Gutachten kann nur dann eine Hilfe zu einer gut vorbereiteten Entscheidung des Auftraggebers sein, wenn alle Aussagen im Gutachten für jeden nachvollziehbar sind. Auch die beteiligten Familienmitglieder können eine Entscheidung, die für sie nachvollziehbar ist, besser akzeptieren und in ihrem Alltag umsetzen.

2. Sind alle Aussagen im Gutachten nachprüfbar?

Wissenschaftliches Arbeiten zeichnet sich u. a. dadurch aus, dass es in allen Schritten nachprüfbar ist, also formuliert ein Sachverständiger alle Aussagen in einem Gutachten so, dass sie nachprüfbar sind.

7.3 Formulierung des Gutachtens

1. Ist jede Formulierung möglichst sachlich bei der Beschreibung und Beurteilung des Verhaltens?

Über negative Beurteilungen seines Verhaltens ärgert sich ein so dargestellter Elternteil, über positive Beurteilungen des Verhaltens eines Elternteils ärgert sich möglicherweise der andere. Beides verschärft den Konflikt zwischen den Eltern und läuft damit der Befriedungsfunktion eines Gutachtens zuwider. Ein Sachverständiger verwendet deshalb möglichst sachliche Formulierungen bei der Beschreibung und Beurteilung des Verhaltens.

2. Ist jede Formulierung in einfachem, klarem und richtigem Deutsch geschrieben?

Unverständliche oder missverständliche Ausführungen helfen dem Gericht und den Eltern nicht, sie führen vielmehr zu Ärger und Misstrauen und verstoßen so gegen die Befriedungsfunktion des Gutachtens sowie die grundlegende Forderung nach Transparenz, also der Nachvollziehbarkeit und Nachprüfbarkeit möglichst sachlicher Aussagen. Daher schreibt der Sachverständige jede Formulierung in einfachem, klarem und richtigem Deutsch.

3. Kommen möglichst wenige Fremdwörter vor?

Die Bedeutungen von Fremdwörtern müssen nicht allen Lesern eines Gutachtens bekannt sein, sodass sie zu Missverständnissen, damit verbundenem Ärger und eventuell zu Misstrauen führen können. Sie erschweren auf jeden Fall das Verständnis, daher verwendet der Sachverständige möglichst wenige Fremdwörter. Da, wo sie unvermeidbar sind, erläutert er sie.

4. Werden alle Fachwörter, die nicht allgemein verständlich sind, erklärt?

Die Bedeutungen von Fachwörtern sind Nichtfachleuten im Allgemeinen nicht bekannt, also erklärt der Sachverständige alle Fachwörter, die nicht allgemein verständlich sind.

7.4 Fragestellung

1. Ist der Psychologe der zuständige Experte?

Bei familienrechtlichen Fragestellungen zum Verhalten eines Kindes ist der Psychologe aufgrund seiner Ausbildung der zuständige Experte, nicht aber beispielsweise der Pädagoge, Erzieher oder Arzt.

2. Ist die Fragestellung im Gutachten wörtlich und vollständig als Zitat wiedergegeben?

Damit sein Gutachten nachvollziehbar und nachprüfbar ist, gibt der Sachverständige die Fragestellung im Gutachten wörtlich und vollständig als Zitat wieder, denn nur anhand des exakten Wortlauts einer Fragestellung lässt sich prüfen, wie sehr das Gutachten an der Fragestellung ausgerichtet ist.

3. Ist der Auftraggeber genannt?

Damit für jeden Leser des Gutachtens klar ist, in wessen Auftrag das Gutachten erstellt worden ist, führt der Sachverständige den Auftraggeber an. Dieser ist bei familienrechtlichen Fragestellungen das Familiengericht.

4. Ist der Auftragnehmer genannt?

Die Verantwortung für die Erstellung eines Gutachtens mit all seinen Stärken und Schwächen liegt bei dem vom Gericht benannten Auftragnehmer, also führt der Sachverständige sich bei der Darstellung der Fragestellung als Auftragnehmer an.

7.5 Formulierung Psychologischer Fragen

1. Ist die Auswahl der Variablen kurz und allgemein verständlich mit einer Gesetzmäßigkeit oder Regelhaftigkeit im Verhalten begründet?

In jeder wissenschaftlichen Arbeit wird dem Leser erklärt, wieso eine Hypothese geprüft werden soll und wie sie begründet ist. Entsprechend gibt der Sachverständige zu jeder Psychologischen Frage an, wie die darin angesprochene Variable mit dem in der Fragestellung erfragten Verhalten zusammenhängt. D.h. er begründet die Auswahl der Variablen kurz und allgemein verständlich mit einer Gesetzmäßigkeit oder Regelhaftigkeit im Verhalten.

2. Stellt die Begründung einen eindeutigen Bezug zur Fragestellung her?

Eine Begründung kann mehr oder weniger eindeutig sein. Daher stellt der Sachverständige bei der Begründung für die ausgewählte Variable einen eindeutigen Bezug zwischen dem Verhalten her, das die Variable bezeichnet, und dem Verhalten, das in der Fragestellung angesprochen ist.

3. Ist der Name der Variablen genannt?

Damit nachprüfbar ist, welche Variable zur Erklärung oder Vorhersage herangezogen wird, nennt der Sachverständige den Namen der Variablen und umschreibt diese inhaltlich eindeutig, damit die Nachvollziehbarkeit des Gutachtens gewährleistet ist.

7.6 Darstellung des Untersuchungsplans im Gutachten

1. Ist jede verwendete Informationsquelle einzeln im Untersuchungsplan des Gutachtens dargestellt?

Damit nachvollzogen und gegebenenfalls nachgeprüft werden kann, woher bestimmte Informationen stammen, stellt der Sachverständige jede verwendete Informationsquelle einzeln im Untersuchungsplan des Gutachtens dar.

> 2. Ist der Name der Informationsquelle in der Beschreibung angegeben?

Damit eine Informationsquelle eindeutig identifiziert werden kann, gibt der Sachverständige den Namen der Informationsquelle, bei psychologischen Verfahren in Klammern dahinter auch Autor und Erscheinungsjahr, in der Beschreibung an.

> 3. Ist das Verfahren in wenigen kurzen Sätzen so beschrieben, dass es der Proband im Gutachten wieder erkennen kann?

Damit der Proband kontrollieren kann, aus welchem Verfahren, das bei ihm angewendet wurde, eine Information stammt, beschreibt der Sachverständige das Verfahren in wenigen kurzen Sätzen so, dass es der Proband im Gutachten wieder erkennen kann.

> 4. Kann der Auftraggeber aus der Verfahrensbeschreibung erkennen, welches Merkmal oder welche Merkmale mit dem jeweiligen Verfahren auf welche Art erfasst werden?

Damit der Auftraggeber und auch andere Leser des Gutachtens nachvollziehen können, mit welchem Verfahren zu welcher Variablen Informationen erhoben worden sind, gibt der Sachverständige bei der Beschreibung eines Verfahrens an, welches Merkmal oder welche Merkmale mit diesem erfasst wurden.

> 5. Sind bei jeder Informationsquelle alle Variablen aufgeführt, die zur Beantwortung der Fragestellung beitragen?

Da aus vielen Informationsquellen Informationen zu verschiedenen Variablen entnommen werden können, führt der Sachverständige bei jeder Informationsquelle alle Variablen auf, zu denen aus ihr Informationen gewonnen wurden.

6. Stimmen die Namen dieser Variablen mit denen überein, die in den Psychologischen Fragen verwendet wurden?

Damit die Leser des Gutachtens nicht verwirrt werden, verwendet der Sachverständige bei der Verfahrensbeschreibung die Namen der Variablen, die in den Psychologischen Fragen verwendet wurden.

7. Wird dargestellt, wer welche Untersuchungen wann und wo durchgeführt bzw. daran mitgewirkt hat?

Damit ein Gutachten in seiner Entstehung nachvollzogen werden kann, stellt der Sachverständige im Untersuchungsplan dar, wer welche Untersuchungen wann und wo durchgeführt hat. Bestimmte Untersuchungsaufträge kann der Sachverständige delegieren, oder er kann mit Einverständnis der Untersuchten Mitarbeiter bei Untersuchungen hinzuziehen. Beides kann sich auf die Untersuchungsergebnisse auswirken. Daher stellt der Sachverständige im Untersuchungsplan dar, wer welche Untersuchungen durchgeführt bzw. daran mitgewirkt hat.

7.7 Auswertung und Darstellung von Tests und Fragebögen im Ergebnisteil des Gutachtens

1. Ist die Auswertung an der Fragestellung ausgerichtet?
2. Dient die Auswertung der Beantwortung der eingangs formulierten Psychologischen Fragen?

Schon bei der Planung berücksichtigt der Sachverständige, ob ein Verfahren einen Beitrag zur Beantwortung der Fragestellung leisten kann. Bei der Auswertung dieser Verfahren orientiert er sich dann an den eingangs möglichst vollständig formulierten Psychologischen Fragen. Damit dient die Auswertung der Beantwortung der gerichtlichen Fragestellung.

3. Wird bei der Auswertung der Stand der Wissenschaft beachtet?

Ein Sachverständiger erstattet sein Gutachten als wissenschaftliche Arbeit auf dem aktuellen Stand der Wissenschaft. Diesen beachtet er auch bei der Auswertung von Tests und Fragebögen. Bei Verfahren, die beispielsweise vor Jahrzehnten publiziert wurden, kann das Verfahren veraltet oder die neuere Literatur hierzu nicht zur Kenntnis genommen worden sein. In einem solchen Fall ist es zumindest fraglich, ob bei der Auswertung der aktuelle Stand der Wissenschaft beachtet wurde.

4. Ist vor den Ergebnissen eines Verfahrens das Verhalten beschrieben, das bei seiner Durchführung beobachtet wurde und für die Fragestellung von Bedeutung ist?

Da die Ergebnisse aus einem Test oder Fragebogen etwas anderes bedeuten, wenn der Proband z. B. nicht mit der erforderlichen Grundhaltung an diese heranging, beschreibt der Sachverständige vor der Darstellung der Ergebnisse in einem Verfahren das Verhalten des Probanden, das bei seiner Durchführung beobachtet wurde und für die Fragestellung von Bedeutung ist.

5. Ist die Darstellung jedes Ergebnisses relativiert auf (a) den Test, (b) den Untersuchungszeitpunkt (Imperfekt), (c) die Vergleichsstichprobe?

Die Ergebnisse aus psychologischen Tests und Fragebögen hängen von der Person des Untersuchten, vom jeweils durchgeführten Test, vom Zeitpunkt der Untersuchung und von der Stichprobe, mit der ein Testergebnis verglichen wird, ab. Daher relativiert der Sachverständige in seiner Darstellung jedes Ergebnis auf (a) den Test, (b) den Untersuchungszeitpunkt (Imperfekt), und (c) die Vergleichsstichprobe.

6. Sind die Ergebnisse im Ergebnisteil des Gutachtens getrennt nach Informationsquellen dargestellt?

In jeder empirischen wissenschaftlichen Arbeit werden die Ergebnisse nach Informationsquellen getrennt dargestellt, damit deutlich ist, woher jede Information stammt. Der Sachverständige stellt daher die Ergebnisse im Ergebnisteil des Gutachtens ebenfalls getrennt nach Informationsquellen dar.

7. Sind im Ergebnisteil des Gutachtens noch keine Beziehungen zwischen verschiedenen Ergebnissen angesprochen?

Um eine empirische wissenschaftliche Arbeit nachvollziehbar und nachprüfbar zu gestalten, werden im Ergebnisteil noch keine Beziehungen zwischen verschiedenen Ergebnissen diskutiert, dies erfolgt in einem weiteren separaten Kapitel. Der Sachverständige hält sich auch in dieser Hinsicht an die Regeln wissenschaftlichen Arbeitens und spricht im Ergebnisteil des Gutachtens noch keine Beziehungen zwischen verschiedenen Ergebnissen an.

7.8 Auswertung und Darstellung von Gesprächen und nichtstandardisierten schriftlichen Informationen im Ergebnisteil des Gutachtens

1. Sind die gesamten objektiv registrierten Informationen Schritt für Schritt danach ausgewertet, (a) ob sie in Beziehung zur Fragestellung stehen und (b) zu welcher Psychologischen Frage sie etwas aussagen?

Da Probanden auch in gut vorbereiteten psychologisch-diagnostischen Gesprächen Informationen liefern, die nichts mit der Fragestellung oder einer aus ihr abgeleiteten Psychologischen Frage zu tun haben, wertet der Sachverständige die gesamten objektiv registrierten Informationen Schritt für Schritt danach aus, (a) ob sie in Beziehung zur Fragestellung stehen und (b) zu welcher Psychologischen Frage sie etwas aussagen.

2. Ist jede Information bei jeder Psychologischen Frage dargestellt, zu deren Beantwortung sie beiträgt?

Informationen können bei verschiedenen Psychologischen Fragen von Bedeutung sein, deshalb stellt der Sachverständige jede Information bei jeder Psychologischen Frage dar, zu deren Beantwortung sie beiträgt.

> 3. Ist bei jeder Information deutlich, woher und von wem sie stammt?

Da ein Gutachten nachvollziehbar und nachprüfbar sein muss, macht der Sachverständige bei jeder Information deutlich, woher und von wem sie stammt.

> 4. Wird in der indirekten Rede die richtige sprachliche Form benutzt?

Der Sachverständige stellt bis auf relativ seltene wörtliche Zitate die Gesprächsergebnisse in der indirekten Rede dar, um zu verdeutlichen, dass sie von einem angegebenen Probanden in einem psychologisch-diagnostischen Gespräch stammen, das er im Gutachten mit Teilnehmern, Datum, Dauer und Ort genannt hat. Damit es bei dieser Darstellung in der indirekten Rede nicht zu Missverständnissen kommt, verwendet er in der indirekten Rede die richtige sprachliche Form des Konjunktivs.

> 5. Werden alle möglichen Leser des Gutachtens bei der Formulierung berücksichtigt?

Ein Gutachten für das Familiengericht lesen die Eltern, das Gericht, die Anwälte und eventuell noch weitere beteiligte Personen. Daher formuliert der Sachverständige das Gutachten so, dass es alle möglichen Leser verstehen und vor dem Hintergrund ihrer persönlichen Beteiligung am gerichtlichen Verfahren akzeptieren können.

7.9 Befund eines Gutachtens

> 1. Wird die Fragestellung beantwortet?

Ein Familiengericht vergibt ein Gutachten in einer Entscheidungssituation, die besonderen Sachverstand verlangt. Es erwartet vom Sachverständigen die Beantwortung der im Beweisbeschluss formulierten Fragestellung. Daher prüft der Sachverständige zum Ende der Begutachtung, ob er die Fragestellung vollständig beantwortet hat. Wenn das nur zum Teil möglich war, begründet er dies.

2. Werden die aus der Fragestellung abgeleiteten Psychologischen Fragen beantwortet?

Die aus der Fragestellung des Gerichts abgeleiteten Psychologischen Fragen betreffen psychologisch wichtige Aspekte, die bei einer sachgerechten Bearbeitung der Fragestellung beantwortet werden. Der Sachverständige beantwortet im Befund eines Gutachtens die aus der Fragestellung abgeleiteten Psychologischen Fragen.

3. Wird nichts ausgesagt, was über die Beantwortung der Fragestellung hinausgeht?

Über die Fragestellung des Gerichts hinausgehende Aussagen über Personen oder die Beziehungen zwischen ihnen überschreiten den Gutachtenauftrag und verletzen die Rechte der betroffenen Personen. Daher sagt ein Sachverständiger in einem familienrechtlichen Gutachten nichts aus, was über die Beantwortung der Fragestellung hinausgeht.

4. Werden keine unnötig verallgemeinernden Aussagen gemacht?

Je mehr die Formulierung eine Aussage verallgemeinert, umso eher werden sich die so Beschriebenen dagegen wehren. Unnötig verallgemeinernde Aussagen können so zur Konfliktverschärfung in familienrechtlichen Prozessen führen. Aus diesem Grunde macht der Sachverständige im Befund eines familienrechtlichen Gutachtens keine unnötig verallgemeinernden Aussagen.

5. Ist der Befundteil des Gutachtens nach den Psychologischen Fragen gegliedert?

Die Psychologischen Fragen stellen die grundlegende psychologische Strukturierung der Fragestellung dar. Nach der Darstellung der Fragestellung werden sie als zweiter Gliederungspunkt aufgeführt. Sie erlauben den Nichtpsychologen, die grundsätzliche psychologische Differenzierung zu verstehen. Es ist daher für die Nachvollziehbarkeit des Gutachtens hilfreich, dass der Sachverständige den Befundteil des Gutachtens nach den Psychologischen Fragen gliedert.

6. Sind zu jeder Psychologischen Frage alle relevanten Informationen aus allen verwendeten Informationsquellen dargestellt?

Damit der Leser nachvollziehen kann, wie der Sachverständige zu seiner Antwort auf eine Psychologische Frage kommt, stellt der Sachverständige im Befund eines familienrechtlichen Gutachtens zu jeder Psychologischen Frage alle relevanten Informationen aus allen verwendeten Informationsquellen dar. Dabei können die in der Regel sehr umfangreichen Gesprächsergebnisse zusammengefasst dargestellt werden. Damit aber auch dann ein Gutachten in jedem Punkt voll nachvollziehbar bleibt, gibt der Sachverständige bei solchen Zusammenfassungen die Seiten im Ergebnisteil des Gutachtens an, wo die ausführliche Darstellung der Gesprächsergebnisse zu finden ist.

7. Ist bei jeder Information für jeden Leser klar, woher sie stammt, ohne dass er die vorhergehenden Gutachtenteile gelesen haben muss?

Familienrechtliche Gutachten sind aufgrund ihrer Komplexität so lang, dass man von keinem Leser erwarten kann, dass er alles, was er einmal gelesen hat, auch mit Angabe der Informationsquelle behält. Daher gestaltet der Sachverständige den Befund eines Gutachtens so, dass bei jeder Information für jeden Leser klar ist, woher sie stammt, ohne dass er die vorhergehenden Gutachtenteile gelesen haben muss.

8. Sind Widersprüche zwischen Informationen erklärt oder diskutiert?

Die meisten Widersprüche zwischen Informationen in Gutachten lösen sich bei differenzierender Betrachtung durch den Sachverständigen auf und sind tatsächlich keine Widersprüche. Allerdings gibt es Fälle von Widersprüchen zwischen den Informationen aus verschiedenen Quellen. Diese Widersprüche diskutiert der Sachverständige in ihrer möglichen Bedeutung wissenschaftlich. Auf jeden Fall werden also im Befund Widersprüche zwischen Informationen erklärt oder diskutiert.

9. Sind Informationen nach ihrer Aussagekraft für die Fragestellung gewichtet?

Informationen können je nach Informationsquelle oder nach ihrem Umfang oder Zustandekommen unterschiedlich aussagekräftig für die Beantwortung der Fragestellung sein. Daher gewichtet der Sachverständige Informationen nach ihrer Aussagekraft für die Fragestellung.

10. Ist diese Gewichtung so dargestellt, dass sie jeder Leser nachvollziehen kann?

Ein Gutachten ist nur dann vollständig nachvollziehbar, wenn die Gewichtungen von Informationen im Befund explizit dargestellt sind. Wenn keine Gewichtung angegeben wird, so bedeutet dies, dass alle Informationen gleich gewichtet werden. Ein solches Vorgehen kann unter bestimmten Bedingungen wissenschaftlich das angemessenste sein (vgl. hierzu Westhoff, 1985, S. 68–71). Der Sachverständige stellt bei jeder Kombination von Informationen deren Gewichtung so dar, dass sie jeder Leser nachvollziehen kann.

11. Werden die Aussagen zu den Variablen schrittweise und für jeden Leser des Gutachtens nachvollziehbar zu einer Beantwortung der Fragestellung kombiniert?

Der Befund eines Gutachtens ist nur dann nachvollziehbar, wenn die Informationen zu den Variablen schrittweise und für jeden Leser des Gutachtens nachvollziehbar zu einer Beantwortung der Fragestellung kombiniert werden.

12. Werden notwendige Erläuterungen zum Stand der psychologischen Wissenschaft allgemein verständlich gegeben?

Ein wissenschaftliches Gutachten zeichnet sich u.a. dadurch aus, dass da, wo dies für die Beantwortung der Fragestellung notwendig ist, der Stand der Psychologie als Wissenschaft für jeden Gutachtenleser verständlich dargestellt wird. Daher gibt der Sachverständige notwendige Erläuterungen zum Stand der psychologischen Wissenschaft in allgemein verständlicher Weise.

13. Wird die zitierte Literatur angegeben?

Stellt ein Sachverständiger den gegenwärtigen Stand der Psychologie zu einer bestimmten Frage dar, so werden seine Aussagen erst dann prüfbar, wenn er auch die Literatur zitiert, auf die er sich beruft. Daher gibt ein Sachverständiger die zitierte Literatur an, wenn er im Gutachten auf den Stand der Wissenschaft verweist.

14. Stehen alle Überlegungen, Schlussfolgerungen und Entscheidungen im Befund (a) im Präsens, (b) im Indikativ, und zwar ohne modale Färbung, (c) in möglichst wertneutralem Ausdruck?

Um die Nachvollziehbarkeit und Nachprüfbarkeit im Befund eines familienrechtlichen Gutachtens zu gewährleisten, stellt der Sachverständige die Ergebnisse hier wie im Ergebnisteil weiterhin im Imperfekt dar, seine Überlegungen, Schlussfolgerungen und seine Entscheidung im Befund formuliert er (a) im Präsens, (b) im Indikativ, und zwar ohne modale Färbung und (c) in möglichst wertneutralem Ausdruck.

7.10 Empfehlungen und Vorschläge im Gutachten

1. Verlangt die Fragestellung Empfehlungen und Vorschläge?
2. Verlangen Erkenntnisse aus dem Prozess der Begutachtung, dem Auftraggeber bestimmte Empfehlungen zu geben oder Vorschläge zu machen?

Bevor ein Sachverständiger von sich aus im Gutachten Empfehlungen oder Vorschläge äußert, prüft er, ob in der Fragestellung Empfehlungen und Vorschläge verlangt werden. Er schlägt nur dann bestimmte Maßnahmen vor, wenn in der Fragestellung danach gefragt wird oder er sich aufgrund der Erkenntnisse aus dem Prozess der Begutachtung gezwungen sieht, dem Auftraggeber bestimmte Empfehlungen zu geben oder Vorschläge zu machen.

3. Sind in den Empfehlungen und Vorschlägen die sich bietenden Verhaltensmöglichkeiten konkret beschrieben?
4. Sind in den Empfehlungen und Vorschlägen die Bedingungen für die Verwirklichung der verschiedenen Verhaltensmöglichkeiten dargestellt?
5. Sind in den Empfehlungen und Vorschlägen die mit den verschiedenen Verhaltensmöglichkeiten zu erreichenden Ziele angegeben?
6. Sind in den Empfehlungen und Vorschlägen die möglichen Folgen der verschiedenen Verhaltensmöglichkeiten beschrieben?

Damit Empfehlungen und Vorschläge für das Gericht eine Entscheidungshilfe und für die beteiligten Familienmitglieder im Alltag lebbar sind, beschreibt der Sachverständige möglichst konkret die sich bietenden Verhaltensmöglichkeiten. Dabei stellt er die Bedingungen für ihre Verwirklichung dar, gibt an, welche Ziele damit zu erreichen sind und mit welchen möglichen Folgen zu rechnen ist.

7. Stehen die Empfehlungen und Vorschläge am Ende des Gutachtens?

Erst aufgrund der im Befund kombinierten Informationen zu jeder Psychologischen Frage und der Beantwortung des diagnostischen Teils der Fragestellung können Empfehlungen und Vorschläge geäußert werden, daher können diese nur am Ende des Gutachtens stehen.

8. Sind alle zum Verständnis notwendigen Informationen aufgeführt, bevor die Empfehlungen und Vorschläge dargestellt werden?

Werden Empfehlungen und Vorschläge nicht unter einem eigenen Gliederungspunkt im Gutachten dargestellt, sondern im Befund, so führt der Sachverständige erst alle zum Verständnis notwendigen Informationen auf, bevor er die Empfehlungen und Vorschläge darstellt.

8 Beispielgutachten zur Frage des persönlichen Umgangs

Titelblatt

Psychologisches Gutachten

in der Familiensache Simon V.
Az .../97
beim Amtsgericht K.
Familiengericht
K., den 1998

Inhaltsverzeichnis **Seite**

Aufgrund des Beschlusses des Amtsgerichts K. (Familiengericht) vom (Datum in 1998) (Eingangsdatum in 1998) erstatte ich in der Familiensache S./J. (Anm. jetzt verheiratete B.) das folgende psychologische Gutachten.

Informationen zu den beteiligten Personen

Alle Informationen beziehen sich auf das Az .../ 97
Kind: Simon V., geb. Dezember 1994
Wohnung: bei der Mutter, Frau B.
(Anschrift)
Vater: Herr S.
(Anschrift)

I
Fragestellung des Familiengerichts

„In der Familiensache betreffend das Kind Simon V., geb. Dezember 1994, soll zur Vorbereitung einer Entscheidung ein familienpsychologisches Gutachten eingeholt werden.“ (Bl. ... aus Az .../97). Ausgangspunkt ist der Antrag des leiblichen Vaters, Herrn S., auf Umgangsregelung. Die elterliche Sorge für das nicht-ehelich geborene Kind hat die Mutter, Frau B.

II
Psychologische Fragestellungen

Aus dieser Fragestellung des Gerichts wurden die folgenden psychologischen Fragestellungen abgeleitet:

1. Welche Beziehung besteht zwischen Simon und seinem Vater, Herrn S., und wie hat sich diese Beziehung bis heute entwickelt?
2. Wie sind bisherige Kontakte zwischen Simon und seinem Vater verlaufen? Welche Vorstellungen (Ziele, Wünsche, Erwartungen, Befürchtungen) verbindet Simon mit Kontakten zu seinem Vater?
3. Welche Vorstellungen verbindet Herr S. mit Besuchskontakten mit Simon? Was weiß er darüber, was diese Kontakte für seinen Sohn bedeuten, und wie geht er damit um?
4. Welche Beziehung besteht zwischen Simon und seiner Mutter? Welche Einstellung hat Frau B. zu den Besuchskontakten des Kindes mit seinem Vater? Welche Vorstellungen hat sie davon, was diese Kontakte für Simon bedeuten?
5. Welche anderen Personen sind für Simon wichtig? Welche Rolle spielen diese für die Vater-Sohn-Beziehung und die Besuchskontakte?
6. Welche Entwicklung ist für Simon zu erwarten, wenn er in Zukunft Kontakte zu seinem Vater haben oder wenn er keine Kontakte haben wird? Wie würden sich Kontakte zwischen Simon und seinem Vater auf das Erleben und Verhalten des Jungen auswirken? Dabei sind kurzfristige und langfristige Folgen zu beachten.

III
Untersuchungsmethoden

1. Einige für die Beantwortung der Fragestellung wichtige Informationen wurden der zur Verfügung gestellten Gerichtsakte (Az .../97, Amtsgericht K.) entnommen, insbesondere zur bisherigen Entwicklung der familiären Beziehungen. Diese werden weiter unten zusammenfassend dargestellt.

Weiterhin wurden zur Beantwortung der oben entwickelten Fragestellungen die folgenden psychologischen Untersuchungsverfahren eingesetzt:

2. Mit *Frau B.* wurde ein *systematisches psychologisch-diagnostisches Gespräch* zu folgenden Themen geführt:
   - Wie sieht Frau B. die derzeitige psychische Situation von Simon?
   - Wie sieht sie die Beziehung des Kindes zu sich und zu seinem Vater?
   - Wie hat sich die jetzige Situation von Simon aus ihrer Sicht entwickelt?
   - Was hat sich im Vergleich zu früher geändert?
   - Welche Einstellung (Wünsche und Befürchtungen) hat sie zu Besuchskontakten zwischen Simon und seinem Vater? Welche Möglichkeiten sieht sie, ggf. solche aufzubauen?
   - Welche Rolle spielt in ihren Augen der Vater für die Beziehung von Simon zu ihr?
   - Wie glaubt sie, dass sich ihre Beziehung zu Simon bzw. Simon und seinem Vater, Herrn S., weiterentwickeln wird?
3. Mit *Herrn S.* wurde ein systematisches *psychologisch-diagnostisches Gespräch* zu den entsprechenden Themen geführt.
4. Während eines Hausbesuchs bei Frau B. wurde *Simons Verhalten beobachtet.* Die direkte Verhaltensbeobachtung gibt Hinweise auf die Beziehungen eines Kindes zu den Personen, mit denen es umgeht und über die es spricht. Herr B. ist derzeit in Simons Erleben sein Vater, über die Existenz von Herrn S. weiß er bisher nichts. Ein Gespräch oder eine weiterführende Untersuchung mit Simon war angesichts der unten geschilderten Begleitumstände des Besuches nicht möglich.
5. Bei dem Hausbesuch bei Frau B. sprach ich nach Rücksprache mit dem zuständigen Richter und mit Einverständnis von Frau B. mit *Herrn B.* darüber, welche Rolle er im alltäglichen Zusammenleben mit Simon hat und wie er die Beziehung von Simon zu ihm sieht. Außerdem sprach ich mit ihm über seine Einstellung zu Kontakten zwischen Simon und seinem leiblichen Vater Herrn S.

Zeitplan der psychologischen Untersuchungen

Im Einzelnen fanden folgende Kontakte statt:

05.1998: Psychologisch-diagnostisches Gespräch mit Frau B. (Dauer: 2 1/4 Stunden)

05.1998: Psychologisch-diagnostisches Gespräch mit Herrn S. (Dauer: 2 Stunden)

07.1998: Hausbesuch bei Frau B., dabei Gespräch mit Herrn B. (Dauer: ca. 30 Minuten), Gespräch mit Frau B. (Dauer: ca. 1 Stunde) und Interaktionsbeobachtung mit Simon (Dauer: ca. 30 Minuten) (Dauer: insg. 2 Stunden)

07.1998: Telefonat mit Herrn S. (Dauer: 15 Minuten)

07.1998: Telefonat mit Frau G. vom Jugendamt A. (Dauer: 10 Minuten)

Die Gespräche mit Frau B. und Herrn S. fanden, sofern nicht anders angegeben, in meiner Praxis statt.

IV
Ergebnisse

1
Aktenauszug unter psychologischen Gesichtspunkten

Anmerkung: An dieser Stelle werden aus der Akte nur diejenigen Informationen zusammenfassend berichtet, die für die vorliegende gerichtliche Fragestellung psychologisch-diagnostisch bedeutsam sind. Alle Blattnummern (Bl.) beziehen sich auf das Az .../97.

Simon V., geb. Dezember 1994, ist das gemeinsame Kind von Frau B. und Herrn S. Die Eltern trennten sich bereits vor der Geburt des Kindes im November 1994.

Herr S. stellte im Juli 1997 den Antrag, ihm ein angemessenes Umgangsrecht mit seinem Sohn Simon zu gewähren (Bl. ...). Er führte aus, Frau B. habe die elterliche Sorge für den nicht-ehelich geborenen gemeinsamen Sohn Simon. Eine Vaterschaftsfeststellung sei bereits erfolgt. Bislang sei es auch unter Mitwirkung des Jugendamtes nicht zu einer Einigung zwischen Simons Mutter und ihm im Hinblick auf die Besuche gekommen. Simons Mutter verweigere jeden Kontakt mit ihm sowie zwischen ihm und Simon. Zuletzt habe er sie Ende März schriftlich aufgefordert, ein Umgangsrecht einzuräumen. Dies habe sie telefonisch eine Woche später abgelehnt. Herr S. verwies darauf, dass das Besuchsrecht dem Kindeswohl diene. Aus innerer Anteilnahme und echter Zuneigung suche er Kontakt zu seinem Kind. Da er Simon bisher kaum gesehen habe, solle der Kontakt behutsam aufgebaut werden, daher stelle er keinen Antrag über Art und Umfang des Umgangsrechtes.

Frau B. beantragte daraufhin, den Antrag von Herrn S. zurückzuweisen (Bl. ...). Sie erklärte, vergangene Ereignisse hätten gezeigt, dass es dem Vater nicht um das Wohl des Kindes gehe, und keine innere Anteilnahme und echte Zuneigung vorhanden sei. Zunächst habe er die Vaterschaft nicht anerkannt, sondern angefochten. Während der Schwangerschaft mit Simon sei er ihr gegenüber fünf- oder sechsmal gewalttätig geworden. Unter anderem habe er sie im November 1994 in erheblichem Maße geschlagen und in den Bauch getreten. Diese Angriffe hätten nicht nur ihr, sondern auch dem Kind gegolten. Frau B. führte aus, Simons Vater habe sich 2 1/4 Jahre nicht um seinen Sohn gekümmert. Nach der Geburt des Kindes habe er sie mehrere Monate telefonisch „terrorisiert". Außerdem habe er ihr mehrfach angedroht, Simon nach Italien zu bringen, sollte er ihn „in die Hände bekommen". Simon kenne Herrn S. nicht als seinen Vater und äußere nicht den Wunsch, ihn zu sehen, erklärte Frau B.

Frau B. benannte weitere konflikthafte Vorfälle zwischen Herrn S. und ihr (Bl. ...). Während eines achtwöchigen Krankenhausaufenthaltes vor der Geburt habe Herr S. ihr Vorhaltungen gemacht und Kontakte ihrer Eltern zu dem Kind untersagt. Sein bedrängendes Verhalten habe sich nachteilig auf ihre Gesundheit ausgewirkt, und Herr S. sei vom Krankenhauspersonal zurechtgewiesen worden. Simons Vater habe bei der Geburt nicht anwesend sein wollen, zwei oder drei Tage später sei er ins Krankenhaus gekommen, um Simon zu sehen, und habe ihr erneut Vorhaltungen gemacht. Zudem habe ein Freund von Simons Vater sie und ihre Schwester beleidigt.

Mit sechs Wochen habe Simon wegen eines Magenpförtnerkrampfes stationär behandelt werden müssen, berichtete Frau B. weiter. Dabei sei ein Schlüsselbeinbruch festgestellt worden. Als sie dies Simons Vater erzählt habe, habe dieser Strafanzeige wegen Körperverletzung gegen sie erstattet und sich beim Jugendamt der Stadt B. dafür eingesetzt, dass Simon in eine Pflegefamilie vermittelt werde. Simons Vater habe seinen Sohn erst einige Tage nach dessen Einlieferung im Krankenhaus besucht, berichtete Frau B. weiter. Er sei laut geworden, als er Simon auf dem Arm gehabt habe und habe sich geweigert, ihr das Kind zurückzugeben. Schließlich sei ihm durch das Krankenhaus der

Zutritt zum Kind versagt worden. Frau B. berichtete weiter, dass Herr S. nicht zu Simons Taufe erschienen sei, obwohl sie ihn vorher informiert habe. Simon habe weder zur Taufe noch zu einem Geburtstag oder zu Weihnachten ein Geschenk von seinem Vater erhalten. Er habe sie vielmehr vor dem Amtsgericht M. auf Herausgabe des Kinderbetts und des Babyautositzes verklagt.

Herr S. erklärte zu den Ausführungen von Frau B., Frau B. und er hätten in ihrer Beziehung den Wunsch nach einem Kind gehabt und heiraten wollen (Bl. ...). Herr S. wies den Vorwurf zurück, gegenüber Simons Mutter gewalttätig geworden zu sein, das Verfahren hierzu sei eingestellt worden. Auch habe er sie nicht durch das Telefon belästigt oder ihr bei seinen Besuchen im Krankenhaus Vorhaltungen gemacht. Er habe ihr vielmehr Mut zugesprochen. Seiner Meinung nach habe sich Frau B. dafür eingesetzt, dass er keinen Kontakt zu Simon bekomme, in den vergangenen zwei Jahren sei er entschieden abgewiesen worden. Es sei nicht richtig, dass er Simon nach Italien bringen wolle, stellte Herr S. richtig. Er fügte hinzu, dass er aus Italien stamme, jedoch in Deutschland lebe und arbeite. Es sei auch nicht richtig, dass er sich dafür eingesetzt habe, dass Simon in eine Pflegefamilie kommen solle, erklärte Herr S.

Zu Simons Geburt führte Herr S. aus, Simons Mutter und er hätten zuvor abgesprochen, dass er nicht dabei sein würde, er habe sich nicht dazu in der Lage gefühlt. Da er den Geburtstermin erst zwei Tage später von der Schwester von Simons Mutter erfahren habe, habe er Mutter und Kind erst dann im Krankenhaus besucht. Von Simons Krankenhausaufenthalt wegen des Magenpförtnerkrampfes habe er erst eine Woche später durch den Bruder von Frau B. erfahren, erklärte Herr S. Das Pflegepersonal habe ihm erlaubt, Simon auf den Arm zu nehmen und zu füttern. Als Simons Mutter dies gesehen habe, habe sie eine „unerträgliche Situation“ provoziert, und er habe Simon schließlich zurückgegeben. Um zu verhindern, dass sich das Verhalten von Frau B. wiederholen würde, sei ihm vom Krankenhaus der Zutritt zu Simon untersagt worden.

Etwa im März 1995 habe Simons Mutter ihn eingeladen, das Kind zu sehen. Daraufhin habe er den Abend und die Nacht mit seinem Sohn verbringen und ihn fotografieren können. Über Simons Taufe habe ihn Simons Mutter nicht informiert. Herr S. bestätigte, dass er Frau B. vor dem Amtsgericht M. auf Herausgabe einiger Teile der Babyausstattung verklagt habe. Sie habe die Gegenstände nach Gebrauch herausgeben sollen, da er sie finanziert habe und sie habe zurückhaben wollen. Mit seiner Beziehung zu Simon habe dies nichts zu tun gehabt.

Über die bisherigen Ausführungen hinaus benannte *Frau B.* im September 1997 Zeugen, die belegen sollten, dass es dem Vater nicht um das Wohl des Kindes gehe (Bl. ...). Sie stellte richtig, dass ihre Schwester Simons Vater auf dem Weg ins Krankenhaus vom Auto aus über die bevorstehende Geburt informiert habe. Dass sie Simons Vater im März 1995 für einen Besuchskontakt eingeladen habe, zeige, dass sie bemüht gewesen sei, einen Kontakt zwischen Simon und dem Vater aufzubauen. Ergänzend fügte Frau B. hinzu, dass sie beabsichtige, mit ihrem neuen Partner Herrn B. zusammen zu ziehen. Dieser kümmere sich täglich mit um Simon und unternehme regelmäßig etwas mit ihm. Selbst die Eltern von Herrn B. bemühten sich mit um das Kind, was Herr S. selbst nie getan habe. Simon habe soziale Bindungen zu Herrn B. aufgebaut, er rede ihn mit „Papa" an und dessen Eltern mit „Oma" und „Opa". Wenn dem Vater ein Umgangsrecht eingeräumt werden würde, würde das vorhandene Umfeld des Kindes erneut zerstört.

Frau B. überreichte ein Schreiben vom *Jugendamt der Stadt B.* vom Oktober 1995 (Bl. ...). Die *zuständige Mitarbeiterin Frau K.* berichtete in diesem Schreiben an die Staatsanwaltschaft K., es stehe noch nicht fest, wer Simons Vater sei. Nach Angaben von Frau B. und Herrn S. sei Herr S. der leibliche Vater von Simon. Simons Eltern hätten ihre Partnerschaft im September 1994 beendet. Nach Auffassung des Jugendamtes hätten sich keine Anhaltspunkte für eine Vernachlässigung des Kindes durch die Mutter ergeben. Nach Angaben der Mutter habe Simon nach der Geburt einen Schlüsselbeinbruch gehabt, der erst im Februar im Zusammenhang mit einem stationären Krankenhausaufenthalt des Kindes bei Verdacht auf Magenpförtnerkrampf erkannt worden sei. Nach Angaben des Kinderarztes habe Frau B. die Vorsorgeuntersuchungen mit Simon regelmäßig wahrgenommen. Simon sei gesund, normal entwickelt und gut gepflegt. Frau K. merkte an, dass Herr S. Besuchskontakte zu Simon wünsche, dies aber aufgrund massiver Auseinandersetzungen zwischen den Eltern des Kindes nicht möglich sei. Frau B. fühle sich massiv bedroht durch Herrn S., sein Verhalten mache ihr und Simon ein angstfreies Leben nicht möglich.

Frau G. vom Jugendamt der Stadt A. berichtete, mit Frau B. und Herrn S. sei getrennt voneinander gesprochen worden. Simons Eltern seien seit seiner Geburt zerstritten, Frau B. könne sich unter diesen Bedingungen nicht vorstellen, Simon seinem Vater zu übergeben, Besuchskontakte lehne sie ab. Herr S. kenne seinen Sohn bisher nicht, und er wolle nicht mit Simons Mutter sprechen. Eine empfohlene gemeinsame Beratung beider Eltern habe auch Frau B. abgelehnt. Beide

Eltern seien überfordert, eine gemeinsam getragene Besuchsregelung für Simon zu erarbeiten.

Bei einem *Gerichtstermin* im Oktober 1997 erklärte *Herr S.*, er habe bislang keinen Unterhalt für Simon gezahlt, dieser werde von seinem Lohn einbehalten, den aufgelaufenen Rückstand werde er später zurückzahlen (Bl. ...). Herr S. wiederholte, dass er Simons Mutter nicht getreten oder geschlagen habe. Als er Simons Mutter kennen gelernt habe, habe sie noch mit ihrem Ehemann zusammen gelebt. Nach etwa einem Monat sei es zu intimen Kontakten gekommen, drei Monate später sei der damalige Ehemann von Frau B. ausgezogen. *Frau B.* führte hierzu aus, ihre damalige erste Ehe sei im September 1994 geschieden worden. Ihren jetzigen Ehemann, Herrn J., habe sie im April 1995 geheiratet und sich im November 1995 von ihm getrennt. Sie habe nur das Kind Simon, erklärte Frau B. Mit Herrn B., den sie seit etwa einem Jahr kenne, wohne sie seit vier Monaten zusammen. Frau B. wiederholte, dass Herr S. sie wiederholt, zuletzt im November 1994, geschlagen habe. Unmittelbar danach habe sie ihre Schwester angerufen, und diese habe sie zur Polizei und anschließend ins Krankenhaus gefahren.

Im Rahmen der *Gerichtsverhandlung* erklärte *Herr S.* weiter, auch nach der Trennung im November 1994 habe es immer wieder Kontakt zwischen ihm und Frau B. gegeben. Sie habe sich sogar im November 1994 von ihm aus dem Krankenhaus abholen lassen, was sie nicht getan hätte, wenn sie kurz vorher von ihm misshandelt worden wäre, sagte Herr S. Im Laufe des Jahres 1995 habe Frau B. ihn wiederholt an seinem Arbeitsplatz aufgesucht. *Frau B.* gab an, ihre Schwester habe sie nach dem benannten Vorfall aus dem Krankenhaus abgeholt. Sie sei im November 1994 dreimal im Krankenhaus gewesen. Zum Arbeitsplatz von Herrn S. sei sie nicht von sich aus, sondern nach dessen Aufforderung gegangen, gab Frau B. an, einmal habe sie Simon mitgenommen. *Herr S.* erklärte, dass er die Vaterschaft von Simon zunächst anerkannt habe. Ende letzen Jahres habe er die Anfechtungsklage erhoben, und Anfang diesen Jahres sei die Vaterschaft festgestellt worden. Im März 1995 habe er Frau B. in ihrer Wohnung besuchen können und Simon gesehen. *Frau B.* datierte diesen Besuch auf Januar 1995 und erklärte, später sei es nicht mehr zu Besuchskontakten gekommen. *Herr S.* erklärte, er habe die Strafanzeige gegen Simons Mutter nicht wegen Kindesmisshandlung, sondern wegen Vernachlässigung gestellt, um so Information über Simon zu bekommen. Über die Ursache von Simons Schlüsselbeinbruch habe Simons Mutter keine Angaben gemacht. Herr S. bat Simons Mutter, ihm ein paar neuere Fotos des Kindes zur Verfügung zu stellen. Dazu erklärte sich Frau B. bereit.

Im Dezember 1997 berichtete *Frau G. vom Jugendamt der Stadt A.*, Frau B. und Herr S. hätten bei dem Gerichtstermin im Oktober vereinbart, sich im Hinblick auf den gemeinsamen Sohn Simon außergerichtlich zu einigen (Bl. ...). Diese Einigung sei nicht zustandegekommen. Aus den Gesprächen mit Herrn S. seien keine Gründe deutlich geworden, die gegen Besuchskontakte zwischen ihm und Simon sprächen. Er habe sich in Deutschland eine Existenz aufgebaut und wolle weder mit noch ohne Kind nach Italien ausreisen. Die von Frau B. beschriebenen Aggressionen von Herrn S. in der Vergangenheit bezögen sich in erster Linie auf sie als Partnerin und nicht auf das gemeinsame Kind. Die Beziehung zwischen Frau B. und Herrn S. sei nachhaltig belastet. Frau B. befürchte eine nachhaltige Störung ihrer jetzigen Partnerschaft bei Besuchskontakten zwischen dem Vater und dem Kind.

Frau G. erklärte, dass die konfliktbeladene Beziehung zwischen den Eltern nicht dazu führen dürfe, dass Simon auf die Beziehung zu seinem Vater verzichten müsse. Sie schlug vor, Besuchskontakte anzubahnen, bei denen Herr S. Simon 14-tägig samstags oder sonntags für drei Stunden abholen könne. Nach etwa drei Monaten könnten die Besuchskontakte auf einen längeren Zeitraum ausgedehnt werden. Sie fügte hinzu, dass Frau B. verpflichtet sei, Simon auf die Kontakte mit seinem Vater vorzubereiten und diese positiv zu begleiten. Dies bedeute für Frau B. jedoch eine starke psychische Belastung, die mit professioneller Hilfe durch eine Beratungsstelle aufgearbeitet werden könne.

Bei dem *Gerichtstermin* im Januar 1998 erklärte *Frau B.*, sie lehne den Vorschlag des Jugendamtes zu einer Besuchsregelung ab (Bl. ...). Sie habe in der Vergangenheit „Schlimmes" mit Herrn S. erlebt. Er habe sich lange Zeit nicht um das Kind gekümmert, bezahle allerdings seit einiger Zeit Unterhalt. *Frau G. vom Jugendamt* bot begleitete Besuchskontakte in den Räumen des Jugendamtes an. Dazu sei es erforderlich, dass Frau B. die Kontakte unterstütze, was sie bisher abgelehnt habe. *Frau B.* erklärte, dass sie Simons Vater entgegen ihrer Zusage keine Fotos von Simon habe zukommen lassen.

Im Januar 1998 wurde die unterzeichnende Sachverständige damit beauftragt, zur Vorbereitung einer Entscheidung ein familienpsychologisches Gutachten zu erstellen (Bl. ...). Der Auftrag ging im Februar 1998 bei ihr ein. Nach telefonischer Rücksprache mit dem zuständigen Richter wurde die Begutachtung im Mai 1998 aufgenommen.

2
Psychologisch-diagnostisches Einzelgespräch mit Frau B.

Mit Einverständnis von Frau B. wurde die Exploration auf Tonband aufgenommen.

Frau B. erklärte, dass sie aufgrund des Gespräches bei mir sehr aufgeregt sei, vor dem Termin seien ihr viele Dinge durch den Kopf gegangen. Immer wenn wir über ihre Erinnerungen aus der Vergangenheit und ihre Belastungen durch die Auseinandersetzung mit Herrn S. sprachen, weinte sie.

Die Zeit der Schwangerschaft
Frau B. schilderte, als sie mit Simon schwanger geworden sei, habe die Beziehung zwischen Herrn S. und ihr bereits nicht mehr gestimmt. Sie hätten beide den Wunsch nach einem gemeinsamen Kind gehabt, fuhr sie fort, lange Zeit sei sie aber nicht schwanger geworden. Irgendwann habe sie gemerkt, dass sie von Herrn S. „völlig unterdrückt" werde. Was sie dabei unter Druck gesetzt habe, könne sie nicht sagen, sie habe irgendwie keine eigene Meinung haben können. Das, was Herr S. gesagt habe, sei ausschlaggebend gewesen, wobei er ihr immer wieder vorgehalten habe, dass andere Frauen besser seien als sie. Schließlich sei sie doch schwanger geworden, zu einem Zeitpunkt als es aufgrund ihrer Beziehung eigentlich nicht mehr hätte sein sollen. Herr S. habe sich zuerst über die Schwangerschaft gefreut. Sie habe sich die Situation, in der man sich gemeinsam ein Kind wünscht, aber anders vorgestellt. Man könne sich nicht auf der einen Seite freuen und sich dann, wie Herr S. es getan habe, nicht weiter um alles kümmern, meinte Frau B.

Nachdem sie von der Schwangerschaft gewusst hätten, seien Herr S. und sie noch etwa zweieinhalb Monate zusammen gewesen, sagte Frau B. Sie hätten damals in ihrer Wohnung gelebt, die sie zuvor mit ihrem ersten Ehemann, Herrn V., bewohnt habe. Im dritten Schwangerschaftsmonat habe sie wegen starker Blutungen ins Krankenhaus gehen müssen. Ob Herr S. nach diesem Krankenhausaufenthalt noch in der gemeinsamen Wohnung gewesen sei, wisse sie nicht mehr, zum Arzt habe er sie begleitet, sagte Frau B. auf Nachfragen. Sie habe sich jedoch nicht richtig auf Herrn S. verlassen können, so sei er während ihrer Beziehung schon einmal für zwei oder drei Wochen weg gewesen und plötzlich in der Nacht nach Hause gekommen. Sie denke, dass er in dieser Zeit mit Freunden unterwegs gewesen sei, er habe das aber nie mit ihr abgesprochen. Insgesamt habe sie immer noch die Hoffnung gehabt, dass sich ihre Beziehung gut entwickeln würde, sagte Frau B. Im siebten Schwangerschaftsmonat habe sie vorzeitig Wehen gehabt und für acht Wochen nach K. ins Krankenhaus gehen müssen. Herr S. habe sie dort besucht. Er sei ihr gegenüber aber nicht fürsorglich gewesen, sondern sie beide hätten ständig Probleme miteinander gehabt.

Als sie im November 1994 aus dem Krankenhaus entlassen worden sei, habe Herr S. sie abgeholt und nach Hause gebracht. Die gemeinsame Wohnung sei unaufgeräumt und das Kinderzimmer noch nicht fertig gewesen. Sie hätten sich daraufhin laut gestritten, und im Verlauf dieser Auseinandersetzung habe Herr S. sie geschlagen und getreten. Sie sei aus der Wohnung gelaufen und habe bei Nachbarn ihre Schwester angerufen, die gemeinsam mit ihrer Mutter gekommen sei. Herr S. habe seine Sachen gepackt und sei seinerseits weggegangen. Wie sich sein Auszug genau abgespielt habe, wisse sie nicht mehr. Er habe auch nach der Geburt von Simon noch Sachen von sich abgeholt. Gemeinsam mit ihrer Schwester habe sie wegen des beschriebenen Vorfalls gegen Herrn S. Strafanzeige wegen Körperverletzung gestellt. Diese Anzeige sei wegen geringen öffentlichen Interesses von der Staatsanwaltschaft H. fallen gelassen worden. Zu einem späteren Zeitpunkt des Gespräches erklärte Frau B., Herr S. habe sie auch vorher schon einmal geschlagen.

Die Geburt von Simon

Nach der Auseinandersetzung im November 1994 sei sie gleich ins Krankenhaus gefahren, weil sie habe wissen wollen, ob dem Kind etwas passiert sei. Sie sei damals im neunten Monat der Schwangerschaft gewesen. Es sei aber alles in Ordnung gewesen. Wegen vorzeitiger Wehen habe sie sich noch zweimal stationär ins Krankenhaus begeben müssen. Zur Geburt von Simon habe ihre Schwester sie ins Krankenhaus gefahren und sei auch mit in den Kreißsaal gekommen. Auf dem Weg dorthin habe ihre Schwester Herrn S. verständigt, der ursprünglich bei der Geburt habe dabei sein wollen. Sie habe ihn nach der Trennung noch gefragt, ob er bei der Geburt dabei sein wolle, erläuterte Frau B. Sie habe gedacht, dass sie ihre Beziehung um des Kindes Willen wieder aufnehmen könnten, und lange Zeit gehofft, dass sie sich wieder besser verstehen würden. Herr S. habe aber nicht ins Krankenhaus kommen wollen. Frau B. erklärte, sie sei froh gewesen, dass ihre Schwester sich in der letzten Zeit der Schwangerschaft um sie gekümmert habe. Diese habe letztendlich mit ihrem Mann auch das Kinderzimmer eingerichtet. Mehrfach betonte Frau B., dass sie sich damals „völlig alleingelassen" gefühlt habe.

Ihre Schwester habe Herrn S. dann über die Geburt des Kindes verständigt. Etwa zwei Tage später habe er sie im Krankenhaus besucht. Er habe ihr damals weder gratuliert noch ein nettes Wort für sie gehabt, schilderte Frau B. weinend. Sie habe Simon aus dem Kinderzimmer geholt, um ihn seinem Vater zu zeigen. Herr S. habe das Kind auf dem Flur sehen wollen, was sie zunächst nicht gewollt habe. Als sie sich dann später auf seinen Wunsch eingelassen habe, habe er nur Vorwürfe gegen sie geäußert. Zu der Frage, was er ihr vorgeworfen habe, sagte Frau B., er habe ihr gesagt, dass sie „schlecht" sei. Was er im Einzelnen gesagt habe, wisse sie nicht mehr.

Die Eltern trennen sich
Welchen Grund Herr S. gehabt habe, ihr Vorwürfe zu machen oder wütend auf sie zu sein, konnte Frau B. nicht sagen. Letztendlich habe sie einen Schlussstrich unter ihre Beziehung gezogen. Sie habe auch für Simon Ruhe haben wollen. Herr S. sei immer wieder mit Kollegen zu ihr gekommen und habe im Treppenhaus geschrien, wovon das Kind wach geworden sei. Im Zuge dieser Entwicklung habe sie auch die Polizei verständigt, da sie sich nicht mehr zu helfen gewusst habe, zumal sich auch ihre Nachbarn belästigt gefühlt hätten. Wie Herr S. auf ihre Entscheidung zur endgültigen Trennung reagiert habe, wisse sie nicht mehr. Vielleicht habe er gedacht, sie käme wieder zu ihm zurück, vielleicht sei ihm auch „alles egal" gewesen, meinte Frau B. Sie fuhr fort, Herr S. habe auch angezweifelt, der Vater von Simon zu sein. Zweimal sei ein Vaterschaftstest durchgeführt worden. Da Simon nach ihrer Scheidung innerhalb der 302-Tage Frist geboren worden sei, habe er noch als eheliches Kind ihres ersten Mannes gegolten, erläuterte Frau B. Einmal habe das Jugendamt eine Vaterschaftsfeststellungsklage gestellt und einmal Herr S. selber. Dass er dies noch einmal gemacht habe, habe sie gewundert, da die Vaterschaft eigentlich klar gewesen sei.

Die Kontakte zwischen Simon und seinem Vater

Frau B. führte aus, hinsichtlich der Kontakte zwischen Simon und seinem Vater, habe sie guten Willen gezeigt. Sie habe Herrn S. Fotos vom Kind gegeben oder ihn zur Taufe eingeladen. Diese Einladung habe er aber nicht angenommen. Sie habe Simons Vater auch einmal angeboten, dass er zu ihnen kommen könne, um Simon zu sehen. Er sei dann im Januar 1995 ein- oder zweimal in die ehemals gemeinsame Wohnung in B. gekommen. Damals sei es aber wieder zu Auseinandersetzungen gekommen, und sie habe erklärt, dass Kontakte keinen Sinn hätten. 1995 oder 1996 habe sie dann Simons Kinderbett, Kinderwagen, Babysachen und eine Puppe an Herrn S. herausgeben müssen. Dieser habe die Herausgabe der Dinge gerichtlich eingeklagt, da er sie mit finanziert habe und ein Andenken an Simon hätte haben wollen. Noch vor Simons Geburt habe sie einen Strampelanzug, den ihre Eltern ihr für das Kind geschenkt hätten, zurückgeben sollen, weil Herr S. keinen Kontakt zwischen Simon und den Großeltern habe dulden wollen. Als sie ihre Schwester gebeten habe, ihr aus ihrer Wohnung frische Wäsche ins Krankenhaus zu bringen, sei diese nicht in die Wohnung gekommen, da Herr S. alles verschlossen gehabt habe, berichtete Frau B. weiter.

Zu der Frage, wie Herr S. auf Simon zugegangen sei, wenn er ihn gesehen habe, schilderte Frau B., als Simon mit sechs Wochen wegen eines Magenpförtnerkrampfes im Krankenhaus gewesen sei, habe Herr S. ihn erst ein paar Tage später besucht. Damals habe er dem Kind Bonbons vom Karneval mitgebracht. Er habe Simon auch auf den Arm genommen, ihn ihr dann aber nicht wieder zurückgeben wollen. Er habe das Kind „krampfhaft" festgehalten und geschrien, dass sie es nicht wieder bekomme. Auch Simon habe geschrien. Schließlich sei eine Krankenschwester ins Zimmer gekommen, um Simon sein Fläschchen zu bringen, und habe das Kind mitgenommen. Als Herr S. Simon in B. besucht habe (s. o.), habe er ihn auch auf den Arm genommen, sei mit ihm „rumgerannt" und habe nicht gewusst, was er machen solle, als Simon gespuckt habe. Sie könne die Situationen nicht in Worte fassen, sagte Frau B., sie habe das alles erlebt und wolle diese Jahre nie wieder durchmachen. Nach den Besuchskontakten in B. habe Herr S. Simon nicht wieder gesehen. Sie habe das wegen der Auseinandersetzungen nicht mehr gewollt. Auf Nachfragen schilderte sie, dass sie, bevor Simon ins Krankenhaus gemusst habe, einmal mit ihm zur Arbeitsstelle von Herrn S. gegangen sei. Herr S. habe sich dies gewünscht, da seine Arbeitskollegen das Kind hätten sehen wollen. Diese hätten einen kurzen Blick auf das Kind geworfen. Sie wisse nicht mehr, ob sie an diesem Tag mit Herrn

S. etwas habe besprechen wollen. Dieser habe es hinterher so dargestellt, als habe sie ihn aufgesucht, um die Beziehung mit ihm wieder aufzunehmen, was aber nicht stimme.

Der Konflikt um die Besuchskontakte

Nach der Beziehung mit Herrn S. habe sie Herrn J. geheiratet und sei mit ihm nach M. gezogen, schilderte Frau B. Herr J. habe sich um Simon und sie gekümmert. Herr S. habe ihren neuen Mann bei seiner Arbeitsstelle aufgesucht und belästigt. Er sei auch zu ihrer neuen Wohnung gekommen und habe herumgeschrien, dass er Simon sehen wolle. Er habe Herrn J. einen Fotoapparat und DM 50,– gegeben mit der Bitte, Fotos von Simon zu machen. Irgendwann sei es dann zu einer Gerichtsverhandlung gekommen, bei der Herr J. die Kamera habe herausgeben und Strafe bezahlen müssen. So habe es immer wieder Spannungen gegeben, schließlich auch zwischen Herrn J. und ihr, erklärte Frau B. Sie habe das nicht mehr ausgehalten, Ruhe haben wollen und sei mit Simon nach H. gezogen. Für sie sei es ungewohnt gewesen, alleine zu leben, aber auch eine Erleichterung, da es keine Auseinandersetzungen mehr gegeben habe. Herr J. und sie hätten sich nicht im Streit getrennt. Später sei er aus beruflichen Gründen ins Ausland gegangen, sodass der Kontakt abgebrochen sei.

Bei dem Umzug nach H. sei Simon noch kein Jahr alt gewesen, berichtete Frau B. Von ihrer Beziehung zu Herrn J. habe er deshalb nicht viel mitbekommen. Ihr Mutter-Kind-Verhältnis sei immer gut gewesen. Abgesehen von finanziellen Einschränkungen habe ihr Zusammenleben gut geklappt. Die Angst vor Herrn S. sei aber immer geblieben. In H. habe er sie mitten in der Nacht angerufen und in italienischer Sprache beschimpft. Das habe er nicht täglich gemacht, aber einmal in der Woche oder alle zwei Wochen. Herr S. habe bestritten, sie in dieser Weise „terrorisiert" zu haben, und sie habe ihm das nicht beweisen können. Einmal sei er auch nach H. zu ihrer Wohnung gekommen. Er habe sie nie zur Ruhe kommen lassen und letztendlich Simon damit genauso geschadet wie ihr. Sie wolle, dass das nun ein für alle Mal aufhöre. Sie würde auch an die Öffentlichkeit gehen, um ihre Interessen durchzusetzen. Sie wolle für Simon Recht haben und bekommen, wozu ihr jedes Mittel recht sei. Sie wolle sich auch nicht mehr für irgendetwas rechtfertigen müssen. Sie alleine wisse, wie es in der Vergangenheit gewesen sei, aus diesem Grund sei sie auch nicht mehr kooperativ, sagte Frau B.

Seitdem sie mit Herrn B. zusammenwohne, habe Herr S. nicht mehr angerufen. Zum einen hätten sie eine Geheimnummer und zum anderen denke sie, dass Herr S. sich wegen der laufenden gerichtlichen Auseinandersetzung im Moment zurückhalte. Beim letzten Gerichtstermin habe sie ihm Fotos von Simon gegeben, weil das Gericht dies verlangt habe. Darauf habe Herr S. nicht reagiert. Sie erwarte, dass er ihr wieder Schwierigkeiten machen, mit seinen Kollegen vor der Türe stehen und sie beschimpfen werde. Herr S. sei für sie letztendlich kein Vater. Nachdem sie Simon zur Welt gebracht habe, habe er sich nicht nach seinem Sohn erkundigt und ihm keine Geburtstags- und keine Weihnachtsgrüße oder -geschenke zukommen lassen. Ihr wäre auch lieber gewesen, wenn sie sich in der Vergangenheit auf den Vater des Kindes hätte verlassen und Unterstützung hätte haben können. Es habe sich aber keiner um sie gekümmert, was ihrer Meinung nach nun außer Acht gelassen werde. Herr S. könne froh sein, dass sie Simon so gut versorgt habe. Anfangs habe sie den Kontakt zwischen Simon und seinem Vater zugelassen, und sie hätte dies auch weiter getan, wenn Herr S. sich vernünftig verhalten hätte. Als er ihr nach dem Vorfall im Krankenhaus den Jungen nicht habe zurückgeben wollen, habe sie Kontakte nicht mehr gewünscht.

Die Einstellung der Mutter zu Besuchskontakten
Frau B. erklärte, sie wolle ihr Leben so gestalten, wie sie es für richtig halte. Weinend betonte sie, sie wolle nie wieder etwas mit Herrn S. zu tun haben und würde sich nicht mehr mit ihm an einen Tisch setzen. Sie habe es oft genug mit ihm versucht, aber nun seien ihre Kräfte am Ende. Weinend fuhr sie fort, dass sie es nicht in Ordnung finde, wie Herr S. Simon in die Auseinandersetzung einbeziehe. Sie habe das Gefühl, dass er versuche, einen Keil zwischen Simon und sie zu treiben. Vielleicht würde er ihm später einmal erzählen, seine Mutter habe ihn misshandelt. Sie lasse sich die Beziehung zu ihrem Kind aber nicht kaputtmachen. Wenn Simon älter werde, würde sie ihm auch nicht sagen, dass sein Vater ein schlechter Mensch sei. Wenn er alt genug sei, vielleicht mit 15 oder 16 Jahren, und seinen leiblichen Vater kennen lernen wolle, würde sie Simon keine Steine in den Weg legen. Dann müsse Simon gucken, was er daraus mache, er solle sich ein eigenes Bild von seinem Vater machen können. Derzeit sei er aber noch zu jung, um selber zu entscheiden, ob er den Vater sehen solle oder nicht. Sie wisse als Mutter am besten, was für ihr Kind gut sei und was nicht. Zu Besuchskontakten würde sie nie ihr Einverständnis geben, erklärte Frau B. Sie wolle Herrn S. nicht in ihre Wohnung lassen und sei nicht bereit, Simon zu ihm nach K. zu bringen. Auch einem Kontakt zwischen Simon und Herrn S. im Rahmen der Begutachtung würde sie auf keinen Fall zustimmen.

Kontakte zwischen Simon und seinem leiblichen Vater könnten nicht zum Wohl des Kindes sein, meinte Frau B. Allmählich komme sie sich „verraten und verkauft" vor. Sie habe als Mutter Pflichten und Herr S. als Vater Rechte; er könne es sich erlauben, sich dreieinhalb Jahre „mehr schlecht als recht" um sein Kind zu kümmern und bekomme ihn trotzdem zu Besuchskontakten, und sie müsse Sachen des Kindes herausgeben und sich bei Gericht anhören, was sie für eine Mutter sei. Mehrfach betonte Frau B., man solle nicht vergessen, dass die Situation für sie sehr schwierig sei und dass Simon nichts von einer Mutter habe, die irgendwann „fix und fertig" sei. Damit sie auf Simon richtig eingehen könne, müsse sie Ruhe haben. Sie habe lange Zeit unter Herrn S. gelitten und „panische" Angst vor ihm. Bei der ganzen Auseinandersetzung gehe es nicht nur um Simon und seinen leiblichen Vater, es seien auch andere Menschen davon betroffen.

Ihrer Meinung nach würde Simon durch Besuchskontakte mit seinem leiblichen Vater verunsichert, auf irgendeine Art und Weise beeinflusst, und sie wisse nicht, was sie dann machen solle. Sie sehe dadurch ihre eigene Beziehung zu dem Kind gefährdet. Simon habe einen Vater, ihren jetzigen Ehemann. Er spreche Herrn B. mit „Papa" an und würde aus seiner jetzigen Lebenssituation herausgerissen, wenn er seinen leiblichen Vater besuchen müsste. Für Simon sei es neu, eine Familie mit Mutter und Vater zu haben, Herr S. sei dabei ein fremder Mann für ihn. Sie befürchte zudem, dass Herr S. die Rolle von Herrn B. gegenüber Simon in Frage stellen könnte. Sie könne sich auch vorstellen, dass Herr S. Simon anschreien könnte, wenn dieser etwas machen sollte, was dieser nicht gutheißen oder, da er das Kind nicht kenne, nicht verstehen würde. Herr S. sei jähzornig. Zudem habe sie Angst, dass er Simon nach Italien bringen könnte. Frau B. fragte, wer wieder in Ordnung bringen würde, was dann zwischen Simon und ihr passiert sei. Sie wisse genau, dass es irgendwelche Schwierigkeiten geben würde, wenn Besuchskontakte stattfinden würden. Sie glaube nicht, dass das zum Wohle von Simon wäre.

Möglicherweise würde Herr S. auch einen kleinen Kratzer oder blauen Fleck zum Anlass nehmen, um einen Vorwurf der Kindesmisshandlung aufzuwerfen. Dazu hatte Frau B. zu einem anderen Zeitpunkt des Gespräches berichtet, dass, als sie mit Simon wegen des Magenpförtnerkrampfes im Krankenhaus gewesen sei, ein Schlüsselbeinbruch bei dem Kind festgestellt worden sei, den sie selber bis dahin nicht bemerkt gehabt habe. Sie habe Herrn S. damals davon berichtet. Kurze Zeit später sei das Jugendamt der Stadt B. an sie herangetreten, da die Staatsanwaltschaft K. wegen schwerer Kindesmisshandlung gegen sie ermittelt habe. Der Schlüsselbeinbruch und ein Steißbeinbruch bei Simon seien ihr vorgehalten worden und sie wisse nicht mehr, was sonst noch. Die Anklage sei dann aber, nachdem die Vertreterin des Jugendamtes bei ihr gewesen sei, fallen gelassen worden. Sie habe damals den Impfausweis und das Vorsorgeheft von Simon vorlegen müssen und man habe sich beim Kinderarzt über Simon erkundigt. Den Schlüsselbeinbruch habe Simon sich wohl bei der Geburt zugezogen, erklärte Frau B., was nach ärztlicher Auskunft häufiger vorkomme. Wie es zu dem Vorwurf mit dem Steißbeinbruch gekommen sei, könne sie sich nicht erklären, sagte Frau B. Sie betonte, Simon habe es bei ihr nie an etwas gefehlt.

Frau B. sagte, sie wünsche sich von Herrn S., dass er Simon und sie in Ruhe lasse und für sie nicht mehr in Erscheinung trete. Dass er sich indirekt mit Geschenken zum Geburtstag oder zu Weihnachten mit Simon in Verbindung setzen könnte, sei für sie schwer vorstellbar. Vielleicht würde sie dazu ihr Einverständnis geben, alles andere wolle sie aber nicht, da sie in keinster Weise mehr Vertrauen zu Herrn S. aufbauen könne. Zu dem Vorschlag, Herrn S. in größeren, regelmäßigen Abständen über die Entwicklung seines Sohnes zu informieren, erklärte Frau B., sie fände es ungerecht, dass sie zu etwas verpflichtet werde und allem zustimmen müsse. Sie fühle sich völlig überrumpelt und vor vollendete Tatsachen gestellt. Keiner frage, was mit ihr und Simon sei. Als Simon jünger gewesen sei, habe auch keiner gesagt, er brauche einen Vater, jetzt auf einmal sage man, der Vater fehle dem Jungen. Sie denke, dass es noch Jahre dauern werde, bis sie Simon über seine leibliche Herkunft aufklären müsse. Simon habe die ganze Unruhe mitbekommen, u.a. habe er ständig über Bauchschmerzen geklagt und keine Nacht mehr durchgeschlafen, sodass sie mit ihm zum Kinderarzt gegangen sei. Sie frage sich, wie Herr S. wieder gut machen wolle, was er die ganzen Jahre kaputt gemacht habe. Dazu gehörten auch Kleinigkeiten, dass er im Gerichtssaal z.B. gebrüllt habe, dass Simon mehr sein Kind sei als ihres.

Zu dem Hinweis, dass sie als Mutter Simon darauf vorbereiten müsse, dass Herr B. nicht sein leiblicher Vater sei, erklärte Frau B., ihr jetziger Mann übernehme Verantwortung für Simon und kümmere sich um ihn. Er stehe hinter Simon und ihr. Sie verstehe nicht, warum sie Simon nun sagen solle, dass der Mann, den er Papa nenne, nicht sein Vater sei. Als die Mitarbeiterin des Jugendamts A. in ihrem Bericht geschrieben habe, dass sie als Mutter verpflichtet sei, das Kind positiv auf den leiblichen Vater vorzubereiten, habe sie dies zunächst nicht glauben wollen und sich gefragt, wie sie dazu verpflichtet sein könne, wenn sie keine Kraft mehr habe. Frau B. stimmte zu, dass Simon langfristig über seine Herkunft informiert werden müsse, und schilderte anschließend, dass ihr jetziger Mann und sie beim Jugendamt eine Namensänderung für Simon beantragt hätten, er solle auch B. heißen. Ihr Mann wolle Simon auch gerne adoptieren, ergänzte sie, Herr S. werde aber sicher nie sein Einverständnis dazu geben.

Frau B. führte weiter aus, Herr B. und sie wünschten sich in naher Zukunft ein zweites Kind. Sie befürchte, dass dann wieder Probleme auf sie zukämen, wenn Simon seinen leiblichen Vater besuchen würde und das andere Kind nur den einen Papa (Herrn B.) habe. Sie sei nicht dagegen, dass nichteheliche Väter ihre Kinder sehen könnten. Wenn es in ihrem Fall geklappt hätte, hätte sie auch nichts gesagt. Simon habe aber keine Beziehung zu seinem Vater, und dieser habe immer Schwierigkeiten gemacht. Hinzu komme ihre Angst, die sie nicht bewältigen könne. Jedes Schreiben ihres Mannes und jeder Gerichtstermin werfe sie erneut aus der Bahn.

Die Beziehung zwischen Simon und Herrn B.

Den Kontakt zwischen Simon und ihrem jetzigen Mann hätten sie behutsam aufgebaut, beschrieb Frau B. Simon sei etwa zwei Jahre alt gewesen, als er seinen Stiefvater kennen gelernt habe. Er sei gegenüber Männern eigentlich eher zurückhaltend, auf Herrn B. sei er aber sofort zugegangen, und auch Herr B. sei seinerseits auf Simon eingegangen. Die beiden verstünden sich gut. Ihr sei es sehr wichtig gewesen, dass ein neuer Partner sich gut mit Simon verstehe. Etwa seit Mitte letzten Jahres wohnten sie drei zusammen. Frau B. erklärte, sie sei nicht berufstätig und habe sich von Anfang an alleine um Simon gekümmert. Wenn sie darauf angewiesen wäre, könnte sie bei der Betreuung auf ihre Eltern, ihre Schwester oder eine Bekannte zurückgreifen, das sei aber so gut wie nie notwendig. Sie könne sich hundertprozentig auf ihren Mann verlassen, der sich z. B. auch heute früher frei genommen habe, um auf Simon aufzupassen, während sie hier sei.

Die Lebenssituation von Simon

Zu ihrem Tagesablauf berichtete Frau B., dass Simon manchmal morgens bereits wach werde, wenn ihr Mann und sie aufstünden. Simon stehe dann gegen 6.30 Uhr auf, schlafe aber auch schon einmal bis 7.30 Uhr. Wenn er früh wach sei, frühstücke er mit ihrem Mann und ihr und winke ihrem Mann aus dem Fenster zu, wenn dieser zur Arbeit fahre. Manchmal lege sie sich dann noch einmal mit Simon zum Kuscheln ins Bett. Anschließend frühstücke sie mit ihm, und meistens gehe sie vormittags mit ihm für eine Stunde nach draußen. Danach erledige sie zu Hause ihre Hausarbeit. Nur selten, wenn er es von sich aus wünsche, schlafe Simon nach dem Mittagessen. Wenn sie ihm das vorschlage, wolle er das nicht. Wenn sie Zeit habe, spiele sie mit Simon oder unternehme etwas mit ihm. Ihr Mann komme etwa um 16.15 Uhr nach Hause, fuhr Frau B. fort. Dann würden sie drei gemütlich Kaffee trinken, und anschließend würden Simon und ihr Mann eine bis anderthalb Stunden im Kinderzimmer mit Autos spielen. Simon liebe dies über alles. Die beiden gingen auch zu zweit nach draußen oder zum Einkaufen, manchmal machten sie das auch zu dritt, berichtete Frau B. Nach dem gemeinsamen Abendessen, kurz vor 19.00 Uhr, brächten sie Simon ins Bett.

Vor kurzem hätten sie ein Nachbarskind kennen gelernt, mit dem Simon schon einmal spiele, schilderte Frau B. Simon freue sich, wenn er Jonas besuchen könne oder dieser zu ihm komme. Ab und zu träfen sie sich mit ehemaligen Nachbarn aus H., die auch zwei Kinder hätten. Wenn sie mit Simon auf den Spielplatz gehe, lerne dieser andere Kinder kennen. Vier- oder fünfmal habe sie mit ihm inzwischen den Kindergarten besucht, damit er diesen kennen lerne. Es sei allerdings noch nicht ganz sicher, ob er nach den Sommerferien einen Kindergartenplatz bekommen werde. Sehr gerne besuche Simon seine Großeltern mütterlicherseits. Er habe auch Kontakt zu den Eltern ihres Mannes und sage Oma und Opa zu diesen. Sie habe sich sehr darüber gefreut, dass Simon in der Familie ihres Mannes wie ein Enkelkind aufgenommen worden sei. Häufig träfen sie sich auch mit der Schwester ihres Mannes, die einen vierjährigen Sohn habe.

Frau B. beschrieb Simon als „liebes" Kind. Sie habe noch nie Schwierigkeiten mit ihm gehabt, und er sei rundum gesund. Er sei ein zufriedenes Kind und mache alles ohne Nörgeln mit. Gleichzeitig habe er viel Elan und könne auch jähzornig werden, wenn ihm etwas nicht passe. Simon könne sich über vieles freuen, z. B. wenn er ihren Mann am Wochenende morgens wecken dürfe, wenn dieser mit ihm einkaufen fahre, wenn er bei den Großeltern schlafen dürfe, man mit ihm Quatsch mache oder wenn er beim Kochen helfen dürfe. Samstags abends erlaubten sie ihm schon einmal, fünf Minuten mit ihnen Fernsehen zu gucken. Dann hole sie ihm ein Kissen und eine Decke zum Kuscheln, worüber Simon sich riesig freue. Traurig werde Simon, wenn sie weine oder wenn er merke, dass sie etwas bedrücke, erklärte Frau B. Wenn sie ihm etwas verbiete, z.B. dass er ans Telefon gehe, werde er traurig und reagiere wütend. Manchmal renne er dann in sein Zimmer, knalle die Türe zu oder werfe Gegenstände gegen die Wand. Er könne in solchen Situationen sehr laut werden. Sie versuche dann, Simon behutsam zu erklären, warum sie ihm etwas nicht erlauben könne. Meistens verstehe er das, manchmal wolle er es aber nicht hören. So komme es vor, dass sie ihm an manchen Tagen zwei- oder dreimal etwas sage, er sich aber trotzdem nicht daran halte. Sie denke, dass dies eine Phase sei, in der er ausprobiere, wie weit er gehen könne. Von sich aus sagte Frau B., dass sie auch schon einmal mit Simon lauter schimpfe. Ihn zu schlagen würden ihr Mann und sie aber vermeiden. Damit komme man nicht weiter, meinte sie. Wenn Simon etwas angestellt habe, bekomme er schon einmal einen Klaps auf den Po, damit er merke, dass er „Mist" gemacht habe. So habe er z.B. in der letzten Woche Sachen in den Backofen geworfen und diesen eingeschaltet.

3
Psychologisch-diagnostisches Einzelgespräch mit Herrn S.

Die Beziehung zwischen den Eltern
Herr S. berichtete, er habe Simons Mutter während seiner Ausbildung in K. kennen gelernt. Sie habe damals in B. gewohnt und sei noch verheiratet gewesen. Innerhalb eines halben Jahres sei er etwa Ende 1993 zu ihr nach B. gezogen. Simons Mutter habe immer wieder den Wunsch geäußert, zu heiraten und Kinder zu bekommen. Er habe sich das auch gewünscht, aber einen Nachteil darin gesehen, dass er noch in der Ausbildung gewesen sei. Ihre Beziehung sei sehr harmonisch gewesen, sie hätten sich überhaupt nicht gestritten, führte Herr S. aus. Die Umsetzung ihres Kinderwunsches habe sich nicht gleich verwirklichen lassen, erst nach einer kleineren Operation sei Simons Mutter schwanger geworden. Kurz bevor sie davon erfahren hätten, hätten Simons Mutter und er den ersten Streit gehabt, schilderte Herr S. So sei er mit ihr zum Arzt gefahren in der Hoffnung, dass sie nicht schwanger sei. Als der Arzt sie beglückwünscht habe, habe er sich jedoch ebenso wie Simons Mutter gefreut.

Zu dem benannten Streit erläuterte Herr S., es sei ihr erster, kleinerer Streit gewesen und deshalb wohl ein bisschen hochgespielt worden. Sie hätten sich nicht angeschrien, seien beide etwas beleidigt gewesen und sich einen halben Tag aus dem Weg gegangen. Es sei für sie beide ein ganz neues Gefühl gewesen, meinte Herr S. Später hätten sich solche Auseinandersetzungen wiederholt. Etwa einen Monat, nachdem sie von der Schwangerschaft erfahren hätten, sei es „immer mehr bergab" gegangen. Sie hätten sich häufiger und heftiger gestritten, meist über belanglose Dinge. Die Auseinandersetzungen seien lautstark gewesen, zu Handgreiflichkeiten sei es jedoch nicht gekommen, versicherte Herr S. Meist habe sich Simons Mutter durchsetzen können, und er habe sich in den Keller zum Basteln zurückgezogen. Angesprochen auf die in der Akte erwähnten Handgreiflichkeiten führte Herr S. aus, dass Frau B. ihn zunächst wegen einer Ohrfeige angezeigt habe. Später sei dieselbe Tat ein Faustschlag gewesen und bei Gericht habe sie behauptet, er habe sie in den Bauch getreten.

Von seiner Seite her sei das Ausschlaggebende bei den Auseinandersetzungen gewesen, dass Simons Mutter häufiger, ohne ihm Bescheid zu sagen, alleine weggegangen sei, nachdem sie von der Schwangerschaft erfahren habe, sagte Herr S. Vorher seien sie immer zusammen gewesen. Er selber sei in dieser Zeit nie alleine weg gewesen und habe auch nicht das Bedürfnis danach gehabt. Er habe vielmehr seinen Freundeskreis in K. und auch die Kontakte zu seinem Vater, bei dem er jetzt wieder wohne, reduziert und in B. neue Kontakte aufbauen wollen. Dies habe er auch auf Wunsch von Simons Mutter gemacht, sagte Herr S. Er habe mit seiner Familie nur noch sehr wenig zu tun gehabt und sich mehr oder weniger ihrer Familie gewidmet. Schon vor der Schwangerschaft habe er Simons Mutter morgens zu ihrer Mutter gefahren und nachmittags wieder dort abgeholt, damit sie sich nicht zu sehr gelangweilt habe. Anschließend hätten sie zu Hause aufgeräumt, Simons Mutter sei darin sehr ordentlich, meinte Herr S. Für ihr Zusammensein sei abends nicht mehr viel Zeit gewesen, sie hätten nur das Wochenende für sich gehabt.

Den Anteil von Simons Mutter an den Auseinandersetzungen sehe er darin, dass sie gemeint habe, auf einmal Freiheiten zu haben. Vielleicht habe er ihr nicht so viele Freiheiten gelassen, wie sie es sich gewünscht habe, weil er eine andere Einstellung habe, räumte Herr S. von sich aus ein. Andererseits hätten sie, als sie zusammengezogen seien, über diese Dinge gesprochen und seien einer Meinung gewesen. Sie habe ihn auch nicht gerne loslassen wollen und sei verärgert gewesen, wenn er alleine weggegangen sei, ohne ihr Bescheid zu sagen. Er habe den Eindruck gehabt, dass Simons Mutter aufgrund ihrer Schwangerschaft „rechthaberisch" geworden sei, sie habe „Druck" ausüben können, was vorher kein Thema gewesen sei. Schließlich habe es auch Auseinandersetzungen gegeben, die „verbal unter die Gürtellinie" gegangen seien, sagte Herr S. Die Schwächen des anderen seien ausgenutzt worden, von beiden Seiten aus seien Äußerungen gefallen, die nicht wieder gutzumachen seien und nicht in eine Partnerschaft gehören würden.

Die Trennung der Eltern
Anfang November 1994 sei es zur Trennung gekommen, schilderte Herr S. Im Vorfeld hätten sie gemeint, sich trotz der vielen Missverständnisse zusammenraufen zu können und noch vor Simons Geburt heiraten wollen. Er habe alle notwendigen Papiere besorgt und Simons Mutter zum Unterschreiben ins Krankenhaus gebracht, da sie wegen frühzeitiger Wehen stationär aufgenommen worden sei. An diesem Tag hätten sie sich wegen irgendeiner anderen Sache gestritten. Er habe vorgeschlagen, dass sie sich beide die Sache noch einmal überlegen sollten, sie könnten auch nach Simons Geburt heiraten und die Papiere in ihre Schublade gelegt. Daraufhin sei Simons Mutter „hysterisch" geworden, und er selber habe in einer „Kurzschlussreaktion" die Papiere zerrissen und gemeint, sie sollten sich das doch „lieber ersparen". Er gehe davon aus, dass dies für sie ausschlaggebend gewesen sei, alle Brücken „hochzufahren". Als er Simons Mutter zwei, drei Tage später wieder besucht habe, nachdem er zuvor jeden Tag bei ihr gewesen sei, habe sie ihn sofort angefahren, sodass er sich entschieden habe, bis zur Geburt abzuwarten, in der Hoffnung, dass sie sich melden würde, wenn es soweit wäre. An anderer Stelle ging Herr S. auf Komplikationen während der Schwangerschaft ein und berichtete, dass Simons Mutter wegen Blutungen im Krankenhaus gewesen sei. Damals habe er sie jeden Tag besucht, auch wenn sie später angegeben habe, dass er sich nicht um sie gekümmert habe.

Die Geburt von Simon
Herr S. führte aus, Simon sei Anfang Dezember 1994 an einem Dienstagabend geboren worden. Mittwochmittag habe ihn die Schwester von Simons Mutter in der Firma angerufen und ihm Simons Geburt mitgeteilt. Im Nachhinein habe er von Simons Mutter erfahren, dass ihr dieser Anruf nicht recht gewesen sei. Vor der Geburt hätten Simons Mutter und er abgesprochen, dass er während der Geburt im Krankenhaus sein würde. Sie habe sich gewünscht, dass er auch im Kreißsaal dabei sein solle, und er habe sie gebeten,

nicht daran teilnehmen zu müssen. Sie hätten sich so verständigt, kurz vor der Geburt endgültig darüber zu entscheiden. So habe es ihm ein bisschen wehgetan, erst nach der Geburt davon zu erfahren. Den in der Akte erwähnten Anruf vor der Geburt habe er nicht erhalten. Nach dem Anruf am nächsten Tag sei er gleich ins Krankenhaus gefahren und habe versucht, mit den Ärzten zu sprechen, weil er sich nicht recht getraut habe, Simons Mutter gegenüberzutreten, berichtete Herr S. weiter. Er habe gehofft, Simon sehen und etwas über ihn erfahren zu können.

Auf Nachfragen führte Herr S. aus, er habe sich nicht getraut, zu Simons Mutter zu gehen, weil er Angst gehabt habe, dass Reibereien auftreten könnten und das negativ gegen ihn ausgelegt werden könnte. So habe er zunächst mit den Ärzten gesprochen, die ihm gesagt hätten, dass sie auf Wunsch der Mutter niemandem Auskunft erteilen dürften. Ein Arzt habe ihn ermuntert, zu ihr zu gehen, in der Hoffnung, dass sie ihm dies doch erlauben würde. Er habe sich dann kurz mit ihr unterhalten, allerdings habe sie ihn nicht recht wahrnehmen wollen, berichtete Herr S. weiter. Als er sie gefragt habe, „was das denn überhaupt sollte, wegen den Auskünften und so“, habe sie gemeint, er habe mit ihrem Sohn nichts zu tun, sie wolle nicht, dass er überhaupt etwas mit ihnen zu tun habe. Herr S. verneinte meine Frage, ob er die Mutter seines Sohnes beglückwünscht habe und meinte, er habe lediglich Simon in den Arm nehmen wollen, der bei ihr im Zimmer gelegen habe. Er habe hartnäckig nachgefragt, bis Simons Mutter ihm zugestanden habe, den Jungen fünf Minuten auf den Arm zu nehmen, wenn er dann den Raum wieder verlassen würde. Er habe Simon auf den Arm genommen, Simons Mutter sei freundlicher geworden, und er habe ihm die Flasche geben dürfen. Als ihre Schwester gekommen sei, habe sie ihm Simon sofort wieder abgenommen. Dann sei es zu einer Auseinandersetzung gekommen, die auch laut geworden sei, nachdem provozierende Vorwürfe gefallen seien, was er für ein Mensch und Vater sei. Schließlich habe Simons Mutter ihn durch einen Arzt rauswerfen lassen.

Damit konfrontiert, dass er Simons Mutter nach der Geburt gleich Vorwürfe gemacht habe, sagte Herr S., er habe sie zur Rede stellen wollen, warum die Ärzte ihm keine Auskunft erteilen dürften. Richtige Begründungen hierzu habe sie auch im Nachhinein nicht geliefert, erklärte Herr S. Später habe sie gemeint, sie wolle nicht, dass er in ihre neue Freundschaft (zu ihrem späteren Ehemann Herrn J., Anm.) „reinfunke“ und Simon dadurch belaste. Vermutlich habe sie an dem Tag nach der Geburt nur in Ruhe gelassen werden wollen, meinte Herr S. Für ihn sei ihr Verhalten nicht verständlich gewesen, da sie sich in der Schwangerschaft gut verstanden hätten. Zu einer möglichen Trennung habe Simons Mutter damals mit Bezug auf das Verhalten von zwei befreundeten Vätern gesagt, er würde sein Kind immer sehen können. Er wolle nicht wie diese Väter das Verhältnis zu seinem Sohn ganz abbrechen lassen, dazu berühre ihn die Sache zu sehr, sagte Herr S.

Herr S. führte aus, er sei mit Wissen von Frau B. schon vor Simons Geburt, zwischen November und Dezember 1994, beim Anwalt gewesen, um sich zu erkundigen, welche Möglichkeiten er im Hinblick auf ein Besuchsrecht mit seinem Kind haben werde, wenn die Situation zerstritten sein würde. Der Anwalt habe ihm geraten, zunächst die Geburt abzuwarten und dann eine Vaterschaftsanerkennungsklage anzustreben, da er zunächst als Vater feststehen müsse. Herr S. erläuterte, dass Simon nach der Scheidung seiner Mutter noch ehelich geboren worden sei, sodass zunächst ein Vaterschaftstest mit ihrem ersten Ehemann angestrebt worden sei. Dieses Verfahren habe er abkürzen wollen, um möglichst schnell als leiblicher Vater von Simon gelten zu können. Dies sei jedoch nicht möglich gewesen, auch beim Jugendamt B. habe man seine Anerkennung der Vaterschaft nicht akzeptieren wollen. Nach dieser Entwicklung habe sein Anwalt ihm geraten, den Vaterschaftstest „durchzuziehen", auch wenn er sich eigentlich sicher gewesen sei, der Vater zu sein. Erst im Sommer vergangenen Jahres sei er als Vater anerkannt worden und habe gerichtliche Schritte einleiten können. Angesprochen auf die Unterhaltszahlungen führte Herr S. aus, vor Gericht heiße es, er würde seit drei Jahren nicht zahlen und sich nicht um sein Kind kümmern. Tatsächlich habe er in der Vergangenheit immer wieder versucht, Kontakt zu Simon zu bekommen. Bis Sommer letzten Jahres habe er keinen Unterhalt zahlen können, weil nicht festgestanden habe, dass er der Vater sei, und so habe man kein Geld von ihm haben wollen. Nun zahle er Unterhalt und in Raten auch die Nachzahlungen.

In Bezug auf die Trennung hätten sich Simons Mutter und er schon vor Simons Geburt darauf geeinigt, dass er aus der Wohnung in B. ausziehen würde. Nach ihrem Krankenhausaufenthalt hätten sie ihre Sachen gemeinsam aufteilen wollen. Er habe gehofft, nach der Geburt in Ruhe mit Simons Mutter über Besuchskontakte sprechen zu können, das sei jedoch nicht möglich gewesen, sagte Herr S. Mitte November 1994 habe Simons Mutter während ihres Krankenhausaufenthaltes über ein Wochenende zu Hause sein können. Da ihr aus ihrer eigenen Familie niemand habe helfen können, habe er sie von K. nach B. gebracht, sei dann aber wieder gefahren. Als er das nächste Mal alleine nach B. gefahren sei, um seine Kleidung aus der

Wohnung zu holen, seien alle Schlösser ausgetauscht gewesen. Anschließend hätten sie sich gerichtlich darüber gestritten, wem welche Sachen gehörten. Dabei habe sein Anwalt ihm geraten, auf fast alle Dinge zu verzichten, um Chancen beim Besuchsrecht zu behalten. Simons Mutter habe ihn jedoch mehr oder weniger davon ausgeschlossen.

Besuchskontakte zwischen Vater und Sohn

Herr S. schilderte, dass er von dem Bruder von Frau B. erfahren habe, dass Simon einen Magenpförtnerkrampf und einen Steißbeinbruch habe und im Krankenhaus liege. Eine Krankenschwester habe ihm dies bei einem Besuch aus Unkenntnis der tatsächlichen Gesundheitsakte bestätigt. Sie habe ihn Simon auch sehen und füttern lassen, was zu einer heftigen Auseinandersetzung geführt habe, als Simons Mutter dies mitbekommen habe. Sie habe geschrien, dass niemand Simon sehen dürfe und ihm später vorgeworfen, er hätte rumgeschrien, was nicht richtig sei. Nach der Trennung sei Simons Mutter recht schnell mit einem gemeinsamen Bekannten, Herrn J. nach M. gezogen und habe ihn geheiratet, erläuterte Herr S. Später habe er von diesem erfahren, dass Simon keinen Steißbein-, sondern einen Schlüsselbeinbruch gehabt habe. Da ihm weder Simons Mutter noch das Jugendamt B. Genaueres hätten mitteilen wollen, habe er mit seinem Anwalt besprochen, über eine Klage mit dem Verdacht auf Kindesvernachlässigung Erkundigungen einzuziehen. Der Anwalt von Frau B. lege ihm dies nun so aus, als hätte er wegen Kindesmisshandlung geklagt. Er könne sich zwar vorstellen, dass Simons Mutter seine Klage „nicht ganz behagt" habe, mit „friedlichen Mitteln" sei er jedoch nicht weitergekommen. Er habe sich über den Magenpförtnerkrampf informiert und ihm sei klar gewesen, dass dies mit Vernachlässigung nichts zu tun habe, erläuterte Herr S. Ihm sei es um die unklaren Informationen über den Steißbein- und Schlüsselbeinbruch gegangen. Im Nachhinein habe sich herausgestellt, dass Simon sich bei der Geburt das Schlüsselbein gebrochen habe.

Im Alter von drei Monaten (März 1995) habe er Simon zuletzt gesehen, berichtete Herr S. Damals habe Simons Mutter ihn angerufen und in ihre Wohnung eingeladen. Er habe gleich zugesagt, worin sein Anwalt ihn bestätigt habe, auch auf den Verdacht hin, dass sie ihn wieder anzeigen würde. Der Anwalt habe auch vermutet, dass er Simon anschließend wahrscheinlich längere Zeit nicht würde sehen können. Bei dieser Gelegenheit habe er auch ein paar Fotos von Simon gemacht. Diese hatte Herr S. zu dem Gesprächstermin mitgebracht.

Schon etwa zwei Wochen vor diesem Kontakt habe Frau B. ihn nach Feierabend öfter in der Firma aufgesucht, berichtete Herr S. Dabei habe sie Simon jeweils mitgebracht. Simons Mutter habe die Beziehung zu ihm wieder aufnehmen und wieder mit ihm zusammenziehen wollen, darauf habe er jedoch abweisend reagiert. Freundschaftlich wäre er gerne mit ihr in Kontakt geblieben, nicht zuletzt, um mit Simon Kontakt haben zu können, beziehungsmäßig habe er jedoch nicht wieder mit ihr zusammen sein wollen. Er habe Frau B. nicht aufgefordert, mit Simon zur Firma zu kommen, sagte Herr S. auf Nachfragen.

Zu seinem Besuch im März 1995 führte Herr S. aus, Simons Mutter habe ihn freundlich begrüßt und erneut signalisiert, dass sie die Beziehung zu ihm gerne wieder aufnehmen würde, was er nicht gewollt habe. Als ihm ihre Annäherungsversuche zu viel geworden seien, habe er sich mit Simon im Schlafzimmer eingeschlossen. Daraufhin habe sie angefangen zu schreien, sie werde die Polizei holen. Irgendwann habe sie sich beruhigt, und er habe die Nacht mit Simon im Schlafzimmer verbracht. Er habe Simon schlafen gelegt, sich neben ihn gelegt, Körperkontakt zu ihm gehabt und ihn beobachtet. Auf Nachfragen berichtete Herr S., er habe Simon keine Windel gewechselt. Simon sei sehr friedlich gewesen, er habe nicht geweint und auch keinen Hunger gehabt. Gegen 5.00/6.00 Uhr habe er sich aus der Wohnung schleichen wollen, um rechtzeitig zur Arbeit in K. zu erscheinen. Dabei sei Simons Mutter wach geworden und habe ihn angeschrien. Das habe ihm nach dem Kontakt mit Simon jedoch nichts ausgemacht, sagte Herr S., er sei einfach gegangen.

Der Konflikt um die Besuchskontakte

Zu seinen Bemühungen, Simon sehen zu können, führte Herr S. aus, sein Anwalt habe Frau B. immer wieder freundlich angeschrieben, sie habe Kontakte jedoch abgelehnt. Nach ihrer Anzeige, dass er sie während der Schwangerschaft in den Bauch getreten haben solle, habe er auch ein bisschen Angst gehabt, sie und Simon zu sehen, weil sie dann möglicherweise wieder behauptet hätte, dass er sie geschlagen hätte. Sein Anwalt habe ihm geraten, eine gerichtliche Regelung abzuwarten, sodass er in der letzten Zeit nichts mehr unternommen habe. Auch zu Weihnachten und zu Simons Geburtstag habe er sich bisher nicht bei seinem Sohn gemeldet, gab Herr S. an. Einige Dinge wie einen Teddybär und Holzspielzeug habe er zu Hause. Die Angst, dass eine Kontaktaufnahme über Geschenke wieder „nach hinten losgehen“ würde, habe ihn davon abgehalten, Simon ein

Geschenk zu schicken. Möglicherweise hätte es dann wieder geheißen, er bedränge Frau B. oder stehe gewalttätig vor ihrer Tür.

Zu den Anzeigen führte Herr S. aus, Frau B. habe ihm unterstellt, ständig bei ihr angerufen und „Telefonterror" betrieben zu haben, was nicht richtig sei. Vielmehr seien nachts bei ihm und seinem Vater in K. häufig Anrufe angekommen. Auf Nachfragen führte Herr S. aus, er habe zwei- oder dreimal gegen Abend bei Simons Mutter angerufen und dann mit ihrem zweiten Ehemann, Herrn J., gesprochen. Bei diesen Gesprächen hätten sie sich geeinigt, dass er ihm eine Kamera zukommen lasse, damit Herr J. für ihn Bilder von seinem Sohn mache. Er habe ihm dann die Kamera mit DM 50,– vor die Haustür gelegt, geklingelt und sei wieder gefahren. Als er einige Tage später angerufen habe, habe Herr J. ihm gesagt, er würde die Kamera nicht wiederbekommen, er würde nichts für ihn tun. Daraufhin habe er die Kamera von ihm „herausgeklagt". Später habe Simons Mutter diese Ereignisse in ein ganz anderes Licht gesetzt. So habe es geheißen, er hätte Herrn J. und sie bei der Übergabe der Kamera bedroht und sich gewaltsam Zugang zu ihrer Wohnung verschafft. Erst die Polizei hätte ihn wieder rausgeholt. Bei der Verhandlung in M. sei Simons Mutter nicht erschienen, sagte Herr S. und Herr J. habe schließlich wahrheitsgemäß geschildert, dass er lediglich die Kamera hingelegt und wieder gefahren sei.

Herr S. sagte, er sei während der ganzen Prozesse immer im Zugzwang gewesen. Die Anzeige wegen Kindesvernachlässigung sei das Einzige, was von ihm ausgegangen sei, räumte er auf Nachfragen ein. Zu der Herausgabe der Babyausstattung erklärte Herr S., er habe die Ausstattung komplett bezahlt, dies sei für ihn jedoch nicht entscheidend gewesen. Er habe vielmehr ein Andenken an seinen Sohn haben wollen und Simons Mutter die Dinge so lange gelassen, wie Simon sie gebraucht habe. So habe er zum Beispiel den Kindersitz für das Auto für Kinder bis sechs Monate erst nach einem Jahr „herausgeklagt". Simons Kinderbett habe er haben wollen, weil er gewusst habe, dass Simons Mutter ein zweites gehabt habe. Von der Herausgabe des Kinderwagens habe er abgesehen. Anfangs habe er bei den Gerichtsterminen versucht, Frau B. deutlich zu machen, dass die Sachen für ihn Erinnerungswert hätten, sagte Herr S., bei den letzten Treffen sei er ihr jedoch aus dem Wege gegangen, nicht zuletzt, weil er sich auch durch ihren Anwalt provoziert gesehen habe. Dazu, wie Frau B. seine Klagen erlebt habe, meinte Herr S., er könne sich vorstellen, dass es für sie eher demütigend gewesen sei, die Sachen im Nachhinein an ihn herausgeben zu müssen, auch wenn die Dinge nicht mehr im Gebrauch gewesen seien. Herr S. meinte, für ihn sei der Eindruck entstanden, dass es Frau B. darum gehe, als Gewinnerin des Geschehens dazustehen. Ihre Äußerungen orientierten sich nicht am Wohl ihres gemeinsamen Kindes, sondern daran, dass ihr Leben und ihr Verhältnis zu ihrem neuen Lebenspartner geschädigt würde, wenn er Simon sehen könnte. Wenn er bei Gericht von „unserem" Sohn spreche, sage sie, es sei nicht sein Sohn, sondern nur ihrer. Simon selber sei aus den Streitereien von beiden Seiten herausgehalten worden, meinte Herr S.

Er könne es nicht nachvollziehen, dass Frau B. sein Verhalten als Bedrohung erlebe, sagte Herr S., auch wenn Kontakte eine Belastung für sie bedeuten würden. Er denke, es liege an jedem Einzelnen, wie er sich belasten lasse, und da sie ein gemeinsames Kind hätten, erwarte er, dass sich beide Seiten zusammenreißen würden. Um von seiner Seite zu einer Entspannung beizutragen, habe er über seinen Anwalt versucht, mit Frau B. ins Gespräch zu kommen, das habe sie jedoch abgeblockt. Er sei bereit, sich wegen Simon mit seiner Mutter zusammenzusetzen, wolle aber andererseits nicht viel mit ihr zu tun haben. Dabei sei es wichtig, Ruhe zu bewahren und sachlich zu bleiben. Diese Bereitschaft sehe er bei Simons Mutter nicht. Sie versuche immer wieder, ihn als gewalttätig hinzustellen und behaupte, er würde Simon wegen seiner italienischen Abstammung nach Italien entführen wollen. Er lebe und arbeite in K. erklärte Herr S. und halte diese Behauptung für abwegig.

Konfrontiert mit den wechselseitigen Vorwürfen, die Frau B. am Vortag aus ihrer Sicht erläutert hatte, unter anderem zu vermeintlichen körperlichen Übergriffen von Herrn S. (vgl. Punkt 2), sagte Herr S., er sei vor Gericht immer ruhig geblieben. Seinem Vorschlag, eine Nachbarschaftsbefragung durchzuführen, sei nicht nachgegangen worden. Das einzige Verfahren in dieser Hinsicht (Auseinandersetzung mit Herrn J. wegen der Kamera, s. o.) sei eingestellt worden. Einmal habe Simons Mutter die Polizei gerufen, als er sich vor dem Haus mit ihrem Mann, Herrn J., ruhig unterhalten habe. Herr J. sei ermahnt worden, nicht unnötig die Polizei zu rufen, dennoch habe es später von ihrer Seite geheißen, die Polizei habe ihn, Herrn S., „vom Schauplatz entfernt". Zu dem Gespräch mit Herrn J. sei es gekommen, weil er vielleicht dreimal da gewesen sei, um das Gespräch zu suchen. Anschließend seien jedes Mal Anschuldigungen gegen ihn ergangen, obwohl er Simons Mutter dabei nicht ein einziges Mal getroffen habe. Im Zusammenhang mit der Trennung von Simons Mutter und Herrn J. habe es später geheißen, er hätte sich dort „so stark eingemischt". Vielleicht habe er damals auch vier- oder fünfmal bei Simons Mutter in M. angerufen, sagte Herr S. und fügte hinzu, davon entfielen drei Anrufe auf die Geschichte mit der Kamera (s. o.). Bei diesen Telefonaten sei er niemals ausfallend geworden, versicherte Herr S., er habe allerdings mit einer Anzeige gedroht, falls Herr J. ihm die Kamera nicht wieder herausgeben würde.

Die Lebenssituation von Simon

Konkrete Informationen über Simons Lebensumstände bei seiner Mutter und ihrem neuen Partner habe er nicht. Das, was er wisse, habe er bei den Verhandlungen erfahren, unter anderem, dass Simons Mutter und Herr J. sich getrennt hätten, berichtete Herr S. Bei der letzten Verhandlung im Zusammenhang mit dem Vaterschaftstest habe Simons Mutter angekündigt, mit einem neuen Partner zusammenziehen zu wollen. Die einzige Information, die er von Dritten über Simon bekommen habe, sei die Auskunft des Bruders von Frau B. gewesen in Bezug auf Simons Steißbein- bzw. Schlüsselbeinbruch (s. o.). Auch von Herrn J. habe er nichts erfahren. Vielleicht habe er ab und zu angesprochen, welche Entwicklungsfortschritte Simon gemacht habe, direkt nach Simons Verhalten habe er nicht gefragt, sagte Herr S. Er habe jedoch immer wieder nach Fotos gefragt, um zu sehen, wie Simon aussehe. Vor kurzem habe er zum ersten Mal zwei Fotos von Simon erhalten. Darüber habe er sich sehr gefreut, auch wenn es ihm nach drei Jahren ohne Kontakt ein bisschen wehgetan habe. Er habe sich unter seinem Sohn nichts vorstellen können, weil ihm von Anfang an alles vorenthalten worden sei. Mit Frau G. vom Jugendamt habe er unter anderem darüber gesprochen, wie er Informationen über Simon bekommen könnte. Dabei habe er vorgeschlagen, sich selber zunächst ein halbes Jahr nicht zu melden, damit Frau B. die Dinge noch einmal in Ruhe überdenken und ihm dann etwas entgegenkommen könne. So könnte sie ihm zum Beispiel, wenn Besuchskontakte nicht möglich seien, regelmäßig über die Situation des Kindes informieren und Fotos zukommen lassen. Diese Überlegungen seien jedoch irgendwie untergegangen.

Simons Beziehung zu seiner Mutter könne er nicht einschätzen, meinte Herr S. Er denke, dass sie eine innige Beziehung zueinander hätten, nicht zuletzt, weil sie sich den ganzen Tag über sehen würden, Simon sei noch nicht in dem Alter, um alleine draußen zu spielen. Anhaltspunkte oder Befürchtungen, dass Simon bei seiner Mutter nicht gut aufgehoben sein könnte, habe er nicht, meinte Herr S., grundsätzlich sei es für ihn in Ordnung, dass Simon bei ihr lebe. Vielleicht sei sie in der Erziehung ein bisschen streng mit ihm, es sei normal, dass Eltern sich darin unterscheiden würden. Er denke, dass es Simons Mutter wichtig sei, dass Simon in einer „heilen Familie“

aufwachse, vielleicht mit ihrem jetzigen Partner, aber ohne ihn (Herrn S.). Auch in diesem Zusammenhang habe Frau B. wieder gesagt, sie wolle keinen Kontakt mehr zu ihm haben, auch nicht über das Kind, weil dies ihre neue Beziehung belasten würde. Wenn er in ihrer Situation wäre, würden ihm entsprechende Kontakte vielleicht auch nicht recht sein, räumte Herr S. ein, er würde dann auch davon ausgehen, dass es seinem Leben schaden würde. Aus diesem Grund habe er das Besuchsrecht auch schon „ein bisschen abgehakt". Besuchskontakte wären für Frau B. sicher belastend, sagte Herr S., selbst wenn Besuche im Idealfall ruhig und ohne Streit ablaufen würden, wäre es für sie belastend. Er glaube nicht, dass man das irgendwie „abschalten" könne. Vermutlich sei auch ihr neuer Partner nicht einverstanden damit.

Die Wünsche und Vorstellungen des Vaters zu Besuchskontakten

Zurückhaltend ging Herr S. darauf ein, dass er sich Gedanken darüber mache, dass Simon nun schon zwei Vaterfiguren kennen gelernt habe. Er könne nicht einschätzen, wie sich die jetzige Beziehung von Simons Mutter weiter entwickeln werde, denke jedoch darüber nach, dass er Simon auf Dauer als Vaterfigur und Ansprechperson zur Verfügung stehen wolle. Er hätte gerne von Anfang an Kontakt zu Simon gehabt, sagte Herr S., um zu vermeiden, dass er in Simons Erleben als sein Vater nicht präsent sei. Dann wäre die Situation jetzt für alle Beteiligten ein bisschen leichter. Nun sei es besonders für Simon schwer, ihn kennen zu lernen und zu begreifen, wer er sei. Je eher dies geschehe, desto besser, meinte Herr S. Er könne auch von außen ein bisschen an Simons Entwicklung teilhaben, ohne an Simons Situation großartig etwas zu verändern. Für Simon wäre der Kontakt zu ihm sicher nicht schlecht, und er selber brauche den Kontakt zu ihm auch, es sei „sein" Kind, meinte Herr S. In dieser Hinsicht denke er durchaus etwas egoistisch. Wenn keine Kontakte zustandekämen, habe er die Befürchtung, dass Simon ihn später gar nicht kennen lernen und sich mit ihm auseinandersetzen wolle, weil ihm ein anderes, falsches Bild von ihm vermittelt werde. Er fände es gut, wenn irgendwann eine Aussprache zwischen ihm und Frau B. stattfinden könnte, angesichts ihrer Haltung ihm gegenüber könne er sich dies jedoch nicht wirklich vorstellen. Sie sei sehr temperamentvoll und werde schnell laut, was dazu führe, dass sich schließlich beide Parteien steigern würden. Er wünsche sich, dass Simons Mutter sich etwas kooperativer verhalte. Als sie die Beziehung zu ihm wieder habe aufnehmen wollen (s. o.), habe es für sie keine Kompromisse gegeben, entweder eine richtige Beziehung oder gar nicht. Simon habe sie dabei außen vorgelassen. Im Unterschied zu ihr sei ihm die Beziehung nicht mehr wichtig gewesen, ihm sei es um Simon gegangen.

Er denke, dass es ein „Traum“ sei, in absehbarer Zeit Kontakt zu Simon haben zu können, sagte Herr S. Es sei höchstens mit Hilfe Dritter möglich, die Situation zu verändern. Er sei sich bewusst, dass aus Simons Sicht eine Kontaktanbahnung sehr langsam vorangehen sollte. Für einen direkten Kontakt mit Frau B. sei die Spannung noch zu groß. Ihm wäre es lieb, wenn bei Kontakten zum Beispiel beim Jugendamt eine dritte Person dabei wäre. Dann könne man hinterher nicht sagen, dass er schlecht über die Mutter rede oder mit dem Kind nicht richtig umgehe. Gut fände er es, wenn Kontakte in einer für Simon vertrauten Umgebung, zum Beispiel seinem Kinderzimmer, stattfinden könnten. Dem werde Simons Mutter sicher nicht zustimmen und so wäre neben der „Kontrollfunktion“ für ihn die Anwesenheit einer dritten Person, zu der Simon wenigstens einen leichten Bezug habe, günstig, damit dieser sich etwas in Sicherheit fühle. Nach einer langsamen Steigerung der Besuche würde er Simon dann auch gerne einmal einen Tag alleine mitnehmen und mit ihm irgendwo hinfahren.

Abschließend besprach ich mit Herrn S. verschiedene Möglichkeiten, langfristig Kontakte zwischen Simon und ihm aufzubauen. Um auf Seiten der Mutter Vorbehalte und Ängste abzubauen, komme es darauf an, dass er Signale setze, die sich unmittelbar auf Simon bezögen. Im Zusammenspiel zwischen Briefen und Geschenken seinerseits an Simon und Fotos sowie regelmäßigen „Entwicklungsberichten“ der Mutter, könnte er dann gezielter auf die Bedürfnisse und Interessen seines Sohnes eingehen. Wenn später Fragen auftauchen würden, könnte er zum Beispiel mit Frau G. vom Jugendamt Rücksprache nehmen. Die Gestaltung von Besuchskontakten sei ein weiterer Schritt, wenn die Voraussetzungen sich verbessert hätten. Herr S. sagte, so habe er sich die Sache auch vorgestellt, er sei jedoch ängstlich und wolle sich nicht durch eine dumme Bemerkung Chancen verbauen. Wenn Frau B. sich weiterhin gegen Kontakte wehre, weil sie nichts mehr mit ihm zu tun haben wolle und somit auch Simon nichts mit ihm zu tun haben solle, bliebe ihm nur die Möglichkeit, abzuwarten, bis Simon älter sei und darauf zu hoffen, dass die Mutter ihm nichts Negatives über ihn (Herrn S.) erzähle.

4
Hausbesuch bei Frau B., dabei Gespräch mit Herrn B. und Frau B.

Verhaltensbeobachtung

Frau B. führte mich zunächst in die Küche. Dort saßen Simon und Herr B. beim Kaffeetrinken. Simon sah mich zwar an, als ich ihn begrüßte, wandte sich dann aber gleich wieder ab und guckte verschämt in eine andere Richtung. Frau B. erinnerte Simon daran, dass sie ihm gesagt habe, dass ich heute zu Besuch kommen würde, und versuchte ihn zu ermuntern, etwas offener auf mich zuzugehen. Simon blieb in seiner Gestik und Mimik zurückhaltend, legte den Kopf auf den Arm und rieb sich die Augen. Auf meine Frage, ob er müde sei, sagte er zu seiner Mutter, Simba schlafe noch. Frau B. erklärte, Simba sei Simons Kuscheltier, was Simon grinsend bestätigte. Auf die Frage, ob er auch einen Mittagsschlaf gemacht habe, meinte er, Simba sei immer aufgestanden. Als ich Simon sagte, dass ich ihm etwas mitgebracht hätte, guckte er zunächst sehr interessiert, wollte das Geschenk dann aber nicht auspacken und meinte, das morgen tun zu wollen. Während Frau B., Herr B. und ich über etwas anderes sprachen, kommentierte Simon das Geschenkpapier und meinte, es sehe aus wie eine Weltkugel. Weiter berichtete er von Schiffen, einer Reise, den Großeltern und Kanada. Auf Nachfragen verneinte er, bald in Urlaub zu fahren. Frau B. und Herr B. führten aus, dass sie im Herbst nach Kanada fahren würden, Herr B. habe dort Verwandte.

Anschließend ging Simon gleich auf meinen Vorschlag ein, in seinem Zimmer zu gucken, ob Simba noch schlafe. Er lief nach nebenan, hob den Bären vom Boden auf, nahm ihn in den Arm, legte ihn auf sein Bett und beugte sich schützend über ihn. Auf Nachfragen erklärte er, Simba schreie, dann zeigte er auf eine Stoffente, die ebenfalls schreie. Während Simon Simba tröstete, setze sich Frau B. neben ihn auf sein Bett. Simons Kinderzimmer ist ein hell, freundlich und kindgerecht eingerichtetes Zimmer, mit einem Kinderbett und vielen Spielsachen in Schränken und Kisten, die auf dem Fußboden standen. Frau B. beobachtete Simon eine Weile und fragte ihn dann, ob er mir ein anderes Spielzeug zeigen wolle. Simon ging zunächst nicht darauf ein, verwies noch einmal auf die Stoffente und meinte dann zu meinem Vorschlag, ein Bilderbuch anzugucken, er habe selber Bilderbücher. Diese lägen jedoch abgeschlossen in einem Schrank, und er habe keinen Schlüssel dafür. Dabei zeigte er auf eine Kommode mit Schubladen, die nicht wirklich abschließbar waren. Er sah kurz in eine Schublade hinein und meinte dann, die Bücher seien noch da, aber er habe jetzt keine Lust zu lesen. Etwas unschlüssig lehnte er sich an seine Mutter und stimmte meinem Vorschlag zu, etwas mit ihr zu spielen, während ich mich mit Herrn B. in der Küche unterhalten würde. Frau B. fragte ihn, ob er jetzt das Geschenk auspacken wolle, was Simon bestätigte. Dabei entschied er sich etwas verschämt grinsend für die Alternative, dass ich es ihm aus der Küche bringen solle, weil er es sich nicht selber holen wollte. Frau B. blieb etwas ratlos mit Simon zurück, sie gab zu erkennen, dass ihr die gesamte Situation sehr unangenehm war.

Während des Gespräches mit Herrn B. (s. u.) hörten wir Simon mit seiner Mutter im Kinderzimmer, dabei lachte Simon auch. Herr B. ging einmal kurz nach nebenan. Später kam Frau B. zu uns und erklärte ihrem Mann, dass sie mit der Situation nicht zurecht komme. Herr B. tröstete sie, während Simon stumm in der Tür stand. Ich erklärte, dass wir gleich fertig sein würden, kurz darauf gingen Herr B. und ich wieder ins Kinderzimmer. Dort lag Simon bäuchlings vor einem großen Plastik-Motorboot, um etwas zu reparieren, und suchte weiteres Werkzeug. Frau B. half ihm dabei, wirkte aber nach wie vor sehr angespannt. Herr B. ging liebevoll auf sie ein und bot dann Simon an, ihm zu helfen. Dieses Angebot nahm Simon gerne an. Bei dem anschließenden Gespräch mit Frau B. (s. u.) kam Simon mehrmals zu uns in die Küche und guckte interessiert, was wir machten. So fragte er zum Beispiel, was ich schreiben würde, und freute sich, als ich ihm Blätter zum Malen schenkte. Frau B. gab ihm einen Stift dazu, und Simon ging zufrieden mit Herrn B. in sein Zimmer zurück. Auch bei weiteren Besuchen in der Küche ließ er sich leicht lenken, wieder in sein Zimmer zu gehen.

Im Verlauf des Kontaktes sah Simon mich immer offener an, anfangs wich er dem Blickkontakt aus, wandte auch seinen Körper etwas von mir ab, grinste aber dabei etwas verschämt. Später sah er mich eher neugierig und fragend an. Frau B. und ich kamen nach dem Gespräch wieder in sein Kinderzimmer, dort saßen Simon und Herr B. auf dem Fußboden und malten. Simon sagte, sie hätten ein Auto gemalt, stand nach Herrn B. ebenfalls auf und schob die Blätter mit dem Fuß über den Boden. Auf Nachfragen schob er die Blätter wieder zurück und zeigte mir das Auto. Mit einer ausladenden Armbewegung deutete er an, wie schnell es fahren könne. Anschließend trug Simon eine große Parkgarage von einer Zimmerecke in die andere, wusste nicht recht, was er nun tun sollte, und forderte mich schließlich auf, ihm auch ein Auto zu malen. Er hockte sich neben mich auf den Boden und sah aufmerksam dabei zu. Kritisch verglich er die Vorlage mit meiner Zeichnung und meinte dann, ich solle es noch einmal zeichnen, die Räder seien nicht richtig getroffen. Anschließend fragte Herr B. Simon, was in dem Geschenk gewesen sei. Simon zeigte auf einen kleinen Jungen mit einem Roller. Er verneinte die Frage, ob er einen Roller habe und sagte, er habe ein Fahrrad. Frau B. erläuterte, dass er dies in der letzten Woche von seinem Vater (Herrn B.) bekommen habe und nun schon einmal „Rad-Touren" mache. Auf Nachfragen meinte Simon, das Fahrrad sei orange. Frau B. erläuterte, dies sei seine Lieblingsfarbe. Zwischendurch nahm sie ihn liebevoll in den Arm, angesichts der für sie belastenden Begutachtungssituation wirkte sie sehr besorgt. Simon hatte sich in sein Motorboot gesetzt und rutschte damit durch sein Zimmer. Bei der Verabschiedung schloss er stolz die Wohnungstür für mich auf, gab mir die Hand und sah mir im Flur fröhlich nach. Vom Kinderzimmerfenster aus beobachtete er mit seiner Mutter, wie ich wegfuhr.

Gespräch mit Herrn B.

Herr B. betonte, dass es seiner Frau und ihm darum gehe, dass möglichst bald klare Verhältnisse geschaffen würden darüber, wie die Situation mit Herrn S. weitergehen werde. Auf Nachfragen führte Herr B. aus, seine Frau und er würden sich auch in Anwesenheit von Simon darüber unterhalten, wie es weitergehen werde, dabei sprächen sie nie namentlich von Simons leiblichen Vater, sondern von einem „Mann". Wichtige Dinge besprächen sie nicht in seiner Anwesenheit, zum Beispiel als Herr S. immer wieder Anträge auf Umgangskontakte gestellt habe. In dieser Hinsicht sei es in der letzten Zeit ruhiger geworden. Gleichwohl bekomme Simon mit, dass seine Mutter und ihn die Situation belaste, er merke dies daran, wie Simon ihn und die Mutter angucke, wenn sie über ihn sprechen würden. Mit zunehmendem Alter werde Simon immer mehr davon verstehen. Derzeit versuche er, sie in solchen Situationen von dem Gespräch abzulenken, und fordere einen von ihnen auf, mit ihm zu spielen, sagte Herr B.

Er selber sehe Simon als seinen Sohn, führte Herr B. aus. Simon freue sich, wenn er nachmittags von der Arbeit komme. Dann nehme er sich Zeit und spiele mit ihm, mal mehr mal weniger als eine Stunde. Manchmal fahre er mit ihm Fahrrad oder sie spielten auf dem Balkon im Sandkasten. Simons Mutter sei meist dabei, er mache jedoch auch alleine etwas mit Simon, dann gingen sie zum Beispiel spazieren. Kennengelernt habe er Simon und seine Mutter, als er in ihrer alten Wohnung berufsbedingt etwas repariert habe. Simon sei damals etwa zwei Jahre alt gewesen. Er sei gleich offen auf ihn zugegangen, was Frau B.

gewundert habe, normalerweise habe er sich fremden Männern gegenüber eher schüchtern verhalten. Ziemlich bald sei eine Beziehung zwischen Simons Mutter und ihm entstanden, dabei habe sich ein guter Kontakt zwischen Simon und ihm entwickelt. Bevor sie im Oktober vergangenen Jahres in die jetzige Wohnung gezogen seien, habe er schon zwei oder drei Monate mit ihnen zusammen gewohnt. Für ihn sei es ein schönes Gefühl, mit Frau und Kind zusammenzuleben. Simon gucke morgens immer aus dem Fenster, wenn er zur Arbeit fahre. Er selber beteilige sich selbstverständlich an der Betreuung und Versorgung des Kindes, so bade und dusche er zum Beispiel mit Simon.

Wenn Simon müde sei, komme er sowohl zu seiner Mutter als auch zu ihm, schilderte Herr B. Er versuche auch schon einmal, die Mutter und ihn gegeneinander auszuspielen, komme damit jedoch nicht durch, da sie sich untereinander einig seien. Simon akzeptiere das durchaus nicht widerspruchslos, sondern gehe eingeschnappt in sein Zimmer und schimpfe. Sie ließen ihn dann in Ruhe, und nach kurzer Zeit komme er wieder zu ihnen und alles sei vergessen. Schwierige Situationen gebe es schon einmal, weil seine Frau Simon eher etwas durchgehen lasse als er selber. Dann schmeiße Simon Sachen durch sein Zimmer. Sie hätten ihm erlaubt, mit den Stofftieren zu werfen, wenn er größere Sachen schmeiße, würden sie jedoch mit ihm schimpfen. Auslöser für solche Situationen sei zum Beispiel, wenn Simon beim Bauen etwas nicht gelinge. Dann frage er ihn auch schon einmal um Hilfe. Beim Spielen wolle er immer gerne einen von ihnen dabei haben. Simon helfe ihm gerne, wenn er in der Wohnung etwas renoviere, schilderte Herr B., dann reiche er ihm zum Beispiel das Werkzeug an. Zusammenfassend beschrieb er die Beziehung zwischen Simon und ihm als intensiv. Ihm sei wichtig, dass Simon Ruhe finde, dass er wisse, wo er hingehöre, und dass er Vater und Mutter habe. Auch die Beziehung zwischen Simon und seiner Mutter sei sehr intensiv, schilderte Herr B. Simon sei wichtig an seiner Mutter, dass sie lieb und weichherzig sei, er wisse, wie er sie mit einem entsprechenden Blick „rumkriegen" könne.

Angesprochen auf die Gründe, die seiner Meinung nach gegen Kontakte zwischen Simon und seinem leiblichen Vater sprächen, führte Herr B. aus, er kenne Herrn S. nicht persönlich, sondern lediglich aus den Schilderungen seiner Frau. Er glaube ihren Erzählungen und denke, dass Herr S. nicht wieder gutmachen könne, was er versäumt habe. Was er in den letzten zwei bis drei Jahren nicht geschafft habe, werde er auch in Zukunft nicht schaffen. Warum er sich nicht schon früher kooperativ gezeigt und sich um Simon gekümmert habe, wollte Herr B. wissen. Seine Frau und er wollten nicht, dass Herr S. sich in ihr Familienleben einmischen könne, darauf würde es jedoch hinauslaufen, wenn Simon irgendwann persönlichen Kontakt zu ihm hätte. Irgendwann würde Simon dann auch einmal mit ihm alleine sein und ihre Angst sei nicht auszuräumen, dass ihm dabei etwas zustoßen könnte. Dies beziehe er darauf, dass Herr S. sich einmal so geäußert haben solle. Außerdem habe er Simon nach dessen Geburt einmal gewaltsam aus der Wohnung holen wollen, habe seine Frau ihm erzählt. Er sehe seine Frau als das „Opfer" und könne nicht erkennen, dass es Herrn S. wirklich um Simon gehe.

Gespräch mit Frau B.

In diesem Gespräch ging es darum, eine langfristige Perspektive zu entwerfen, die Simon die Möglichkeit eröffnet, sich mit seinem leiblichen Vater auseinanderzusetzen. Frau B. versicherte noch einmal, dass sie persönlichen Kontakten zwischen Simon und seinem Vater nicht zustimmen werde, dazu gehörten auch Kontakte, die vom Jugendamt begleitet würden. Letztendlich würde auch das darauf hinaus laufen, dass Simon irgendwann mit ihm alleine sein werde. Angesichts der Vorgeschichte bleibe für sie das Misstrauen und die Angst, dass Simon dabei etwas passieren könnte, bestehen. Sie hätte sich gewünscht, dass die Situation anders aussehe, habe sich anfangs ja auch nicht gegen Kontakte gewehrt, aber nun könne sie die Situation kaum noch aushalten. Sie brauche Ruhe, auch für Simon und die Familie, sagte Frau B. Sie befürchte, dass Herr S. sie spätestens nach dem Begutachtungsverfahren erneut belästigen werde. Die Verletzungen der letzten Jahre könne man nicht kitten, allein den Gedanken, dass er Simons Kinderbett herausgeklagt habe, könne sie nicht ertragen. Sie wisse nicht, wie sie Simon dies einmal erklären solle.

In den nächsten Jahren werde Simon nicht nachvollziehen können, dass sein Vater und seine Mutter nichts voneinander wissen wollten, meinte Frau B. Jetzt müsse sie als Mutter Entscheidungen für Simon treffen, darum habe sie sich seit Simons Geburt verantwortungsbewusst gekümmert, während sein Vater nie danach gefragt habe, wie es ihm gehe. Vielmehr habe er ihr diese Aufgabe besonders schwer gemacht. Jetzt habe sie ihren Mann als Rückhalt und sei froh, ein harmonisches Familienleben führen zu können. Gleichwohl belaste sie die Vorstellung, dass Simons Vater darauf Einfluss nehmen und dies zerstören könne, sagte Frau B. Sie wisse, dass Simon irgendwann den Kontakt zu seinem leiblichen Vater suchen und nach ihm fragen werde, halte es aber für verfrüht, ihn jetzt damit zu konfrontieren. Ich erläuterte, dass es sich „beiläufig" in Simons Entwicklung integrieren lasse, mit dem Bewusstsein aufzuwachsen, einen „psychologischen" Vater zu haben, der täglich für ihn da sei und sich um ihn kümmere, dass es aber gleichzeitig einen leiblichen Vater gebe. Dieser leibliche Vater sei ein Teil seiner Persönlichkeit, mit der Simon sich später entwicklungsbedingt auseinandersetzen werde. Wenn Simon in der nächsten Zeit Fragen nach seiner Herkunft stellen werde, zum Beispiel im Zusammenhang mit dem Thema Aufklärung, könne er nach und nach Informationen über seinen leiblichen Vater in sein Erleben integrieren, ohne später damit „überfallen" zu werden.

Frau B. hörte meinen Erläuterungen aufmerksam zu, äußerte jedoch kritisch dazu, dass sie Schwierigkeiten sehe, wie sie dies konkret im Alltag umsetzen könne. Ich führte aus, dass Herr S. seinerseits diese Entwicklung unterstützen müsse. So könnte er zum Beispiel durch Briefe oder Geschenke zu Weihnachten oder zum Geburtstag zeigen, wie wichtig ihm Simon sei. Frau B. erklärte, sie wolle keinesfalls, dass er ihre Adresse erfahre, konnte sich jedoch auf den Vorschlag einlassen, dass entsprechende Post über das Jugendamt weitergeleitet werde. Weiterführend ging ich darauf ein, dass Frau B. Herrn S. regelmäßig einen kurzen Bericht über Simons Entwicklung und ein Foto zukommen lassen könne. Frau B. wertete dies zunächst als ein Entgegenkommen ihrerseits, so wie man immer wieder von ihr verlangt habe, Herrn S. entgegenzukommen, ohne zu berücksichtigen, dass er ihr nie entgegengekommen sei. Ich erläuterte, dass sie damit Simon und seinem Vater für eine spätere Kontaktaufnahme Gesprächspunkte biete, die solche Kontakte erleichtern würden. Weiter führte ich aus, dass Herr S. durch dieses „Entgegenkommen" eher bereit sein werde, auf ihre Wünsche einzugehen. Mit dem Perspektivenwechsel, dies für Simon und nicht für Herrn S. zu tun, werde ihr dies leichter fallen. Im Laufe dieses Gespräches wurde Frau B. etwas ruhiger und konnte sich darauf einlassen, eine entsprechende Empfehlung im Gutachten zu akzeptieren.

5
Telefonat mit Herrn S.

Nachdem ich Herrn S. über die mit Frau B. erarbeitete Regelung in Bezug auf seine Kontakte zu Simon informiert hatte, sagte er, er müsse dies so akzeptieren und finde es gut, etwas erreicht zu haben. So könne er die Beziehung zu Simon aufrecht erhalten, es sei ihm lieber, auf diese Art und Weise Kontakt zu ihm zu haben, als gar nicht. Herr S. erklärte sich bereit, Simon über Frau G. vom Jugendamt der Stadt A. Post zukommen zu lassen. Zu der Bereitschaft von Frau B., ihm in regelmäßigen Abständen einen Entwicklungsbericht und Fotos von Simon zu kommen zu lassen, äußerte er sich nicht näher. Er entschuldigte sich, nicht mehr dazu zu sagen, weil er zur Zeit durch hohes Fieber sehr angeschlagen sei.

6
Telefonat mit Frau G. vom Jugendamt der Stadt A.

Nach den geschilderten Untersuchungsterminen informierte ich Frau G. über die erarbeitete Umgangsregelung. Sie erklärte sich bereit, Briefe und Geschenke des Vaters an Simon weiterzuleiten.

V
Psychologischer Befund

Im psychologischen Befund werden die dargestellten Informationen zusammengefasst und aus psychologischer Sicht in ihrer Bedeutung für die Lebenssituation und für die weitere psychische Entwicklung von Simon bewertet und gewichtet. Auf dieser Grundlage kann unter Punkt VI die gerichtliche Fragestellung beantwortet werden. [Die in Klammern angeführten Seitenverweise beziehen sich auf das Originalgutachten, sie sind hier durch ... ersetzt.]

Für die Abschätzung von Simons weiteren Entwicklungsmöglichkeiten ist es von erheblicher Bedeutung, welche Bindungsbeziehungen er bis heute entwickeln konnte. Unter „Bindung“ wird hier in Anlehnung an Bowlby (1982) eine gefühlsbestimmte Beziehung zwischen einem Kind und einer oder mehreren Bezugspersonen verstanden, die in erster Linie vom Kind in Interaktion mit diesen Personen gestaltet wird. Die Ergebnisse der Bindungsforschung zeigen, dass die

Qualität der Bindungsbeziehungen im Kindesalter Auswirkungen auf einen weiten Bereich der späteren Lebenstüchtigkeit und der psychischen Gesundheit hat. Die Fähigkeit zu Liebe, das Selbstwertgefühl und die Art der Auseinandersetzung mit der Wirklichkeit werden von den kindlichen Erfahrungen emotionaler Sicherheit in kritischen Situationen (Belastungssituationen) und in Situationen des entspannten Umgangs zwischen dem Kind und seinen Bezugspersonen mehr oder weniger günstig beeinflusst (Grossmann, 1985; Spangler & Zimmermann, 1995). Vor diesem Hintergrund werden nachfolgend zunächst die Beziehungen von Simon zu seinen wichtigsten Bezugspersonen besprochen. Anschließend geht es um das Erleben und Verhalten von Frau B. und Herrn S. im Hinblick auf mögliche Besuchskontakte von Simon mit seinem Vater. Darauf aufbauend werden die weiteren Entwicklungschancen von Simon diskutiert.

Bei den Ausführungen, bei denen das Erleben und Verhalten von Frau B. und Herrn S. herangezogen wird, geht es nicht darum, die „Wahrheit“ einzelner Situationsschilderungen herauszufinden oder einen Verantwortlichen für die heutige Situation zu benennen. Das, was Frau B. und Herr S. berichtet haben, spiegelt ihr Erleben und ihre Einstellung zu der Gesamtsituation wider und hat in Simons Zusammenleben mit seiner Mutter Auswirkungen auf das Erleben des Kindes. Jede Interaktion und vor allem jede Form der Erziehung stellen „Beeinflussungen“ dar, die unvermeidlich, als Orientierungshilfe für Kinder aber ebenso notwendig, sind. Unvermeidlich ist es daher auch, dass sich Einstellungen, Gefühle und Stimmungen der Eltern im täglichen Zusammenleben mit den Kindern mitteilen. Welche Bedeutung dies für die weitere Entwicklung eines Kindes hat, dessen leibliche Eltern sich getrennt haben, hängt wesentlich davon ab, wie die Eltern und deren jeweiliges soziales Umfeld davon absehen können, sich bei allen persönlichen Vorbehalten gegen den früheren Partner dem Kind gegenüber ausdrücklich negativ über diesen Elternteil zu äußern (vgl. Kaltenborn, 1985).

Die familiären Beziehungen von Simon

Frau B. ist für Simon seit seiner Geburt die *wichtigste Bezugsperson.* Nach der Trennung von Herrn S., die bereits vor Simons Geburt stattfand (S. ...), hat sie sich in den ersten Lebensmonaten überwiegend alleine um Simon gekümmert. Dann übernahm Herr J., der zweite Ehemann von Frau B., für etwa ein halbes Jahr die Funktion des Familienvaters. Die Familie zog von B. nach M. (S. ...). Simon war noch kein Jahr alt, als diese Beziehung auseinander ging und konnte somit keine dauerhafte Beziehung zu Herrn J. aufbauen. Nach der Trennung von Frau B. und Herrn J. hatte er keinen Kontakt mehr zu ihm (S. ...). Nach ihrem Umzug von M. nach H. (S. ...) kümmerte sich Frau B. erneut im Wesentlichen alleine um die Bedürfnisse und Belange des Kindes. Aus den Untersuchungsergebnissen ergeben sich *keine Hinweise dafür, dass sie die Aufgaben als allein erziehende Mutter nicht verantwortungsbewusst wahrgenommen hat.*

Etwa seit Mitte letzten Jahres lebt Simon mit seiner Mutter und ihrem jetzigen Ehemann Herrn B. zusammen (S. ...). Simon drückt in seinem Verhalten und Erleben eine positive Beziehung zu *Herrn B.* aus (S. ...), *der in seinem Erleben sein Vater* ist. Zusammen mit dem Engagement von Herrn B. für Simon und seine Mutter (S. ...) begründet dies die *„faktische" Elternschaft von Herrn B.* Frau B. und Herr B. sind gemeinsam darauf bedacht, wichtige Entwicklungsschritte des Kindes, zum Beispiel im körperlichen und sozialen Bereich, zu fördern (S. ...). Zu Simons erweiterter Familie gehören die Eltern von Frau B. und Herrn B. (S. ...). Aus den Beschreibungen von Frau B. und Herrn B. sowie der Verhaltensbeobachtung bei dem Hausbesuch bei Frau B. geht hervor, dass *Simon sich in diesen interfamiliären Beziehungsmustern sicher und geborgen fühlt* (S. ...). Die Qualität der Betreuung wurde von Herrn S. auch nicht in Frage gestellt (S. ...).

Mit Blick auf die Umgebungs- und Erlebniskontinuität hat Simon schon einige Veränderungen erlebt. Innerhalb von drei Jahren ist er dreimal umgezogen und hat verschiedene Formen des familiären Zusammenlebens kennen gelernt. Damit verbundene mögliche Verunsicherungen des Kindes konnte Frau B. durch die Kontinuität der Mutter-Kind-Beziehung und eine angemessene Betreuungssituation auffangen. Sowohl Herr B. als auch Frau B. selber beschrieben eine gute und intensive Mutter-Kind-Beziehung (S. ...). *Heute ist das alltägliche Zusammenleben für Simon mit regelmäßigen und überschaubaren Strukturen verbunden, die ihm Sicherheit und Vertrauen in die Zuverlässigkeit zwischenmenschlicher Beziehungen vermitteln* (S. ...). Gleichwohl spürt er dabei die enorme psychische Anspannung, unter der seine Mutter im Zusammenhang mit Kontakten zu seinem leiblichen Vater steht (s. u.). Bei dem Hausbesuch war zu beobachten, dass Simon die Reaktionen seiner Mutter nicht einschätzen konnte, da ihm der Bezug zu den zugrunde liegenden Ereignissen fehlte (S. ...).

Herr S. ist in Simons Erleben bislang nicht in Erscheinung getreten. *Simon weiß nicht, dass er neben seinem „psychologischen" Vater auch einen „leiblichen“ Vater hat.* Anders als Herr B. hat Herr S. nie mit Mutter und Kind in einer Lebensgemeinschaft gelebt, in der er sich regelmäßig auch um die Erziehung und Pflege des Kindes gekümmert hat. Die wenigen Kontakte, die bis zu Simons drittem Lebensmonat stattfanden (S. ...), sind *bislang keine Grundlage für eine Beziehung zwischen Simon und Herrn S.* Vor diesem Hintergrund konnte auch keine Exploration des Kindes darüber stattfinden, wie er Besuche mit seinem leiblichen Vater in der Vergangenheit erlebt hat und welche Vorstellungen er mit einer Wiederaufnahme der Kontakte verbindet (S. ...). Emotionale Bindungen entstehen nicht durch Blutsverwandtschaft, sondern durch soziale Interaktionen. Daher wird der faktischen Elternschaft in den Sozialwissenschaften zunehmend mehr Bedeutung beigemessen (u.a. Schaffer, 1992). Im Zusammenhang mit möglichen Besuchskontakten zwischen Simon und seinem leiblichen Vater darf seine jetzige Familie nicht in Frage gestellt werden, weil dies sein Erleben emotionaler Sicherheit gefährden würde.

Auch wenn Simon heute in einer intakten Familie mit einem psychologischen Vater lebt und von der Existenz des leiblichen Vaters nichts weiß, kann das Umgangsrecht mit dem leiblichen Vater nicht grundsätzlich in Frage gestellt werden. Die Neuregelung des Kindschaftsrechts trägt nicht zuletzt den veränderten sozialen Gegebenheiten Rechnung und folgert, dass *der Umgang des nichtehelichen Vaters mit dem Kind* grundsätzlich dem Wohl des Kindes dient. Dieser Kontakt *erleichtert dem Kind langfristig die Entwicklung seiner kindlichen Identität,* d.h. seines kindlichen Selbstverständnisses hinsichtlich seiner Person und Herkunft (Geiken, Andrecht & Lehmkuhl, 1997). Zu erwartende Schwierigkeiten bei der Neuanbahnung und Durchführung des Umgangsrechtes können einen Ausschluss nicht pauschal rechtfertigen. Es ist zu prüfen, ob keine nachvollziehbaren, das Kindeswohl nachhaltig berührende Gründe vorliegen, dass das Kind sich ungünstig entwickeln würde, wenn Kontakte stattfänden (Peschel-Gutzeit, 1995; Salzgeber, 1992).

Das Erleben und Verhalten von Frau B.

Das Auseinandergehen einer Familie ist für Eltern ein entscheidender Einschnitt, der Fragen und Veränderungen nach sich zieht (Wallerstein & Blakeslee, 1992) sowie vielfältige Verletzungen und handlungsleitende Gefühle. Simon hat das Auseinandergehen der Beziehung seiner leiblichen Eltern nicht als Trennung erlebt, da sie bereits vor seiner Geburt stattfand (s.o.). *Für Frau B. fiel die Trennung und damit verbundene Auseinandersetzungen in eine Zeit, in der sie sich besonders schutzbedürftig fühlte und emotional sehr verletzlich war.* Untersuchungen weisen darauf hin, dass werdende Mütter generell ein starkes Bedürfnis nach emotionaler Unterstützung haben. Unter der Voraussetzung einer positiven Einstellung des Mannes zur Schwangerschaft ist seine wichtigste Rolle die emotionale Unterstützung der Frau. Mangelnder emotionaler Beistand durch den Mann führt Untersuchungen zufolge zu einer negativen Bewertung des väterlichen Verhaltens durch die Mütter (Fthenakis, 1988). *Zu den Partnerschaftsproblemen von Simons Eltern kamen Komplikationen während der Schwangerschaft*, die zu mehreren, auch längeren Krankenhausaufenthalten von Frau B. führten und mit Sorgen um die Gesundheit des Kindes verbunden waren (S. ...).

Frau B. und Herr S. beschrieben übereinstimmend, dass sie sich beide ein Kind gewünscht hätten. Als sie von der Schwangerschaft erfahren hätten, habe es jedoch schon Schwierigkeiten in ihrer Beziehung gegeben (S. ...). Frau B. erläuterte, dass sie sich von Herrn S. „völlig unterdrückt" gefühlt habe (S. ...), und Herr S. sagte, er habe Simons Mutter vielleicht nicht so viele Freiheiten eingeräumt, wie sie es sich gewünscht habe (S. ...). Auseinandersetzungen seien „verbal unter die Gürtellinie" gegangen, meinte Herr S. (S. ...), die ihm von Frau B. vorgeworfenen Handgreiflichkeiten wies er jedoch zurück (S. ...). Mit der bevorstehenden Geburt des Kindes verbanden beide Eltern die Hoffnung, die Beziehung um des Kindes Willen wieder aufnehmen zu können, dennoch kam es, auch im Krankenhaus, immer wieder zu Auseinandersetzungen (S. ...). Während der Schwangerschaft und auch nach Simons Geburt besuchte Herr S. Frau B. im Krankenhaus (S. ...), Frau B. erlebte sein Verhalten jedoch nicht als fürsorglich. Sie sagte, sie habe sich nicht auf ihn verlassen können und sich „völlig alleingelassen" gefühlt (S. ...). *Vor dem Hintergrund der Enttäuschungen und emotionalen Verletzungen der Mutter, sich schon vor der Geburt des Kindes vom Vater im Stich gelassen zu fühlen, steht ihre Ablehnung von Umgangskontakten.*

Frau B. betonte, dass sie anfangs bemüht gewesen sei, Kontakte zwischen Simon und seinem Vater aufzubauen. Sie sagte, wenn Herr S. sich vernünftig verhalten hätte, wäre sie auch weiterhin bereit gewesen dazu (S. ...). *In ihrer Wahrnehmung hat Herr S. sich jedoch nie wirklich um Simon gekümmert.* Er habe die Vaterschaft angezweifelt (S. ...), habe Simon weder zum Geburtstag noch zu Weihnachten etwas geschickt (S. ...) und habe nie gefragt, wie es Simon gehe, *sondern ihr die Aufgabe, sich verantwortungsbewusst um den Jungen zu kümmern, besonders schwer gemacht* (S. ...), sagte Frau B. Sie könne den Gedanken nicht ertragen, dass er sie auf die Herausgabe des Kinderbettes verklagt habe (S. ...), auch seine Anzeige wegen Kindesmisshandlung habe sie sehr verletzt (S. ...). Die schlimmen Erinnerungen an die Vergangenheit, in der Herr S. ihr Vorwürfe gemacht habe (S. ...), Kontakte zu ihren Eltern nicht habe dulden wollen (S. ...), ihren ehemaligen Partner Herrn J. und sie belästigt habe (S. ...) und sie auch noch nach ihrem Umzug nach H. telefonisch „terrorisiert" habe (S. ...), hätten sie nie zur Ruhe kommen lassen und damit Simon genauso geschadet wie ihr (S. ...). Seit sie mit Herrn B. zusammenwohne, habe Herr S. sich nicht mehr gemeldet, sie erwarte jedoch, dass es wieder Schwierigkeiten geben werde (S. ...), sagte Frau B.

Die negativen Erfahrungen, die Frau B. auch nach der Trennung mit Herrn S. gemacht hat, haben ihre Einstellung zu ihm nachhaltig geprägt. In ihren Augen hat Herr S. seine Vaterschaft „verwirkt". Durch persönliche Kontakte sieht sie in erster Linie ihre Beziehung zu Simon gefährdet (S. ...). Auch Herr B. meinte, er könne sich aufgrund der Schilderungen seiner Frau nicht vorstellen, wie Herr S. die Versäumnisse der letzten Jahre wieder gutmachen könne. Er unterstützt seine Frau darin, dass sie mit allen Mitteln verhindern möchte, dass Herr S. Einfluss auf ihr Familienleben nimmt (S. ...). Frau B. und Herr B. beschrieben, wie problematisch die psychische Belastung der Mutter für ihr Familienleben sei und dass damit auch Simon einer stetigen Unruhe ausgesetzt sei (S. ...). In dem Gespräch mit Frau B. und bei dem Hausbesuch war die psychische Belastung der Mutter deutlich zu beobachten (S. ...). Frau B. erklärte, sie habe lange Zeit unter Herrn S. gelitten und panische Angst vor ihm. Sie könne diese Angst nicht bewältigen und habe keine Kraft mehr, sie wolle für sich, Simon und ihre Familie Ruhe haben (S. ...). Bei persönlichen Kontakten zwischen Simon und Herrn S. bliebe für sie die Angst und das Misstrauen, dass Simon etwas passieren könnte (S. ...).

Frau B. sucht die Ursache für ihre eigene Unruhe bei Herrn S. und nimmt vorweg, dass Simon durch Kontakte mit seinem leiblichen Vater ebenfalls beunruhigt werden könnte. Dabei ist sie selber so sehr in das Geschehen verwickelt, dass sie nicht die notwendige innere Distanz hat, zu erkennen, dass Simon lediglich ihre eigene Unruhe widerspiegelt (vgl. Klenner, 1995). Auf Simon bezogen erklärte sie mehrfach, das Kind solle zur Ruhe kommen können (S. ...). Tatsächlich geht es Frau B. darum, dass sie selber zur Ruhe kommen möchte. Im Laufe der Jahre hat sich bei ihr eine angstbesetzte Vorstellung von Kontakten mit Herrn S. entwickelt und verfestigt, die emotional tief verwurzelt ist und mit rationalen Argumenten kaum gesteuert werden kann, sodass auch ihr Blick für mögliche Veränderungen im Verhalten von Herrn S. verschlossen ist. *Die Befürchtungen von Frau B. haben ihren realen Hintergrund in Verletzungen und Enttäuschungen während der Schwangerschaft und Trennungsphase von Herrn S., zeigen aber auch deutliche Elemente einer Übersteigerung.* So sind zum Beispiel ihre Ängste, Herr S. könnte Simon nach Italien entführen (S. ...), nicht nachvollziehbar. Unklar bleibt auch, warum Herr S. die Kamera von Herrn J. herausklagen musste, nachdem er ihn gebeten hatte, Fotos von Simon für ihn zu machen (S. ...).

Die anhaltende psychische Belastung von Frau B. zeigt, dass sie die Beziehung zu Herrn S. noch nicht aufgearbeitet hat. Es fehlen Elemente wie Trauerarbeit, Angstbewältigung, Verstehen, Verzeihen und die Schaffung einer neuen Basis von Vertrauen und Respekt (vgl. Kodjoe & Koeppel, 1998). In diesem Sinne ist ihre Argumentation eher an den eigenen Bedürfnissen orientiert als an denen des Kindes. Die von Frau B. geschilderten Ängste beeinträchtigen ihre Lebensqualität und Zukunftsplanung. Dabei projiziert sie die Ursachen hierfür einseitig auf das Verhalten von Herrn S., ohne eigene Anteile in Erwägung zu ziehen. Sein Verhalten bringt sie in erster Linie damit in Verbindung, dass er ihr schaden und sie verletzen möchte. *Die Möglichkeit, dass Herr S. sich tatsächlich für seinen Sohn interessiert, taucht in ihren Vorstellungen überhaupt nicht auf.* Äußere Zwänge und Beschränkungen, wie Herr S. sie im Zusammenhang mit der Feststellung der Vaterschaft, den Unterhaltszahlungen und unzureichenden Informationen über Simons Gesundheitszustand beschrieb (S. ...), legt sie ihm als Desinteresse aus.

Aufgrund ihrer Erfahrungen in der Vergangenheit, den beschriebenen Ängsten und ihrer psychischen Belastung ist Frau B. derzeit nicht in der Lage, persönliche Kontakte zwischen Simon und seinem leiblichen Vater so vorzubereiten, dass Simon dem möglichst ungezwungen gegenüber treten kann. Frau B. sagte, sie sei nicht mehr bereit, sich kooperativ zu verhalten, sie fühle sich verpflichtet, Herrn S. entgegenzukommen, während man ihm ungeachtet seines Verhaltens Rechte einräume (S. ...). Wie Klenner (1995) ausführt, handelt es sich bei der „Kontakt- und Umgangsvereitelung" nicht immer um einen Vorsatz, sondern in den meisten Fällen um Emotionen, die auf das Kind übertragen werden. Dabei ist es wenig zielführend, das „Fehlverhalten" der Mutter zu thematisieren. Eine Lösung, die den Bedürfnissen und Interessen von Simon gerecht wird, kann es nur geben, wenn beide Eltern im Rahmen ihrer Möglichkeiten Zugeständnisse machen. So beruhten zum Beispiel die Unklarheiten, ob und warum Simon einen Steißbein- und/oder Schlüsselbeinbruch hatte (S. ...), auf einem Missverständnis, das leicht hätte geklärt werden können, wenn die Eltern sich untereinander besser hätten verständigen können. *Ein erster Schritt in diese Richtung wäre es, wenn beide Eltern sich bereit fänden, zur Beseitigung der Umgangsschwierigkeiten Hilfe durch Beratung in Anspruch zu nehmen.* Bislang konnte mit Hilfe des Jugendamtes keine Annäherung der unterschiedlichen Sichtweisen von Frau B. und Herrn S. erreicht werden (S. ...).

Die Untersuchungsergebnisse zeigen, dass die Ursachen für die entstandenen Schwierigkeiten nicht zuletzt auch in den persönlichen Vorbehalten von Frau B. gegen Herrn S. verankert sind. Frau B. braucht tatsächlich Abstand von den Auseinandersetzungen mit Herrn S. Es reicht jedoch nicht, die Konflikte einfach zu verdrängen und „Ruhe" einkehren zu lassen. Vielmehr müssen die Ursachen der Konflikte aufgearbeitet werden, um langfristig zu einer Stabilisierung der persönlichen Situation von Frau B. beizutragen. In diesem Sinne wird *Frau B. empfohlen, sich von professioneller Seite Unterstützung für ihre persönliche Situation zu suchen. Eine Beratung durch das Jugendamt allein erscheint nicht ausreichend, um zum einen Frau B. in ihrer persönlichen Situation zu helfen und zum anderen zu einer Lösung des Konfliktes zu gelangen.*

Das Erleben und Verhalten von Herrn S.

Durch die hartnäckige Ablehnung der Mutter, persönlichen Kontakten zwischen Simon und seinem Vater zuzustimmen, ist es *für Herrn S. ausgesprochen schwierig, nachzuweisen, dass der persönliche Kontakt des Kindes mit ihm „für die Entwicklung des Kindes dienlich" ist* (vgl. Oelker, 1995). Das Vorhandensein einer anderen wesentlichen männlichen Bezugsperson für Simon, nämlich Herrn B., macht diese Sache nicht leichter. Oelkers (1995) führt aus, dass der persönliche Umgang immer dann vorteilhaft sei, wenn der Vater den Kontakt zu seinem Kind nicht aus sachfremden Motiven suche, etwa um wieder Kontakt mit der Mutter aufzunehmen. Dem Kind dürfe nicht die Existenz seines leiblichen Vaters verschwiegen werden, um spätere Identitätsprobleme zu vermeiden (s.o.). Herr S. erläuterte, er habe von Anfang an zu seinem Kind stehen wollen und hätte gerne Kontakt zu ihm gehabt, um zu vermeiden, in seinem Erleben nicht präsent zu sein. Er wolle nicht, wie viele Väter, den Kontakt zu seinem Kind ganz abbrechen lassen (S. ...). *Heute schieben sich Herr S. und Frau B. wechselseitig die Verantwortung für die entstandenen Schwie-*

rigkeiten zu und haben eine unterschiedliche Wahrnehmung davon, auf welche Art und Weise Herr S. sich um Kontakte mit Simon bemüht hat und mit welcher Motivation er diese Kontakte wünscht.

Simons jetzige Lebenssituation in dem familiären Gefüge mit Frau B. und Herrn B. wird von Herrn S. nicht in Frage gestellt. Er möchte lediglich Anteil nehmen können an der Entwicklung seines Sohnes und ihm als kontinuierlicher Ansprechpartner zur Verfügung stehen, ohne an seiner Situation „großartig" etwas zu verändern (S. ...). Der Kontakt zu Simon bedeutet ihm auch in persönlicher Hinsicht viel. Durchaus etwas egoistisch denke er, dass Simon auch „sein" Kind sei, meinte Herr S., er brauche den Kontakt zu Simon, die Sache berühre ihn sehr (S. ...). Angesichts der „stärkeren" Position von Frau B., Simon auf Kontakte mit ihm vorzubereiten, befürchtet er, dass Simon ihn später nicht kennen lernen wolle, oder ein falsches Bild von ihm vermittelt bekomme (S. ...). Zu der erzielten Vereinbarung, Simon über das Jugendamt Post zukommen zu lassen und im Gegenzug von Frau B. über Simons Entwicklungsfortschritte informiert zu werden, meinte er, es sei besser, so die Beziehung zu Simon aufrecht erhalten zu können, als gar keine Kontakte zu haben (S. ...). Als er vor kurzem zwei Fotos von Simon erhalten habe, habe er sich gefreut, es habe ihm aber auch wehgetan, nach drei Jahren ohne Kontakt. Aus der Perspektive von Frau B. erklärte Herr S., dass ihm umgekehrt Kontakte vielleicht auch nicht recht wären, weil sie seinem Leben schaden könnten. Daher habe er das Besuchsrecht auch schon „ein bisschen abgehakt" (S. ...).

Tatsächlich befindet sich Herr S. hier in der „schwächeren" Position. *Die Vorstellungen, die er mit einer Aufnahme von Kontakten zu Simon verbindet, orientieren sich realistisch an den Entwicklungsvoraussetzungen des Kindes und seiner Einschätzung der Einstellung und Belastbarkeit von Frau B.* Er erklärte, eine Kontaktanbahnung sollte sehr langsam vorangehen, Kontakte in Anwesenheit Dritter könnten vertraute Bedingungen für Simon ermöglichen und wären eine „Kontrollfunktion" für ihn, damit Frau B. ihm hinterher keine Vorwürfe machen könne (S. ...). Sofern persönliche Kontakte tatsächlich zu einer unerträglichen Belastung für Simon würden und damit seine weitere Entwicklung negativ beeinflussen würden, müssten diese bis auf weiteres ausgesetzt werden. Problematisch ist es allerdings, Voraussetzungen für diese ungünstige Entwicklung einseitig auf die negative Einstellung von Frau B. zu persönlichen Kontakten zurückzuführen. Herr S. räumte ein, dass Kontakte zu Simon eine Belastung für Frau B. darstellen würden, er erwarte jedoch, dass sie sich diesbezüglich „zusammenreiße und etwas kooperativer" verhalte (S. ...).

Nicht außer Acht zu lassen ist hier, dass *Herr S.*, wenn auch nicht beabsichtigt, *durch sein Verhalten in der Vergangenheit mit dazu beigetragen hat, die Vorbehalte auf Seiten der Mutter zu verstärken.*

Begonnen haben die Schwierigkeiten bereits während der Schwangerschaft, als Frau B. sich mehr Unterstützung vom Vater ihres Kindes gewünscht hat (s. o.). Herr S. schilderte, dass es immer häufiger zu Auseinandersetzungen gekommen sei, er habe den Eindruck gehabt, dass Simons Mutter während der Schwangerschaft „rechthaberisch" geworden sei (S. ...). Im Nachhinein räumte er ein, ihr vielleicht nicht so viele Freiheiten eingeräumt zu haben, wie sie es sich gewünscht habe (S. ...). *Zum damaligen Zeitpunkt fehlte ihm das Einfühlungsvermögen in den veränderten Zustand und die veränderten Bedürfnisse seiner Partnerin.* Bis zu Simons Geburt blieb offen, wie sich die Beziehung zwischen Herrn S. und Frau B. weiter entwickeln würde. Herr S. schilderte, dass sie sich vor der Geburt geeinigt hätten, dass er ausziehen würde, gab aber auch an, dass sie im gleichen Zeitraum darüber gesprochen hätten, zu heiraten. Nach einer erneuten Auseinandersetzung habe er sich zurückgezogen und die Geburt abwarten wollen, um dann in Ruhe mit Simons Mutter über Besuchskontakte zu sprechen (S. ...).

Dazu, ob und wann Herr S. bei der Geburt hätte dabei sein sollen, bzw. wann er über Simons Geburt benachrichtigt wurde, machten beide Eltern unterschiedliche Angaben (S. ...). *Unstrittig ist, dass es bei dem ersten Besuch von Herrn S. nach der Entbindung wieder zu einer Auseinandersetzung kam.* Zur Enttäuschung der Mutter ging Herr S. mit keinem Wort auf die Geburt ein, sondern warf ihr vor, warum die Ärzte ihm keine Auskunft über seinen Sohn erteilen dürften (S. ...). Herr S. gab an, dass er sich einerseits nicht getraut habe, Simons Mutter gegenüberzutreten, weil er Reibereien gefürchtet habe, die man ihm negativ hätte auslegen können (S. ...), andererseits schilderte er, dass er hartnäckig nachgefragt habe, bis Simons Mutter ihm erlaubt habe, Simon auf den Arm zu nehmen (S. ...). *Im Nachhinein reflektierte Herr S. auch hier über die psychische Situation der Mutter im Zusammenhang mit den Auseinandersetzungen.* Er meinte, vermutlich habe sie nach der Geburt nur in Ruhe gelassen werden wollen (S. ...). *Andererseits blendete er das Ausmaß und die nachhaltigen Wirkungen der Auseinandersetzungen im Vorfeld der Trennung aus*, indem er sagte, das Verhalten von Simons Mutter sei für ihn nicht verständlich gewesen, da sie sich in der Schwangerschaft gut verstanden hätten (S. ...).

Zusammenfassend lässt sich sagen, dass die Trennungsphase für beide Partner sehr turbulent war, die wechselseitigen Anschuldigungen führten auf beiden Seiten zu Verletzungen, die es bis heute kaum möglich machen, dass die Eltern wieder ins Gespräch miteinander kommen. Inwieweit Herr S. sich in bestimmten Situationen jähzornig oder gewalttätig verhalten hat, kann aus gutachterlicher Sicht nicht angemessen eingeschätzt werden. Frau B. schilderte mehrere Beispiele hierzu, eine Bedrohung durch Herrn S. ist in ihrem Erleben nach wie vor gegeben (s. o.). Herr S. sagte, er könne nicht nachvollziehen, dass Frau B. sein Verhalten als bedrohlich erlebe (S. ...). *Er wies ihre Vorwürfe zurück und erläuterte, dass er sich zunehmend zurückgehalten habe, mit Simons Mutter in Kontakt zu treten, damit nicht erneut Vorwürfe gegen ihn erhoben würden, dass er gewalttätig sei oder sie bedrohe.* Er sei ängstlich und wolle sich nicht durch eine „dumme Bemerkung“ Chancen verbauen (S. ...). Konfrontiert mit vermeintlichen körperlichen Übergriffen erklärte er, er sei vor Gericht immer ruhig geblieben. Das Verfahren im Zusammenhang mit der Kamera, die er Herrn J. gegeben hatte, damit dieser Bilder von Simon für ihn mache, sei eingestellt worden (S. ...).

Aus den Schilderungen von Herrn S. geht hervor, dass es ihm sowohl von Seiten von Frau B. als auch von Seiten des Jugendamtes schwer gemacht worden sei, als nichtehelicher Vater zu seinem Kind stehen zu können. Bis vor einem Jahr sei seine Vaterschaft offiziell nicht anerkannt gewesen, sodass er auch keinen Unterhalt habe zahlen können (S. ...). Herr S. kritisierte, dass Frau B. ihm von Anfang an Informationen über Simon vorenthalten habe (S. ...). Sein Anwalt habe sie immer wieder freundlich angeschrieben, Frau B. habe Kontakte jedoch abgelehnt (S. ...). Seinen Bemühungen, wenigstens Fotos von Simon zu bekommen, sei sie erst nach einer gerichtlichen Aufforderung gefolgt (S. ...). Weitere Informationen über Simon habe er lediglich bei den Verhandlungen bekommen und einmal durch den Bruder von Frau B., als Simon mit sechs Wochen wegen eines Magenpförtnerkrampfes im Krankenhaus gelegen habe, berichtete Herr S. (S. ...). Bei dieser Gelegenheit kam es zu einer ähnlichen Auseinandersetzung zwischen Herrn S. und Frau B. im Krankenhaus wie nach Simons Geburt (S. ...). Im Nachhinein ist es nicht möglich, einen Schuldigen für diesen Streit auszumachen, *letztlich müssen auch hier die unterschiedlichen Wahrnehmungen beider Eltern für sich stehen bleiben.* Gegenüber dem Erleben von Frau B. wirken die Äußerungen von Herrn S. verharmlosend, gegenüber den Erläuterungen von Herrn S. erscheinen die Anschuldigungen von Frau B. übertrieben.

Auch wenn Herr S. meinte, er habe sich während der ganzen Prozesse immer im Zugzwang gefühlt, darf nicht verkannt werden, dass *seine Anzeige wegen Vernachlässigung des Kindes* (S. ...) *und die For-*

derung, Teile der Babyausstattung zurückzugeben (S. ...), *extrem konfliktverschärfend wirkten.* Nicht zu Unrecht kritisierte Frau B., dass Herr S. hier „sein Recht" an Simon in den Vordergrund stellte (S. ...). Zu der Anzeige führte Herr S. aus, er habe damals keine andere Möglichkeit gesehen, Informationen über Simon zu bekommen (S. ...). Auf Nachfragen räumte er ein, dass Frau B. dieses Vorgehen „sicher nicht behagt" habe (S. ...). Zu der Herausgabe von Teilen der Babyausstattung erklärte Herr S., er könne sich vorstellen, dass es für Frau B. eher demütigend gewesen sei, die Dinge im Nachhinein an ihn herausgeben zu müssen. Er habe jedoch ein Andenken an seinen Sohn haben wollen und die Dinge erst zurückgefordert, als Simon sie nicht mehr gebraucht habe (S. ...). *Aus den Schilderungen von Herrn S. geht hervor, dass er sich nur wenig Gedanken dazu machte, wie er die Lebensbedingungen des Kindes aktiv verbessern könnte, er hat Simon nie etwas zukommen lassen, sondern seiner Mutter eher etwas „weggenommen". Bei seinem Interesse für Simon unterschätzt er die Wirkung seiner Forderungen, die mit dazu beigetragen haben, dass Frau B. sein Verhalten als gegen sie gerichtet erlebt. In Zukunft muss für Simon und Frau B. deutlicher werden, dass Herr S. bereit ist, sich „für Simon" zu engagieren.* Zunächst bieten Briefe und Geschenke an Simon einen Gestaltungsspielraum, der bei einer positiven Entwicklung der gesamten Situation ausgebaut werden kann. Eine wichtige Voraussetzung, um das Vertrauen von Frau B. in eine positive Entwicklung der Situation zu stärken, besteht darin, dass Herr S. keinen weiteren juristischen Zwang ausübt. Im Gegenzug sollte Frau B. Simon über die familiären Verhältnisse angemessen informieren und auf den Kontakt zu seinem leiblichen Vater vorbereiten.

Zu den Entwicklungschancen von Simon

Anders als nach dem bis zum 30. 06. 1998 geltenden § 1711 BGB ist die Ausgestaltung von Umgangskontakten nicht mehr in erster Linie vom Willen der Mutter abhängig. Dennoch sind Fälle, in denen das Umgangsrecht wie hier gegen den erklärten Willen des sorgeberechtigten Elternteils (s. u.) begehrt wird, nach wie vor ausgesprochen problematisch. Dabei hängt vieles vom guten Willen der beteiligten Personen ab, vor allem von der Bereitschaft, alles zu unterlassen, was das Verhältnis des Kindes zum jeweils anderen Elternteil beeinträchtigt oder die Erziehung erschwert (§ 1684, Abs. 2 BGB). Sofern eine Beziehung neu aufgebaut werden soll, ist ein besonderes Einfühlungsvermögen in die Bedürfnisse des Kindes und seine emotionale Belastbarkeit erforderlich. Kinder sind sehr stark von ihrem unmittelbaren Lebensraum abhängig und auf stützende Systeme angewiesen. Sie unterliegen viel stärker als Erwachsene entwicklungsbedingten Veränderungen und sind weniger in der Lage, Belastungen zu verarbeiten und zu ertragen (Jaede, 1993). *Die Voraussetzungen für einen an den Bedürfnissen und der Belastbarkeit des Kindes orientierten Umgang werden Frau B. und Herr B.*, die für Simon zur Zeit wichtigsten Bezugspersonen, *schaffen müssen.* Allerdings können diese Voraussetzungen nicht losgelöst betrachtet werden von dem *komplexen Zusammenspiel mit dem Verhalten des umgangsberechtigten Vaters* (s.o.).

Aus der Sicht des Kindes kommt ein völliger Ausschluss des Umgangsrechtes nur in Frage, um eine konkrete Gefährdung des Kindeswohls abzuwehren (vgl. Oelkers, 1995). Weder die lange zeitliche Unterbrechung von Kontakten zwischen Herrn S. und seinem Sohn noch das Verfahren zur Feststellung der Vaterschaft können den Ausschluss des Umgangsrechtes begründen (Salzgeber, 1992; Oelkers, 1995). Mit der Neufassung des Kindschaftsrechtes ist ein deutlicher Appell an die Eltern verbunden, den Umgang des Kindes als ein Recht des Kindes zu respektieren, damit ist gemeint das Recht des Kindes auf Wahrung seiner Entwicklungschancen, u.a. auch die Vermeidung späterer Identitätsprobleme. Mit Besuchen so lange zu warten, bis Simon alt genug ist, um sich ein eigenes Bild zu machen, wie Frau B. meinte (S. ...), entspricht sicher nicht dem Recht des Kindes, nach der Trennung seiner leiblichen Eltern Beziehungen zu beiden Eltern haben zu können. Empirische Untersuchungen haben gezeigt, dass nach einer zwei- bis dreijährigen Aussetzung von Besuchskontakten kaum mit einer Verbesserung der Chancen zu rechnen ist, eine Beziehung zwischen Vater und Kind wieder aufzubauen (Strunk, 1997). *Andererseits muss das „Beziehungsrecht" eines Kindes auch sein Bedürfnis nach Ruhe, Geborgenheit, sicheren Lebensumständen und konfliktfreien Kontakten umfassen, bei denen es aus anhaltenden Konflikten zwischen den Eltern herausgehalten wird* (Balloff, 1992; Klußmann & Stötzel, 1995).

Bisher hat Frau B. Simon noch nicht mit der Existenz seines leiblichen Vaters konfrontiert. Frau B. und Herr B. nennen Herrn S. nach Angaben von Herrn B. in Gesprächen nur den „Mann" (S. ...). Simon weiß mit diesem „Mann" noch nichts anzufangen, mit zunehmendem Alter werden jedoch Fragen auftauchen. Dabei kann es Frau B. auf Dauer nicht gelingen, ihre ablehnende Haltung gegenüber Herrn S. vor Simon zurückzuhalten, sofern sie sich nicht konstruktiv damit auseinandersetzt, wie sie Simon auf mögliche Fragen antworten wird, Fragen, die auch seine Herkunft berühren werden. *Unabhängig da-*

von, wann dies geschehen wird, liegt es in ihrer Hand, welches Bild Simon dabei von seinem Vater vermittelt bekommen wird. Je später Simon von der Existenz seines leiblichen Vaters erfährt, desto größer ist die Wahrscheinlichkeit, dass er hinterfragt, warum er erst so spät darüber informiert worden ist. Dabei besteht zum einen die Möglichkeit, dass er die negative Einstellung der Mutter gegenüber Herrn S. übernimmt, andererseits kann auch sein Vertrauen in die Mutter tief erschüttert werden, dass sie ihm einen Teil seiner Persönlichkeitsentwicklung vorenthalten hat. Weil beide Möglichkeiten seine emotionale Sicherheit und damit sein Selbstbewusstsein gefährden können, schränken sie seine Entwicklungschancen ein, sodass es *aus psychologischer Sicht zu begrüßen wäre, wenn Simon möglichst bald erfährt, dass er neben seinem psychologischen Vater einen zweiten leiblichen Vater hat.* Kinder können durchaus verkraften, dass sie zwei „Väter" haben, wenn diese sich in ihrer jeweiligen Rolle respektieren (Furstenberg, Nord & Peterson, 1982; zit. nach Fthenakis, 1988).

Das verständliche Bemühen von Frau B., Simon vor Loyalitätskonflikten zu bewahren, lässt außer Acht, dass Kinder viel stärker in der Lage sind, die Rollen verschiedener Bezugspersonen zu differenzieren, als man es ihnen lange Zeit zugetraut hat. Dies betrifft insbesondere die Fähigkeit der Kinder, Beziehungen zu ihren Stiefvätern und leiblichen Vätern zu gestalten (Schaffer, 1992). *Aus gutachterlicher Sicht besteht dabei keine Gefahr für das Kind. Gleichwohl sind Kinder bei der Gestaltung dieser Beziehungen sehr stark auf die Unterstützung ihrer wichtigsten Bezugspersonen angewiesen.* Bis zum Grundschulalter können Kinder keine positive Einstellung zu Besuchen entwickeln, wenn ihr Verhalten nicht positiv verstärkt und gefördert wird (vgl. Lempp, 1983). Unerlässlich ist es dabei, die Aufnahme von Kontakten behutsam vorzunehmen (Oelkers, 1995). *Eine „Kampfentscheidung", bei der Frau B. gezwungen würde, persönliche Kontakte von Simon mit dem Vater zu unterstützen, würde ihr psychisches Leistungsvermögen übersteigen und für Simon jeden Besuch zu einer unerträglichen Belastung machen.* Wie schon bei dem Hausbesuch zu beobachten war (s. o.), würde Simon die Anspannung seiner Mutter spüren, die sich auf ihn übertragen würde, sodass es bei Kontakten zu Konflikten käme, die letztendlich dem Kind schaden würden. Aus diesem Grund sind *persönliche Kontakte zum jetzigen Zeitpunkt nicht durchführbar.*

Hier liegt die besondere Situation vor, dass Simon nicht an eine Beziehung zu seinem Vater aus früheren Tagen anknüpfen kann. Der letzte Kontakt zwischen Simon und seinem Vater fand auf Initiative der Mutter im März 1995 statt (S. ...). Nach Angaben von Herrn S.

verlief das Zusammensein mit Simon unproblematisch. Aufgrund des Verhaltens von Frau B. ging er allerdings schon damals davon aus, dass die Durchführung weiterer Besuchskontakte problematisch sein würde (S. ...). *Nach drei Jahren, in denen keine Kontakte stattfanden, müsste jede Form der Kontaktanbahnung erst bestimmte Voraussetzungen erfüllen.* Dies sind, wie beschrieben, Bedingungen, die im Verhalten der Mutter begründet liegen, aber auch Herr S. kann einen wichtigen Beitrag zur Entspannung der jetzigen Situation leisten. Aus der Perspektive des Kindes muss zunächst berücksichtigt werden, welche Auswirkungen Kontakte auf Simons Erleben und Verhalten haben werden. *Für eine mögliche Gefährdung des Kindes, die auf das Verhalten des Vaters zurückzuführen wäre, gibt es weder aus den Schilderungen von Herrn S. noch von Frau B. konkrete Anhaltspunkte.* Simons Beziehung zu seiner Mutter wird durch das Wissen, neben seinem psychologischen Vater auch einen leiblichen Vater zu haben und durch mögliche Kontakte zu diesem nicht zwangsläufig gestört. Auch das jetzige Zusammenleben als Familie muss nicht in Frage gestellt werden. *Sofern alle Beteiligten Simon die Gewissheit vermitteln, dass sein Zuhause bei der Mutter und Herrn B. ist, erfährt seine Lebenssituation dabei keine Einschränkung, sondern eine Erweiterung, die sich positiv auf seine weitere Entwicklung auswirken kann.*

Aufgrund der faktischen Elternschaft von Herrn B. *reicht es zunächst, wenn Herr S. als Person für Simon benennbar wird*, zum Beispiel anhand seines Vornamens. *Altersgemäß und an seinen Entwicklungsfortschritten orientiert kann Simon dann darauf vorbereitet werden, dass Herr S. sein leiblicher Vater ist.* Die angesprochenen Beratungsgespräche könnten Frau B. darin unterstützen, dies im Alltag zu begleiten, um ihre Belastungsreaktionen aufzufangen und Befürchtungen auszuräumen. *Wichtig ist, dass auch Herr B. dieses Vorgehen unterstützt.* Nach einem ausführlichen Gespräch erklärte Frau B. sich schließlich bereit, Simon in diesem Sinne die Post seines Vater weiterzuleiten, sofern Herr S. ihm diese über das Jugendamt zusenden würde (S. ...). Dieses Vorgehen ist mit Frau G. vom Jugendamt A. abgestimmt. Im Gegenzug erklärte sich Frau B. bereit, Herrn S. regelmäßig über Simons Entwicklungsfortschritte zu informieren und Fotos zuzusenden (S. ...).

Auch wenn es für Frau B. noch schwierig ist nachzuvollziehen, dass es bei dem skizzierten Vorgehen darum geht, die Rechte des Kindes auf Umgang zu wahren, erstreckt sich ihre Auskunfts-„Pflicht" auf Informationen über das Kind bezüglich seiner Entwicklung und dessen persönliche Verhältnisse, u. a. auf den Gesundheitszustand des Kindes, insbesondere schwere Erkrankungen und notwendige Operationen,

Einschulung, aber auch Einblick in die Zeugnisse und Berufswahl. Das Auskunfts-„Recht" des Nicht-Sorgeberechtigten soll wenigstens ein Minimum an Beziehung ermöglichen, wenn der Kontakt zum Kind eingeschränkt ist (vgl. Salzgeber, 1992). *Über den Zeitpunkt der Ausweitung des hier geschilderten Minimalkonsenses kann erst entschieden werden, wenn sich die Bedingungen bei allen Beteiligten verbessert haben.* Unterstützung können Frau B. und Herr S. dabei beim Jugendamt oder einer anderen Beratungsstelle in Anspruch nehmen. Spätere persönliche Kontakte zwischen Simon und seinem leiblichen Vater sollten zunächst in Begleitung einer dritten Person stattfinden. Für ein erstes Treffen könnte Simon mit der Person, die die Treffen begleiten wird, auf den Ort dieser Treffen vorbereitet werden (vgl. Salzgeber, 1992). Dieses Vorgehen würde sowohl Frau B. als auch Herrn S. helfen, persönliche Vorbehalte gegeneinander abzubauen, da sie an realistischen Bedingungen überprüft werden können. *Langfristig ist es für Simons Entwicklung wichtig, dass Frau B. und Herr S. wieder ins Gespräch miteinander kommen.* Sofern Simons (leibliche) Eltern anhaltend miteinander streiten und ihm nicht zeigen, dass trotzdem Kompromisse möglich sind, kann er kein sicheres Vertrauen zu den erwachsenen Bezugspersonen und sich selbst aufbauen (vgl. Balloff, 1992).

VI
Stellungnahme zur Frage des Familiengerichts

Zur Beantwortung der gerichtlichen Fragestellung wird an dieser Stelle noch einmal Bezug genommen auf die unter Punkt II formulierten psychologischen Fragestellungen.

1. Herr S. ist in Simons Erleben bislang nicht in Erscheinung getreten. Simon weiß nicht, dass er neben seinem „psychologischen" Vater Herrn B. auch einen „leiblichen" Vater hat. Anders als Herr B. hat Herr S. nie mit Mutter und Kind in einer Lebensgemeinschaft gelebt, in der er sich regelmäßig auch um die Erziehung und Pflege des Kindes gekümmert hat. Die wenigen Kontakte, die bis zu Simons drittem Lebensmonat stattfanden, sind bislang keine Grundlage für eine Beziehung zwischen Simon und Herrn S.
2. Der letzte Kontakt zwischen Simon und seinem Vater fand auf Initiative der Mutter im März 1995 statt. Nach Angaben von Herrn S. verlief das Zusammensein mit Simon unproblematisch. Zuvor besuchte Herr S. Simon und seine Mutter nach der Entbindung und im Zusammenhang mit Simons Magenpförtnerkrampf als er sechs

Wochen alt war im Krankenhaus. Dabei kam es zu Auseinandersetzungen zwischen Herrn S. und Frau B., die im weiteren Verlauf dazu führten, dass Frau B. weitere Kontakte zwischen Simon und Herrn S. ablehnte. Vor diesem Hintergrund konnte keine Exploration des Kindes darüber stattfinden, wie Simon Besuche mit seinem leiblichen Vater in der Vergangenheit erlebt hat und welche Vorstellungen er mit einer Wiederaufnahme der Kontakte verbindet.

3. Simons jetzige Lebenssituation in dem familiären Gefüge mit Frau B. und Herrn B. wird von Herrn S. nicht in Frage gestellt. Er möchte lediglich Anteil nehmen können an der Entwicklung seines Sohnes und ihm als kontinuierlicher Ansprechpartner zur Verfügung stehen, ohne an seiner Situation „großartig" etwas zu verändern. Die Vorstellungen, die er mit einer Aufnahme von Kontakten zu Simon verbindet, orientieren sich realistisch an den Entwicklungsvoraussetzungen des Kindes und der Einschätzung der Einstellung und Belastbarkeit von Frau B. Er erklärte, eine Kontaktanbahnung sollte sehr langsam vorangehen, Kontakte in Anwesenheit Dritter könnten vertraute Bedingungen für Simon ermöglichen und wären eine „Kontrollfunktion" für ihn, damit Frau B. ihm hinterher keine Vorwürfe machen könne.
4. Mit Blick auf die Umgebungs- und Erlebniskontinuität hat Simon schon einige Veränderungen erlebt. Damit verbundene mögliche Verunsicherungen des Kindes konnte Frau B. durch eine gute und intensive Mutter-Kind-Beziehung und eine angemessene Betreuungssituation auffangen.
   Persönliche Kontakte zwischen Simon und Herrn S. lehnt Frau B. mit der Begründung ab, dass ihre jetzigen Familienbeziehungen nicht beeinträchtigt werden sollen. Sie befürchtet, dass persönliche Kontakte Simons Beziehung zu ihr gefährden könnten. Frau B. erklärte, sie habe lange Zeit unter Herrn S. gelitten und panische Angst vor ihm und wolle für sich, Simon und ihre Familie Ruhe haben. Bei persönlichen Kontakten zwischen Simon und Herrn S. bliebe für sie die Angst und das Misstrauen, dass Simon etwas passieren könnte. Nach einem ausführlichen Gespräch erklärte Frau B. sich bereit, Simon die Post seines Vaters weiterzuleiten, sofern Herr S. ihm diese über das Jugendamt zusende. Im Gegenzug werde sie Herrn S. regelmäßig über Simons Entwicklungsfortschritte informieren und Fotos zusenden.
5. Simon drückt in seinem Verhalten und Erleben eine positive Beziehung zu Herrn B. aus, den er als seinen Vater erlebt. Zusammen mit dem Engagement von Herrn B. für Simon und seine Mutter begründet dies die faktische Elternschaft von Herrn B. Zu Simons

erweiterter Familie gehören die Eltern von Frau B. und Herrn B. In diesem interfamiliären Beziehungsmuster fühlt Simon sich sicher und geborgen, das alltägliche Zusammenleben ist für ihn mit regelmäßigen und überschaubaren Strukturen verbunden. Bei der Aufnahme von Kontakten zu Herrn S. ist Simon auch auf die Unterstützung von Herrn B. angewiesen. Sofern es Herrn S. und Herrn B. gelingt, ihre unterschiedlichen Rollen Simon gegenüber zu respektieren, kann Simon es durchaus verkraften, zwei „Väter" zu haben.

6. Kontakte mit seinem leiblichen Vater erleichtern Simon langfristig die Entwicklung seiner kindlichen Identität, d.h. seines kindlichen Selbstverständnisses hinsichtlich seiner Person und Herkunft. Mit der Neufassung des Kindschaftsrechtes ist ein deutlicher Appell an die Eltern verbunden, den Umgang des Kindes als ein Recht des Kindes zu respektieren, damit ist gemeint das Recht des Kindes auf Wahrung seiner Entwicklungschancen, u.a. auch die Vermeidung späterer Identitätsprobleme. Sofern alle Beteiligen Simon die Gewissheit vermitteln, dass sein Zuhause bei der Mutter und Herrn B. ist, erfährt seine Lebenssituation dabei keine Einschränkung, sondern eine Erweiterung, die sich positiv auf seine weitere Entwicklung auswirken kann.
   Die Voraussetzungen für einen an den Bedürfnissen und der Belastbarkeit des Kindes orientierten Umgang mit Herrn S. werden Frau B. und Herr B., die für Simon zur Zeit wichtigsten Bezugspersonen, schaffen müssen. Aufgrund ihrer Erfahrungen in der Vergangenheit und ihrer psychischen Belastung ist Frau B. derzeit nicht in der Lage, persönliche Kontakte zwischen Simon und seinem leiblichen Vater so vorzubereiten, dass Simon dem möglichst ungezwungen gegenüber treten kann. Unabhängig davon, wann Simon mit der Existenz seines leiblichen Vaters konfrontiert wird, liegt es in ihrer Hand, welches Bild Simon dabei von seinem Vater vermittelt bekommen wird. Gleichwohl kann auch Herr S. zu einer Entspannung der Situation beitragen, indem er deutlicher als bisher signalisiert, dass er sich „für Simon" engagiert und nicht nur „sein Recht" auf Kontakte bzw. die „Pflicht der Mutter" betont, Kontakt zu unterstützen.

Da es zur Zeit nicht möglich ist, persönliche Kontakte zwischen Simon und seinem Vater durchzuführen, wird empfohlen, Simon schrittweise an diese Erfahrung heranzuführen. Zunächst müsste Herr S. als Person für ihn benennbar werden. Darauf aufbauend kann ihm der Unterschied zwischen seinem psychologischen und seinem leiblichen Vater verdeutlicht werden, ohne die bestehenden Familienstrukturen in Frage zu stellen. Damit Frau B. und Herr B. dies im Alltag angemessen umsetzen können, stehen ihnen verschiedene Beratungsangebote der Jugendhilfe, u.a. des Jugendamtes zur Verfügung. Darüber hinaus ist es erforderlich, dass Frau B. therapeutische Hilfe in Anspruch nimmt, um ihre übersteigerten Befürchtungen in Bezug auf Herrn S. aufzuarbeiten. Dabei wird es darum gehen, das Bild, das sich bei ihr von Herrn S. entwickelt hat, an der Realität zu prüfen, es von ihren persönlichen Verletzungen und Enttäuschungen abzulösen und ihre Wahrnehmung auf seine Rolle als leiblicher Vater von Simon zu lenken. Herr S. kann diese Entwicklung unterstützen, indem er den Gestaltungsspielraum von Briefen und Geschenken an Simon ausnutzt, um sein Engagement für Simon zum Ausdruck zu bringen. Um die Befürchtungen von Frau B. auszuräumen, Herr S. könnte sie an ihrem jetzigen Wohnort belästigen, sollte die Post von Herrn S. über das Jugendamt an Frau B. bzw. Simon weitergeleitet werden. Dem berechtigten Interesse von Herrn S., Informationen über Simon zu erhalten, kann Frau B. entgegenkommen, indem sie ihn regelmäßig über die Entwicklung des Kindes informiert und Fotos zusendet. Auch die Rolle von Herrn B. ist von Bedeutung. Indem Herr B. und Herr S. Vertrauen zueinander fassen, können sie den skizzierten Prozess positiv beeinflussen.

Über den Zeitpunkt der Ausweitung des hier geschilderten Minimalkonsenses kann erst entschieden werden, wenn sich die Bedingungen bei allen Beteiligten verbessert haben. Dies sollte in regelmäßigen Abständen von Seiten der Jugendhilfe oder des Gerichts überprüft werden, möglich wäre z.B. der Einsatz einer Umgangspflegschaft, ähnlich dem Verfahrenspfleger (Salgo, 1998). Der vom Gericht eingesetzte Umgangspfleger würde mit allen beteiligten Personen in Verbindung stehen, den Prozess der Beziehungsaufnahme zwischen Simon und Herrn S. begleiten und soweit erforderlich unterstützend eingreifen. Innerhalb eines Jahres, spätestens bis zu Simons Einschulung, sollte es möglich sein, Kontakte des Kindes mit Herrn S. auf Besuche auszudehnen, die zunächst in Anwesenheit Dritter stattfinden sollen. Sofern Frau B. und Herr S. dabei nicht die Unterstützung des Jugendamtes oder einer anderen Beratungsstelle in Anspruch nehmen, steht ihnen dabei der Umgangspfleger zur Verfügung. Für Simons Entwicklung ist es wichtig, dass seine leiblichen Eltern langfristig wieder ins Gespräch miteinander kommen.

Unterschrift
(Dipl.-Psych.)

VII
Anhang: Literatur

Balloff, R. (1992). *Kinder vor Gericht.* München: Beck.

Bowlby, J. (1982). *Attachment and Loss.* Vol. 1. Attachment, 2nd ed. New York: Basic Books.

Fthenakis, W.E. (1988). *Väter.* Bd. 1. München: dtv.

Furstenberg, F.F. Jr.; Nord, C.W. & Peterson, J.L. et al. (1982). *The Life Course of Children of Divorve: Marital Disruption and Parental Contact.* Paper presented at the Population Association of America Meeting, San Diego.

Geiken, G.; Andrecht, U. & Lehmkuhl, U. (1997). Zur Situation der nichtehelichen Väter im Umgangs- und Sorgerecht. In A. Warnke, G.-E. Trott & H. Remschmidt (Hrsg.) *Forensische Kinder- und Jugendpsychiatrie* (S. 62–69). Bern: Huber.

Grossmann, K.E. (1985). Die Qualität der Beziehung zwischen Eltern und Kind. *Praxis der Psychotherapie und Psychosomatik, 30,* 44–54.

Jaede, W. (1993). Trennungs- und Scheidungsberatung in Erziehungsberatungsstellen unter besonderer Berücksichtigung kindlicher Entwicklungskriterien. *Praxis der Kinderpsychologie und Kinderpsychiatrie, 42,* 42–49.

Klenner, W. (1995). Rituale der Umgangsvereitelung. *Zeitschrift für das gesamte Familienrecht, 24,* 1529–1535.

Klußmann, R.W. & Stötzel, B. (1995). *Das Kind im Rechtsstreit der Erwachsenen.* München: Reinhardt.

Kodjoe, U.O. & Koeppel, P. (1998). The parental alienation syndrom (PAS). *Der Amtsvormund.* 10–28.

Lempp, R. (1983). *Gerichtliche Kinder- und Jugendpsychiatrie.* Bern: Huber.

Oelkers, H. (1995). Die Rechtsprechung zum Umgangsrecht - eine Übersicht über die letzten fünf Jahre. *Zeitschrift für das gesamte Familienrecht, 22,* 1385–1396.

Peschel-Gutzeit, L.M. (1995). Immer wiederkehrende Probleme des Umgangsrechts. *Familie, Partnerschaft und Recht, 4,* 82–88.

Salgo, L. (1998). Einige Anmerkungen zum Verfahrenspfleger im Kindschaftsrechtsreformgesetz. *Familie, Partnerschaft und Recht, 2,* 91–94.

Salzgeber, J. (1992). *Der psychologische Sachverständige im Familiengerichtsverfahren.*(2. Aufl.). München: Beck.

Schaffer, H.R. (1992). *... und was geschieht mit den Kindern?* Bern: Huber.

Spangler, G. & Zimmermann, P. (1995). *Die Bindungstheorie. Grundlagen, Forschung und Anwendung.* Stuttgart: Klett-Cotta.

Strunk, P. (1997). Scheiden tut weh - Begutachtung der Beziehungsproblematik des Kindes. In G. Lehmkuhl & U. Lehmkuhl (Hrsg.). *Scheidung - Trennung - Kindeswohl* (S. 135–155) Weinheim: Beltz.

Wallerstein, J. & Blakeslee, S. (1992). *Gewinner und Verlierer.* München: Knaur.

9 Checklisten mit den gesammelten Leitfragen

zu 2.1
Familienrechtliche Fragestellungen, gesetzliche Vorgaben, die Rolle des Sachverständigen

1. Zu welchen Fragestellungen werden im Familienrecht psychologische Sachverständige herangezogen?
2. Welche Funktion hat der psychologische Sachverständige im familienrechtlichen Verfahren?
3. Bei welchen Familienkonstellationen werden psychologische Gutachten eingeholt?
4. Warum werden Diplom-Psychologen im familienrechtlichen Verfahren als Sachverständige herangezogen?
5. Welche Rolle haben psychologische Sachverständige im gerichtlichen Verfahren?
6. Welche berufsethischen Verpflichtungen haben psychologische Sachverständige?

zu 2.2
Familienrechtliche Rahmenbedingungen und diagnostische Untersuchungsstrategien

1. Welche Aussagen über die beteiligten Personen sind zur Beantwortung der Fragestellung sachdienlich?
2. Welche Aussagen über das System Familie sind zur Beantwortung der Fragestellung sachdienlich?
3. Welchen Stellenwert hat die Beschreibung von Persönlichkeiten in der familienrechtlichen Begutachtung?
4. Welcher Ausschnitt des Verhaltens der beteiligten Familienmitglieder ist zur Beantwortung der Fragestellung sachdienlich?

5. Welche Informationen sind erforderlich, um die gegebene familiäre Situation umfassend zu beschreiben?
6. Welche Änderungen sind bei den einzelnen Familienmitgliedern möglich, und an welche Bedingungen sind diese geknüpft?
7. Sind alle relevanten Informationen vorhanden, um dem Gericht und den Eltern bei fehlender Einigung im Sinne einer Selektion eine psychologisch fundierte Empfehlung zum Wohle des Kindes anzubieten?
8. Welche Möglichkeiten gibt es, im Sinne einer Modifikationsstrategie Änderungen zu bewirken oder den Prozess einer Änderung einzuleiten?
9. An welche Bedingungen ist eine modifikationsorientierte Strategie gebunden?

zu 4 Planung eines psychologischen Gutachtens für das Familiengericht

zu 4.1 Leitfragen zur Fragestellung

1. Zu welcher Fragestellung soll der Sachverständige Stellung nehmen?
2. Ist die Fragestellung des Gerichts eindeutig formuliert?
3. Ist die Fragestellung so offen formuliert, dass noch keine Lösung angedeutet wird?
4. Wird in der Fragestellung bereits auf Besonderheiten der familiären Situation hingewiesen?
5. Erlaubt die Fragestellung explizit Freiräume für die Untersuchung, d.h., dass außer der Kernfamilie auch andere Personen einbezogen werden können?
6. Ist eine Rücksprache mit dem Gericht hinsichtlich der Fragestellung erforderlich?
7. Ergeben sich im Verlauf der Begutachtung aus psychologischer Sicht Hinweise darauf, dass die Fragestellung ergänzt oder erweitert werden muss?
8. Sind prinzipiell genügend Kenntnisse und Fertigkeiten vorhanden, um die gerichtliche Fragestellung angemessen beantworten zu können?
9. Ist die Bearbeitung der Fragestellung ethisch zu verantworten?
10. Was ist zu tun, wenn in der Fragestellung oder im Verlauf der Begutachtung der Verdacht des sexuellen Missbrauchs geäußert wird?

zu 4.2 Leitfragen zu Psychologischen Fragen (=Hypothesen)

1. Welche Variablen sind im Sinne eines Anforderungsprofils bei familienrechtlichen Fragestellungen geeignet, das zur Beantwortung der Fragestellung relevante Verhalten der beteiligten Personen zu beschreiben, zu erklären und vorherzusagen?
2. Ist die Auswahl der Variablen vollständig?
3. Sind die Variablen verhaltensbeschreibend definiert?
4. Beschreiben die Variablen stabile Verhaltensmerkmale einer Person?
5. Sind die Verhaltensmerkmale änderbar oder kompensierbar?
6. Ist die Art und das Ausmaß des Zusammenhangs zwischen den ausgewählten Variablen und dem zu diagnostizierenden Verhalten in validen Untersuchungen bestätigt worden?
7. Ist die Stärke dieses Zusammenhangs praktisch bedeutsam?

zu 4.3 Leitfragen zur Auswahl relevanter psychologischer Variablen

zu 4.3.1
Leitfragen zu den Bindungen des Kindes an seine Eltern

1. Welches Bindungskonzept oder Konzept von Beziehungen vertritt der Sachverständige bei seiner Arbeit?
2. Wird das Konzept der Bindungen erläutert?
3. Werden die Bindungen aus der Perspektive des Kindes beschrieben?
4. Besteht eine durchgehende emotionale Tendenz des Kindes zu einem Elternteil in dem Sinne, dass es sich zu einem mehr oder weniger hingezogen fühlt?
5. Welche Beziehungsqualitäten kennzeichnen die gegenwärtige Beziehung des Kindes zur Mutter und zum Vater?
6. Wie verhält sich das Kind im Alltag gegenüber seiner Mutter und seinem Vater?
7. Wie hat sich die Beziehung zur Mutter und zum Vater bis heute entwickelt?
8. Welche positiven oder negativen Erfahrungen hat das Kind in der Vergangenheit mit der Mutter, mit dem Vater gemacht, die heute noch von Bedeutung sind?
9. Unter welchen Bedingungen kann sich die Beziehung zur Mutter und zum Vater in der Zukunft positiv bzw. negativ entwickeln?
10. Welche Bedeutung hat das Kriterium der Bindungen für die Empfehlung in einem konkret vorliegenden Fall?

zu 4.3.2
Leitfragen zum Willen des Kindes

Willensäußerungen des Kindes zu seinem ständigen Aufenthalt (elterliche Sorge)

1. Äußert das Kind in irgendeiner Form Bevorzugungen oder Ablehnungen zum Zusammenleben mit einem Elternteil?
2. Ist das Kind in seinen Äußerungen zur elterlichen Sorge unentschieden?
3. Sind die Äußerungen des Kindes dazu wechselnd?
4. Hat das Kind konkrete Vorschläge oder Kompromisse zu seinem Lebensmittelpunkt?

Willensäußerungen des Kindes zu Besuchskontakten (persönlicher Umgang)

5. Hat das Kind Vorstellungen dazu, wie die Kontakte zu dem Elternteil aussehen werden, bei dem es nicht lebt?
6. Ist das Kind in seinen Äußerungen zum persönlichen Umgang unentschieden?
7. Sind die Äußerungen des Kindes dazu wechselnd?
8. Hat das Kind konkrete Vorschläge oder Kompromisse zu einer Besuchsregelung?
9. Hat das Kind konkrete Wünsche zur Ausgestaltung der Kontakte?
10. Wie äußert sich der Wille des Kindes?
11. Äußert sich das Kind eindeutig?
12. Ist die geäußerte Haltung des Kindes konform mit seiner inneren Einstellung?
13. Äußert das Kind seine Haltung unbeeinflusst?
14. Sagt das Kind auch in Gegenwart der Eltern, was es möchte?
15. Äußert sich das Kind realistisch in der Form, dass es die Bedeutung der möglichen Alternativen einschätzen kann?
16. Wie kommt ein Kind dazu, sich für oder gegen einen Elternteil auszusprechen?
17. Welche Bedeutung hat das Kriterium Wille des Kindes für die Empfehlung im konkret vorliegenden Fall?

zu 4.3.3
Leitfragen zur Kontinuität der Beziehungen, der Betreuung und der Lebensumstände

1. Wie konnte das Kind im Laufe seines bisherigen Lebens seine emotionalen Beziehungen zu seinen Eltern gestalten und erleben?
2. Gab es Unterbrechungen in diesen Beziehungen, die für das emotionale Erleben des Kindes bedeutsam waren?
3. Wie sah die Versorgung und Betreuung des Kindes durch seine Eltern im Verlauf seines bisherigen Lebens aus?
4. Gab es dabei Unterbrechungen oder Bedingungen, die für das emotionale Erleben des Kindes bedeutsam waren?
5. Wie beständig war das gesamte Lebensumfeld des Kindes mit Wohnung, Haus, Nachbarschaft, Kontaktpersonen, Freunden, Schule etc.?
6. Gab es dabei Unterbrechungen, die für das emotionale Erleben des Kindes bedeutsam waren?
7. Welche Bedeutung hat das Kriterium Kontinuität für die Empfehlung im konkret vorliegenden Fall?
8. Ist es aus psychologischer Sicht sinnvoll oder notwendig, die bisherige Kontinuität für das Kind aufrechtzuerhalten?
9. Welche Aspekte der Kontinuität sind dabei wichtig?

zu 4.3.4
Leitfragen zu den Förderungsmöglichkeiten der Eltern und ihrem Verhalten gegenüber dem Kind

1. Welche Einstellung haben die Eltern zu ihrem Kind?
2. Nehmen die Eltern insgesamt die Bedürfnisse ihres Kindes wahr?
3. Kümmern die Eltern sich aktiv um die Förderung ihres Kindes oder unterstützen sie es darin, mögliche entwicklungsbedingte Rückstände aufzuholen?
4. Wurden bei der Prüfung der obigen Fragen die verschiedenen Bereiche der kindlichen Entwicklung (körperliche, kognitive, emotionale, motivationale, soziale, sprachliche Entwicklung) berücksichtigt?
5. Sind die Eltern geeignet, ihr Kind eigenverantwortlich zu erziehen?
6. Gibt es Einschränkungen in der „Erziehungseignung"?
7. Sind mögliche Einschränkungen änderbar oder kompensierbar?
8. Wie verhält sich die Mutter/der Vater im Umgang mit ihrem/seinem Kind?

9. Wie war das Erziehungsverhalten der Mutter/des Vaters in der Zeit des Zusammenlebens vor der familiären Krise?
10. Wie unterstützt die Mutter/der Vater das Kind in der familiären Krise?
11. Was tut sie/er, um dem Kind zu helfen, die Situation kindgemäß verarbeiten zu können?
12. Nimmt die Mutter/der Vater die Bedürfnisse und Belastungen des Kindes wahr?
13. Inwiefern bezieht sie/er das Kind in den partnerschaftlichen Konflikt ein?
14. Kann die Mutter/der Vater zwischen ihrer/seiner Partner- und Elternrolle trennen?
15. Wie erlebt sie/er die Situation der Trennung oder die familiäre Krise im Hinblick auf das Kind?
16. Inwiefern nimmt die Mutter/der Vater Einfluss auf die Beziehung des Kindes zum anderen Elternteil?
17. Was ist der Mutter/dem Vater im Hinblick auf den Aufenthalt des Kindes und die Ausübung der elterlichen Sorge wichtig?
18. Welche Wünsche hat sie/er hinsichtlich der Regelung der elterlichen Sorge und des Aufenthaltsbestimmungsrechts?
19. Was ist der Mutter/dem Vater im Hinblick auf die Besuchskontakte mit dem Kind wichtig?
20. Welche Wünsche hat sie/er hinsichtlich einer Besuchsregelung?
21. Wie berücksichtigt die Mutter/der Vater den Willen und die Bedürfnisse des Kindes?
22. Welche Bedeutung hat das Verhalten der Eltern für die Empfehlung im konkret vorliegenden Fall?

zu 4.3.5 Leitfragen zu den Geschwisterbeziehungen

1. Welche Kontakte hatten die Geschwister bisher zueinander?
2. Welche Kontakte haben sie seit der Trennung ihrer Eltern oder seit der Herausnahme aus der Familie?
3. Werden die Geschwisterbeziehungen aus der Perspektive jedes Kindes beschrieben?
4. Welche Beziehungsqualitäten kennzeichnen die gegenwärtige Beziehung der Geschwister zueinander?
5. Welche Bedeutung hat die Geschwisterbeziehung für die individuelle Entwicklung des Kindes?
6. Welche Bedeutung hat die Geschwisterbeziehung in der besonderen Situation der familiären Krise für jedes Kind?

7. Welche Bedeutung hat das Kriterium Geschwisterbeziehung für die Empfehlung im konkret vorliegenden Fall?
8. Welche Wünsche haben die Kinder hinsichtlich des Zusammenlebens mit ihren Geschwistern?
9. Was spricht für ein Zusammenleben der Geschwister, was spricht dagegen?
10. Welche Vor- und Nachteile hat eine Geschwistertrennung für jedes Kind?

zu 4.3.6
Leitfragen zu den Beziehungen des Kindes zu anderen Personen seines familiären und sozialen Umfeldes

1. Welche Kontakte hatte das Kind zu seinen Großeltern?
2. Welche Kontakte hat das Kind seit der Trennung der Eltern oder Herausnahme aus der Familie zu seinen Großeltern?
3. Welche Kontakte hat es zu möglichen neuen Partnern seiner Eltern?
4. Wie erlebt das Kind die Kontakte zu den Großeltern/neuen Partnern?
5. Werden die Beziehungen des Kindes zu Großeltern/neuen Partnern aus der Perspektive des Kindes beschrieben?
6. Ist die gegenwärtige Beziehung zu den Großeltern/neuen Partnern überwiegend als positiv oder negativ zu bewerten?
7. Welche Bedeutung haben die Großeltern/neuen Partner für das Kind?
8. Wie verhält sich das Kind im Alltag gegenüber den Großeltern/neuen Partnern seiner Eltern?
9. Welche Bedeutung haben die Beziehungen zu anderen Personen in der vorliegenden Fragestellung?
10. Welche Wünsche hat das Kind hinsichtlich der Kontakte zu den Großeltern/neuen Partnern der Eltern?

zu 4.3.7
Leitfragen zur Rolle der anderen Personen des familiären und sozialen Umfeldes

1. Welche Bedeutung schreiben die Eltern den Großeltern/ihren neuen Partnern für das Kind zu?
2. Wie ist die Bereitschaft der Großeltern/neuen Partner, sich an der Verantwortung für die Kinder zu beteiligen?

3. Was ist ihnen dabei wichtig?
4. Gibt es Einschränkungen in der „Erziehungsfähigkeit" der Großeltern/neuen Partner?
5. Wie verhalten sich die Großeltern/neuen Partner im konkreten Umgang mit dem Kind im Alltag oder bei Besuchskontakten?
6. Wie ist die Beziehung der Eltern zu ihren neuen Partnern zeitlich angelegt?
7. Welche Haltung nimmt ein Elternteil zum neuen Partner des anderen ein?

zu 4.3.8
Leitfragen zu den Lebensumständen des Kindes

1. Wie sah das Zusammenleben der Familie vor der Trennung aus?
2. Wie sah die Betreuungssituation vor der Trennung aus?
3. Mit wem lebt das Kind nach der räumlichen Trennung zusammen?
4. Wie sieht die Betreuungssituation nach der räumlichen Trennung aus?
5. Wie ist die aktuelle Wohnsituation des Kindes (Wohnung, Kinderzimmer, Spielzeug, soziales Umfeld)?
6. Wie erlebt das Kind die Lebensumstände bei der Mutter bzw. beim Vater?
7. Wie sieht die finanzielle Situation der Eltern aus?
8. Wie sieht die berufliche Situation der Eltern aus?
9. Wie ist die aktuelle Sorgerechtsregelung?
10. Wie ist die aktuelle Umgangsrechtsregelung?

zu 4.3.9
Leitfragen zum Entwicklungsstand des Kindes

1. Wie alt ist das Kind zum Zeitpunkt der Begutachtung?
2. Welche entwicklungspsychologischen Aspekte sind aufgrund seines Alters zu berücksichtigen?
3. Ist das Kind insgesamt altersgemäß entwickelt?
4. Wurden bei der Prüfung des Entwicklungsstandes die verschiedenen Bereiche der kindlichen Entwicklung (körperliche, kognitive, emotionale, motivationale, soziale, sprachliche Entwicklung) berücksichtigt?
5. Welche konkreten Stärken und/oder Schwächen hat das Kind in den verschiedenen Bereichen seiner Entwicklung?

6. Wurden bei der Beschreibung der Stärken und/oder Schwächen des Kindes die verschiedenen Bereiche der kindlichen Entwicklung (körperliche, kognitive, emotionale, motivationale, soziale, sprachliche Entwicklung) berücksichtigt?
7. Gibt es akute Auffälligkeiten beim Kind?
8. Was wird therapeutisch gegen diese Auffälligkeiten unternommen?
9. Wie war die Entwicklung des Kindes in der frühen Kindheit?
10. Gab es medizinische oder psychische Auffälligkeiten des Kindes, die sein Verhalten und Erleben nachhaltig beeinflusst haben?
11. Besucht das Kind einen Kindergarten?
12. Wie kommt es im Kindergarten zurecht?
13. In welche Schule geht das Kind?
14. Wie kommt es in der Schule zurecht?

zu 4.3.10 Leitfragen zu den Reaktionen des Kindes auf die familiäre Krise

1. Was hat das Kind von den Auseinandersetzungen zwischen den Eltern *vor der Trennung* mitbekommen?
2. Wie hat das Kind diese erlebt?
3. Wie ist das Kind damit umgegangen?
4. Was haben seine Eltern ihm dazu erklärt?
5. Wie ist die *konkrete Situation der Trennung* oder *Herausnahme* für das Kind verlaufen? Wo war das Kind?
6. Was hat es miterlebt?
7. Wer war bei dem Kind?
8. Welche Erklärungen hat das Kind von seinen Eltern bekommen?
9. Wie hat es sich damals dazu eingestellt, dazu verhalten?
10. Was hat sich für das Kind geändert?
11. Wie hat sich das Kind *inzwischen zu der Trennung* seiner Eltern oder zu der *Trennung von seinen Eltern* eingestellt?
12. Was bekommt das Kind jetzt noch von den Auseinandersetzungen zwischen den Eltern mit?
13. Wie erlebt das Kind diese?
14. Wie geht das Kind damit um?
15. Wie geht das Kind bei den Untersuchungen im Rahmen der Begutachtung mit dem Thema Trennung der Eltern oder Trennung von den Eltern um?
16. Wie spricht das Kind über das Thema?
17. Wie ist der Kontakt des Kindes mit dem Sachverständigen?
18. Wie verhält sich das Kind in der Untersuchungssituation?

zu 4.3.11
Leitfragen zu den Besuchskontakten des Kindes zu dem Elternteil, bei dem es nicht lebt

1. Wann hat das Kind seine Mutter/seinen Vater nach der Trennung erstmalig wieder gesehen?
2. Gab es seitdem Unterbrechungen der Besuchskontakte?
3. Wie häufig trifft das Kind seine Mutter/seinen Vater?
4. Wie lange sind die beiden dann zusammen?
5. Wo finden die Kontakte statt?
6. Unter welchen Bedingungen finden die Kontakte statt?
7. Welche Personen sind außer dem jeweiligen Elternteil bei den Kontakten anwesend?
8. Was machen das Kind und seine Mutter/sein Vater, wenn sie zusammen sind?
9. Gibt es telefonische oder briefliche Kontakte zwischen dem Kind und seiner Mutter/seinem Vater?
10. Gibt es Schwierigkeiten bei der Durchführung der Besuchskontakte?
11. Wie sieht die Übergabesituation aus?
12. Wie geht das Kind auf seine Mutter/seinen Vater zu, wenn es diese/diesen trifft?
13. Wie verhält sich das Kind, wenn es wieder zurückkommt?
14. Wie erlebt das Kind die Besuchskontakte?
15. Wie verhält sich das Kind bei den Besuchskontakten gegenüber seiner Mutter/seinem Vater?

zu 4.3.12
Leitfragen zur Persönlichkeit der Eltern

1. Welche Angaben zur Biographie der Eltern sind unbedingt notwendig, um die elterlichen Verhaltensweisen gegenüber dem Kind zu erklären?
2. Haben die Eltern persönliche Schwierigkeiten, die ihre Möglichkeiten, das Kind zu betreuen und zu erziehen, einschränken?
3. Wie verhält die Mutter/der Vater sich in der Untersuchungssituation?
4. Wie ist der Kontakt der Mutter/des Vaters mit dem Sachverständigen?

zu 4.3.13
Leitfragen zur Beziehung zwischen den Eltern und ihrer Kooperationsbereitschaft

1. Wie hat sich die Beziehung zwischen den Eltern entwickelt, und was bedeutet dies für die familiäre Situation des Kindes?
2. Welche Rolle hatte die Mutter/der Vater *während des familiären Zusammenlebens*?
3. Welcher Art waren die Konflikte zwischen den Eltern?
4. Um welche Inhalte wurde gestritten und inwiefern betrafen diese das Kind?
5. Wer führte die Trennung herbei?
6. Welcher Art sind die Konflikte zwischen den Eltern *nach der Trennung*?
7. Um welche Inhalte wird heute gestritten, und inwiefern betreffen diese das Kind?
8. Wie erlebt die Mutter/der Vater die Situation der Trennung heute?
9. Wie geht sie/er damit um?
10. Was bedeutet das für das Kind und dessen Beziehungen zu seinen Eltern?
11. Wie bewertet die Mutter/der Vater die Beziehung des Kindes zum anderen Elternteil?
12. Wie bewertet sie/er heute das Erziehungsverhalten des ehemaligen Partners?
13. Welche Bereitschaft zeigen die Eltern, im Hinblick auf das gemeinsame Kind miteinander zu kooperieren oder mit Trägern der Familienhilfe zusammenzuarbeiten?
14. Welche Fähigkeiten haben sie, zum Wohle ihres Kindes aufeinander zuzugehen und zusammenzuarbeiten?
15. Gibt es Bedingungen, die eine Kooperation im Sinne des Kindes verbessern würden?
16. In welchen Bereichen oder hinsichtlich welcher Fragen das Kind betreffend läuft das gut, in welchen weniger gut?
17. Welche Möglichkeiten gibt es, die gemeinsame elterliche Sorge zu realisieren?
18. Welche Bedingungen sprechen für, welche gegen die gemeinsame elterliche Sorge?
19. Welche Möglichkeiten sind gegeben, mit den Eltern einen einvernehmlichen Vorschlag zu erarbeiten?
20. Wie kann die Kooperation der Eltern ermöglicht oder verbessert werden, wenn diese fachliche Unterstützung bekommen?
21. Wie weit sind die Eltern bereit, eine solche Unterstützung wahrzunehmen?

zu 4.4
Leitfragen zu Informationsquellen und Untersuchungsverfahren

1. Welche *nichtstandardisierten* Informationsquellen stehen im vorliegenden Fall zur Verfügung und können relevante Informationen zur Beantwortung der gerichtlichen Fragestellung beisteuern?
2. Welche *teilstandardisierten* Informationsquellen stehen im vorliegenden Fall zur Verfügung und können relevante Informationen zur Beantwortung der gerichtlichen Fragestellung beisteuern?
3. Welche *standardisierten* Informationsquellen stehen im vorliegenden Fall zur Verfügung und können relevante Informationen zur Beantwortung der gerichtlichen Fragestellung beisteuern?
4. Wie objektiv, zuverlässig und gültig sind die jeweiligen Untersuchungsverfahren?
5. Welche materiellen und immateriellen Kosten und Nutzen sind mit dem Einsatz der verschiedenen Untersuchungsverfahren für die beteiligten Personen verbunden?
6. Beeinträchtigen die Untersuchungsverfahren die Persönlichkeitsrechte der untersuchten Personen?
7. Welchen Einfluss nimmt der Einsatz eines Untersuchungsverfahrens möglicherweise auf die Situation der Familie?

zu 4.5
Leitfragen zur Gerichtsakte

1. Welche Informationen über die Situation des Kindes und seiner Familie können der Gerichtsakte entnommen werden?
2. Welche Ansatzpunkte ergeben sich daraus für die Planung der Begutachtung?
3. Welche nichtstandardisierten Informationsquellen enthält die Gerichtsakte?
4. Auf welche dieser Vorerhebungen kann zurückgegriffen werden?

zu 4.6 Leitfragen zu diagnostischen Gesprächen

1. Wie kann man diagnostische Gespräche planen und vorbereiten?
2. Welche Funktionen haben Gesprächsleitfäden?
3. Welche Merkmale haben Gesprächsleitfäden?
4. Wie ist ein Leitfaden aufgebaut?

5. Was sind Merkmale günstiger und ungünstiger Fragen?
6. Was sind Voraussetzungen für ein entscheidungsorientiertes Gespräch?
7. Was sind Bedingungen für ein erfolgreiches entscheidungsorientiertes Gespräch?
8. Welche Informationen über die Situation des Kindes und seiner Familie können mit Hilfe diagnostischer Gespräche gewonnen werden?
9. Welche Themen müssen aus psychologischer Sicht angesprochen und in die Leitfäden für diagnostische Gespräche aufgenommen werden?
10. Welche Themen führen zu sehr von der Situation des Kindes weg und sind damit nicht mehr relevant für die Beantwortung der Fragestellung?
11. Welche Informationen können aus den nichtsprachlichen Elementen des diagnostischen Gespräches (Mimik, Gestik, Körperhaltung) gewonnen werden? In welchem Zusammenhang stehen diese zu der besonderen Situation der Begutachtung?

zu 4.7
Leitfragen zu Verhaltens- und Interaktionsbeobachtungen

1. Welche Informationen über die Situation des Kindes und seiner Familie können mit Hilfe von Verhaltensbeobachtungen gewonnen werden?
2. Welche Situationen ermöglichen relevante Verhaltens- oder Interaktionsbeobachtungen?
3. Welche Beobachtungssettings müssen im Verlauf der Begutachtung erst hergestellt werden?
4. Ist eine vergleichende Interaktionsbeobachtung möglich, bei der das Kind im Umgang mit beiden Eltern gesehen wird?
5. Welche standardisierten Beobachtungspläne stehen für die familienrechtliche Begutachtung zur Verfügung?
6. Welche Kriterien sind geeignet, um die Beobachtung möglichst zuverlässig und gültig zu gestalten?
7. Welche Einschränkungen ergeben sich daraus, wenn der Sachverständige an der Beobachtungssituation teilnimmt?
8. Welche Einschränkungen ergeben sich daraus, dass das Kind sich in seinem Verhalten auf das jeweilige Umfeld und die jeweils verfügbaren Bezugspersonen einstellt?

zu 4.8
Leitfragen zur Auswahl standardisierter Verfahren

1. Wozu soll das Verfahren praktisch dienen?
2. Wie definiert der Autor sein Konstrukt/Konzept?
3. Welche Probandenpopulation soll das Verfahren untersuchen?
4. Wie ist die Itempopulation beschrieben?
5. Wie können die Probanden auf die Items reagieren?
6. Welche Hypothesen enthält die Theorie?
7. Wie will der Autor die Reaktionen auf die Items in Zahlen umwandeln?
8. Wie angemessen ist die gewählte Testtheorie den theoretischen Überlegungen?
9. Auf welche Aspekte der empirischen Struktur beziehen sich die Hypothesen?
10. Wie ist die Objektivität des Verfahrens bei Durchführung, Auswertung und Interpretation zu beurteilen?
11. Wie ist die Stabilität der Werte des Verfahrens zu beurteilen?
12. Wie ist die Homogenität eines Verfahrens zu beurteilen?
13. Wie ist die Retest-Reliabilität des Verfahrens zu beurteilen?
14. Wie ist die Kriteriumsvalidität des Verfahrens zu beurteilen?
15. Wie ist die prädiktive Validität des Verfahrens zu beurteilen?
16. Wie ist die Konstruktvaliditát des Verfahrens zu beurteilen?
17. Wie sind die Normen des Verfahrens zu beurteilen?
18. Wie ist das Vorgehen bei der Konstruktion des Verfahrens zu beurteilen?
19. Welche Ergebnisse findet der Autor bei der Prüfung seiner Hypothesen mit den von ihm gewählten Methoden?
20. Wie ordnet der Autor die von ihm gefundenen Ergebnisse in die Literatur ein?
21. Wie beurteilt er sein Verfahren im Vergleich zu anderen, die Ähnliches bzw. Gleiches erfassen?
22. Was sind seiner begründeten Ansicht nach die Möglichkeiten und Grenzen dieses Verfahrens?
23. Für welche Arten von Fragestellungen und warum kommt dieses Verfahren seiner Ansicht nach in Frage?
24. Welche neueren Untersuchungen gibt es zu dem Verfahren seit seiner Veröffentlichung?
25. Wie ist das Verfahren im Vergleich zu anderen zu beurteilen, die Ähnliches bzw. Gleiches erfassen?

26. Was sind die Möglichkeiten und Grenzen dieses Verfahrens?
27. Für welche Arten von Fragestellungen und warum kommt dieses Verfahren in Frage?

zu 4.9 Leitfragen zu Entwicklungs-, Intelligenz- und Leistungstests in der familienrechtlichen Begutachtung

1. Welche Informationen über die Situation des Kindes und seiner Familie können mit Hilfe von Entwicklungs-, Intelligenz- und Leistungstests gewonnen werden?
2. Erfordern extreme Auffälligkeiten (z.B. Debilität der Eltern, Behinderungen der Kinder) eine Leistungsdiagnostik?
3. Wie sehen Eltern und Kinder Entwicklungs-, Intelligenz- und Leistungstests bei einer familienrechtlichen Begutachtung?

zu 4.10 Leitfragen zu Persönlichkeitstests in der familienrechtlichen Begutachtung

1. Welche Informationen über die Situation des Kindes und seiner Familie können mit Hilfe von Persönlichkeitstests gewonnen werden?
2. Gibt es Hinweise auf Verhaltensstörungen bei den Eltern, die sich auf die Erziehung der Kinder auswirken (z.B. Alkoholabusus, Drogensucht, Psychosen)?
3. Gibt es Hinweise auf eine Verhaltensstörung beim Kind, die besondere erzieherische Maßnahmen oder eine gezielte Förderung erfordern?
4. Ist die allgemeine Untersuchung der Persönlichkeit von Eltern und Kindern im Rahmen der familienrechtlichen Fragestellung zulässig?
5. Welche zeitliche und persönliche Belastung ist für die untersuchten Personen mit Persönlichkeitstests verbunden?
6. Wie ist die Akzeptanz der Eltern und Kinder für die Mitarbeit bei Persönlichkeitstests einzuschätzen?
7. Welche Verfälschungstendenzen sind beim Einsatz von Persönlichkeitstests im Rahmen der familienrechtlichen Begutachtung zu berücksichtigen? Welche Aussagekraft haben diese Verfahren dann?

8. Ist es in einem familienrechtlichen Gutachten erforderlich, Einblicke in die „Persönlichkeiten“ der beteiligten Personen zu geben? Was bedeutet dies für die Konfliktsituation zwischen den Beteiligten?

zu 4.11
Leitfragen zu Fragebögen in der familienrechtlichen Begutachtung

1. Welche Informationen über die Situation des Kindes und seiner Familie können mit Hilfe von Fragebögen gewonnen werden?
2. Welche Einstellungen und Interessen der Eltern und des Kindes sind für die Beantwortung familienrechtlicher Fragestellungen relevant?
3. Welche Verfälschungstendenzen sind beim Einsatz von Fragebögen im Rahmen der familienrechtlichen Begutachtung zu berücksichtigen? Welche Aussagekraft haben diese Verfahren dann?

zu 4.12
Leitfragen zu projektiven Verfahren in der familienrechtlichen Begutachtung

1. Vor welchem theoretischen Hintergrund stehen projektive Verfahren?
2. Welche Informationen über die Situation des Kindes und seiner Familie können mit Hilfe von projektiven Verfahren gewonnen werden?
3. Was bedeutet der Einsatz projektiver Verfahren für die Handlungsfreiheit der untersuchten Personen?
4. Wie durchschaubar sind projektive Verfahren, die z.T. sehr eng mit der familiären Situation assoziiert sind?
5. Welche emotionale Belastung ist vor diesem Hintergrund mit dem Einsatz der Verfahren verbunden?

zu 4.13
Leitfragen zur Planung der Untersuchungskontakte

1. Welche Personen sind unbedingt einzubeziehen, um die Situation der Kinder angemessen einschätzen zu können?
2. Wird den Beteiligten gleichermaßen die Gelegenheit eingeräumt, ihre Sicht der familiären Situation darzustellen?
3. Wurde mit den Sorgeberechtigten und dem Gericht Rücksprache genommen, wenn Personen außerhalb der Kernfamilie in die Begutachtung einbezogen werden sollen?
4. Haben die Sorgeberechtigten Ärzte, Lehrer, Erzieher u.a., mit denen der Sachverständige sprechen möchte, von der Schweigepflicht entbunden?
5. Welche Personen sollten in einem gemeinsamen Kontakt untersucht werden?
6. Welche Interaktionssituationen ermöglichen bei diesen gemeinsamen Kontakten relevante Beobachtungen?
7. Wie ist die Bereitschaft der beteiligten Personen zu gemeinsamen Kontakten?
8. Was ist bei der Auswahl des Untersuchungsortes aus psychologischer Sicht zu beachten?
9. Was ist bei der Vorbereitung der Untersuchungskontakte zu berücksichtigen?
10. Welche einzelfallorientierten Vorbereitungen sind erforderlich?
11. In welcher Reihenfolge sollten die notwendigen Untersuchungskontakte durchgeführt werden?
12. In welchem zeitlichen Rahmen kann der Sachverständige die Begutachtung durchführen und abschließen?
13. Wie geht der Sachverständige damit um, wenn eine Person sich weigert, an der Begutachtung teilzunehmen?
14. Was bedeutet es für die Beantwortung der gerichtlichen Fragestellung, wenn Eltern oder Kinder nicht an der Begutachtung teilnehmen wollen?

zu 5
Durchführung und Auswertung

1. Wird die Durchführung der psychologischen Untersuchungen offen und transparent gestaltet?
2. Worüber werden die beteiligten Familienmitglieder im Erstkontakt informiert?
3. Wie werden die Untersuchungsergebnisse dokumentiert?
4. Sind die untersuchten Personen damit einverstanden, dass Gespräche aufgezeichnet werden?
5. Sind die erhobenen Informationen ausreichend, um die gerichtliche Fragestellung und die daraus abgeleiteten Psychologischen Fragen zu beantworten?
6. Ist eine ergänzende Untersuchungsplanung erforderlich?
7. Ergeben sich bei der Durchführung der Untersuchungen Ansatzpunkte für Interventionen, die sinnvoll in den Prozess der Begutachtung integriert werden können (peridiagnostische Interventionen)?
8. Welche Interventionen kann der Sachverständige selber vornehmen?
9. Welche sollten von anderen Personen oder Institutionen durchgeführt werden?
10. Sind die beteiligten Familienmitglieder damit einverstanden?
11. Wurden die möglichen Interventionen mit dem Gericht abgestimmt?
12. Ist die mit den Interventionen verbundene zeitliche Verzögerung für das Kind zumutbar?
13. Orientiert sich die Auswertung der erhobenen Informationen an der Fragestellung des Gerichts bzw. den daraus abgeleiteten Psychologischen Fragen?
14. Wird jede Informationsquelle bzw. jeder Untersuchungstermin getrennt ausgewertet?
15. Werden Ergebnisse und Befundaussagen des Sachverständigen getrennt voneinander dargestellt?

zu 6
Psychologischer Befund und Empfehlung des Sachverständigen

1. Orientiert sich der Befund an der gerichtlichen Fragestellung bzw. den daraus abgeleiteten Psychologischen Fragen?
2. Können abstrahierende Aussagen über die Situation der Familie mit Informationen über konkretes Verhalten belegt werden?
3. Können Ergebnisse aus empirischen Untersuchungen oder Modelle und Konzepte der Psychologie herangezogen werden, um die einzelfallspezifischen Aussagen über die Situation der Familie zu untermauern?
4. Wird die gerichtliche Fragestellung vollständig und eindeutig beantwortet?
5. Wird begründet, wenn dies aus psychologischer Sicht nicht möglich ist?
6. Welche Möglichkeiten gibt es, die elterliche Sorge für das Kind zu regeln?
7. Ist die Empfehlung für eine Sorgerechtsregelung aus psychologischer Sicht an bestimmte Bedingungen und Voraussetzungen gebunden?
8. Welche Möglichkeiten gibt es, Besuchskontakte zu regeln?
9. Ist die Empfehlung für Besuchskontakte aus psychologischer Sicht an bestimmte Bedingungen und Voraussetzungen gebunden?
10. Welche Konsequenzen sind mit einer Sorgerechtsregelung bzw. Umgangsregelung für die weitere Entwicklung des Kindes verbunden?
11. Welche Konsequenzen sind mit einer Sorgerechtsregelung bzw. Umgangsregelung für die Eltern und die gesamte familiäre Situation verbunden?
12. Welche über die Empfehlung hinausgehenden Ratschläge sind für die beteiligten Personen wichtig, um in Zukunft die familiäre Situation für das Kind möglichst entwicklungsförderlich zu gestalten?

zu 7 Darstellung und Beurteilung psychologischer Gutachten

zu 7.1 Gliederung eines Gutachtens

1. Umfasst die Gliederung des Gutachtens die folgenden neun Punkte?
   - Fragestellung (und Auftraggeber)
   - Psychologische Fragen
   - Untersuchungsplan und -ablauf
   - Ergebnisse
   - Befund
   - Empfehlungen oder Vorschläge (wenn in der Fragestellung vereinbart)
   - Literatur
   - Anhang (eventuell mit Testauswertung)
   - Unterschrift (des verantwortlichen Diplom-Psychologen)

zu 7.2 Transparenz des Gutachtens

1. Sind alle Aussagen im Gutachten nachvollziehbar?
2. Sind alle Aussagen im Gutachten nachprüfbar?

zu 7.3 Formulierung des Gutachtens

1. Ist jede Formulierung möglichst sachlich bei der Beschreibung und Beurteilung des Verhaltens?
2. Ist jede Formulierung in einfachem, klarem und richtigem Deutsch geschrieben?
3. Kommen möglichst wenige Fremdwörter vor?
4. Werden alle Fachwörter, die nicht allgemein verständlich sind, erklärt?

zu 7.4 Fragestellung

1. Ist der Psychologe der zuständige Experte?
2. Ist die Fragestellung im Gutachten wörtlich und vollständig als Zitat wiedergegeben?
3. Ist der Auftraggeber genannt?
4. Ist der Auftragnehmer genannt?

zu 7.5
Formulierung Psychologischer Fragen

1. Ist die Auswahl der Variablen kurz und allgemein verständlich mit einer Gesetzmäßigkeit oder Regelhaftigkeit im Verhalten begründet?
2. Stellt die Begründung einen eindeutigen Bezug zur Fragestellung her?
3. Ist der Name der Variablen genannt?

zu 7.6
Darstellung des Untersuchungsplans im Gutachten

1. Ist jede verwendete Informationsquelle einzeln im Untersuchungsplan des Gutachtens dargestellt?
2. Ist der Name der Informationsquelle in der Beschreibung angegeben?
3. Ist das Verfahren in wenigen kurzen Sätzen so beschrieben, dass es der Proband im Gutachten wieder erkennen kann?
4. Kann der Auftraggeber aus der Verfahrensbeschreibung erkennen, welches Merkmal oder welche Merkmale mit dem jeweiligen Verfahren auf welche Art erfasst werden?
5. Sind bei jeder Informationsquelle alle Variablen aufgeführt, die zur Beantwortung der Fragestellung beitragen?
6. Stimmen die Namen dieser Variablen mit denen überein, die in den Psychologischen Fragen verwendet wurden?
7. Wird dargestellt, wer welche Untersuchungen wann und wo durchgeführt bzw. daran mitgewirkt hat?

zu 7.7
Auswertung und Darstellung von Tests und Fragebögen im Ergebnisteil des Gutachtens

1. Ist die Auswertung an der Fragestellung ausgerichtet?
2. Dient die Auswertung der Beantwortung der eingangs formulierten Psychologischen Fragen?
3. Wird bei der Auswertung der Stand der Wissenschaft beachtet?
4. Ist vor den Ergebnissen eines Verfahrens das Verhalten beschrieben, das bei seiner Durchführung beobachtet wurde und für die Fragestellung von Bedeutung ist?
5. Ist die Darstellung jedes Ergebnisses relativiert auf (a) den Test, (b) den Untersuchungszeitpunkt (Imperfekt), (c) die Vergleichsstichprobe?
6. Sind die Ergebnisse im Ergebnisteil des Gutachtens getrennt nach Informationsquellen dargestellt?
7. Sind im Ergebnisteil des Gutachtens noch keine Beziehungen zwischen verschiedenen Ergebnissen angesprochen?

zu 7.8
Auswertung und Darstellung von Gesprächen und nichtstandardisierten schriftlichen Informationen im Ergebnisteil des Gutachtens

1. Sind die gesamten objektiv registrierten Informationen Schritt für Schritt danach ausgewertet, (a) ob sie in Beziehung zur Fragestellung stehen und (b) zu welcher Psychologischen Frage sie etwas aussagen?
2. Ist jede Information bei jeder Psychologischen Frage dargestellt, zu deren Beantwortung sie beiträgt?
3. Ist bei jeder Information deutlich, woher und von wem sie stammt?
4. Wird in der indirekten Rede die richtige sprachliche Form benutzt?
5. Werden alle möglichen Leser des Gutachtens bei der Formulierung berücksichtigt?

zu 7.9
Befund eines Gutachtens

1. Wird die Fragestellung beantwortet?
2. Werden die aus der Fragestellung abgeleiteten Psychologischen Fragen beantwortet?
3. Wird nichts ausgesagt, was über die Beantwortung der Fragestellung hinausgeht?
4. Werden keine unnötig verallgemeinernden Aussagen gemacht?
5. Ist der Befundteil des Gutachtens nach den Psychologischen Fragen gegliedert?
6. Sind zu jeder Psychologischen Frage alle relevanten Informationen aus allen verwendeten Informationsquellen dargestellt?
7. Ist bei jeder Information für jeden Leser klar, woher sie stammt, ohne dass er die vorhergehenden Gutachtenteile gelesen haben muss?
8. Sind Widersprüche zwischen Informationen erklärt oder diskutiert?
9. Sind Informationen nach ihrer Aussagekraft für die Fragestellung gewichtet?
10. Ist diese Gewichtung so dargestellt, dass sie jeder Leser nachvollziehen kann?
11. Werden die Aussagen zu den Variablen schrittweise und für jeden Leser des Gutachtens nachvollziehbar zu einer Beantwortung der Fragestellung kombiniert?
12. Werden notwendige Erläuterungen zum Stand der psychologischen Wissenschaft allgemein verständlich gegeben?
13. Wird die zitierte Literatur angegeben?
14. Stehen alle Überlegungen, Schlussfolgerungen und Entscheidungen im Befund (a) im Präsens, (b) im Indikativ, und zwar ohne modale Färbung, (c) in möglichst wertneutralem Ausdruck?

zu 7.10
Empfehlungen und Vorschläge im Gutachten

1. Verlangt die Fragestellung Empfehlungen und Vorschläge?
2. Verlangen Erkenntnisse aus dem Prozess der Begutachtung, dem Auftraggeber bestimmte Empfehlungen zu geben oder Vorschläge zu machen?
3. Sind in den Empfehlungen und Vorschlägen die sich bietenden Verhaltensmöglichkeiten konkret beschrieben?
4. Sind in den Empfehlungen und Vorschlägen die Bedingungen für die Verwirklichung der verschiedenen Verhaltensmöglichkeiten dargestellt?
5. Sind in den Empfehlungen und Vorschlägen die mit den verschiedenen Verhaltensmöglichkeiten zu erreichenden Ziele angegeben?
6. Sind in den Empfehlungen und Vorschlägen die möglichen Folgen der verschiedenen Verhaltensmöglichkeiten beschrieben?
7. Stehen die Empfehlungen und Vorschläge am Ende des Gutachtens?
8. Sind alle zum Verständnis notwendigen Informationen aufgeführt, bevor die Empfehlungen und Vorschläge dargestellt werden?

Literatur

Ainsworth, M.D.S. & Wittig, B.A. (1969). Attachment and the exploratory behavior of one-year-olds in a strange situation. In B.M. Foss (Ed.), *Determinants of infant behavior* (Vol. 4, pp. 113–136). London: Methuen

Amato, P.R. & Keith, B. (1991). Parental divorce and the well being of children: A meta-analysis. *Psychological Bulletin, 110*, 26–46

Arntzen, F. (1994). *Elterliche Sorge und persönlicher Umgang mit Kindern* (2., ergänzte Aufl.). München: Beck

Balloff, R. (1990). Gemeinsame elterliche Sorge, anzustrebender Regelfall? Erziehungsrecht der Eltern und Grundrechtsmündigkeit des Kindes. In S. Höfling & W. Butello (Hrsg.), *Psychologie der Menschenwürde und Lebensqualität. Aktuelle Herausforderung und Chancen für die Zukunft. Bericht über den 15. Kongress für angewandte Psychologie des BDP in München 1989* (S. 9–18). Bonn: Deutscher Psychologen Verlag

Balloff, R. (1992a). Psychologische Sachverständigentätigkeit in der Familiengerichtsbarkeit. In A. Kühne (Hrsg.), *Aktuelle Beiträge zur Rechtspsychologie* (S. 48–56). Bonn: Deutscher Psychologen Verlag

Balloff, R. (1992b). *Kinder vor Gericht*. München: Beck

Balloff, R. (1994). Zur psychologischen Diagnostik und Intervention des psychologischen Sachverständigen in Familiensachen bei den Vormundschafts- und Familiengerichten – Bestandsaufnahme und Perspektiven. *Zentralblatt für Jugendrecht, 81*, 218–224

Balloff, R. (1995). Einige rechtspsychologische Aspekte der Mitwirkung von Minderjährigen in vormundschafts- und familiengerichtlichen sowie in Kinder- und jugendbehördlichen Verfahren. In L. Salgo & C.M. Weber (Hrsg.) *Vom Umgang der Justiz mit Minderjährigen. Schriftenreihe Familie und Recht, Band 13*. (S. 255–266). Neuwied: Luchterhand

Balloff, R. (1998a). Einige Aspekte zeitgemäßer Diagnostik und Intervention in der Familien- und Vormundschaftsgerichtsbarkeit. In S. Grubitzsch (Hrsg.), *Psychodiagnostik. Aktuelle Beiträge zur Theorie und Praxis* (S. 32–52). Pfaffenweiler: Centaurus

Balloff, R. (1998b). Methodische Grundlagen der gerichtsbezogenen Sachverständigentätigkeit in Familiensachen. *Familie, Partnerschaft, Recht, 5*, 207–213

Balloff, R. (1999). Der Verfahrenspfleger als „Anwalt des Kindes". *Familie, Partnerschaft und Recht, 4*, 221–226

Balloff, R. & Walter, E. (1993). Möglichkeiten und Grenzen beratender Intervention am Beispiel der Mediation nach §§ 17, 28, 18 Abs. 4 KJHG. *Zentralblatt für Jugendrecht, 80*, 57–108

Banach, M. (1998). The best interests of the child. *Families in Society, 79*, 331–340

Beal, E.W. & Hochmann, G. (1992). *Wenn Scheidungskinder erwachsen sind. Psychische Spätfolgen der Trennung*. Frankfurt am Main: Krüger

Berk, H.-J. (1985). *Der psychologische Sachverständige in Familienrechtssachen*. Stuttgart: Kohlhammer

Bowlby, J. (1969). *Attachment and loss* (Vol. I: Attachment). New York: Basic Books. Dt. (1975). Bindung. Eine Analyse der Mutter-Kind-Beziehung. München: Kindler

Berufsverband Deutscher Psychologen e.V. (1986). *Berufsordnung für Psychologen*. Bonn: Deutscher Psychologen Verlag

Büttner, M. (1988). Familiendiagnostik im Sorgerechtsstreit: Eine Untersuchung zur Objektivierung abweichenden Verhaltens in zerstrittenen Familien. *Psychologische Rundschau, 39*, 13–26

Clawar, S.S. & Rivlin, B.V. (1991). *Children held hostage: Dealing with programmed and brainwashed children*. Chicago: American Bar Association

Coester, M. (1982). *Das Kindeswohl als Rechtsbegriff*. Frankfurt am Main: Metzner

Cronbach, I.J. & Gleser, G.C. (1965). *Psychological tests and personnel decisions* (2nd edition). Urbana: University of Illinois Press

Dehmelt, P., Kuhnert, W. & Zinn, A. (1981). *Diagnostischer Elternfragebogen (DEF)*. Weinheim: Beltz

Derleder, P. (1994). Das Kindeswohl als Prinzip der Familiensteuerung. *Familie und Recht, 3*, 144–152

Duhm, E. & Huss, K. (1979). *Fragebogen zur praktischen und sozialen Selbständigkeit (FPSS)*. Braunschweig: Westermann

Ehlers, B., Ehlers, T. & Makus, H. (1978). *Marburger Verhaltensliste (MVL)*. Göttingen: Hogrefe

Ell, E. (1990). *Psychologische Kriterien bei der Sorgerechtsregelung und die Diagnostik der emotionalen Beziehungen*. Weinheim: Deutscher Studienverlag

Fthenakis, W.E. (1985). Zum Stellenwert der Bindungen des Kindes als sorgerechtsrelevantes Kriterium gemäß § 1671 BGB. *Zeitschrift für das gesamte Familienrecht, 7*, 662–672

Fthenakis, W.E. (1995). Kindliche Reaktionen auf Trennung und Scheidung. *Familiendynamik, 20*, 127–154

Fthenakis, W.E. (1998). Intergenerative familiale Beziehungen nach Scheidung und Wiederheirat aus Sicht der Großeltern. *Zeitschrift für Soziologie der Erziehung und Sozialisation, 18*, 152–167

Fthenakis, W.E., Chow, S., Gemar, K., Koester-Goorkotte, I., Kohlmann, N., Lehmann, F., Meyer-Gaup, G., Seibel, K., Siefert, I., Stahl, F., Walbiner, W. & Wolf, J. (1995). *Gruppeninterventionsprogramm für Kinder mit getrennt lebenden oder geschiedenen Eltern*. Weinheim: Beltz

Fthenakis, W.E., Niesel, R. & Kunze, R. (1982). *Ehescheidung. Konsequenzen für Eltern und Kinder*. München: Urban & Schwarzenberg

Furstenberg, F. F. & Cherlin, A.J. (1991). *Geteilte Familien*. Stuttgart: Klett-Cotta

Gardner, R.A. (1992). *The Parental Alienation Syndrome*. New Jersey: Cresskill

Greuel, L., Offe, S., Fabian, A., Wetzels, P., Fabian, T. Offe, H. & Stadler, M. (1998). *Glaubhaftigkeit der Zeugenaussage*. Beltz: Psychologie Verlags Union

Greuel, L., Fabian, T. & Stadler, M. (1997). *Psychologie der Zeugenaussage. Ergebnisse rechtspsychologischer Forschung*. Beltz: Psychologie Verlags Union

Gruetzner, W., Kulisch, E. & Langenmayr, A. (1997). Gruppenpsychotherapie bei Kindern aus Scheidungsfamilien - Ein integratives Modell auf personzentrierter Basis. In C. Boeck-Singelmann, B. Ehlers, T. Hensel, F. Kemper, C. Monden-Engelhardt (Hrsg.) *Personzentrierte Psychotherapie mit Kindern und Jugendlichen. Band 2: Anwendung und Praxis* (S. 181–207). Göttingen: Hogrefe

Hartmann, H.A. (1984). Zur Ethik gutachterlichen Handelns. In H.A. Hartmann & R. Haubl (Hrsg.) *Psychologische Begutachtung. Problembereiche und Praxisfelder* (S. 3–32). München: Urban & Schwarzenberg

Heiliger, A. (1992). Zur Problematik einer Konzeption nachehelicher gemeinsamer elterlicher Sorge als Regelfall im Kontext einer geplanten Reform des Kindschaftsrechts. *Zeitschrift für das gesamte Familienrecht, 9*, 1006–1011

Heilmann, S. (1998). *Kindliches Zeitempfinden und Verfahrensrecht.* Neuwied: Luchterhand

Hörmann, H. (1964). Theoretische Grundlagen der projektiven Tests. In R. Heiss (Hrsg.) *Handbuch der Psychologie*, Band 6 Psychologische Diagnostik (S. 71–112). Göttingen: Hogrefe

Hoffmann-Hausner, N. & Bastine, R. (1995). Psychische Scheidungsfolgen für Kinder. Die Einflüsse von elterlicher Scheidung, interparentalem Konflikt und Nach-Scheidungssituation. *Zeitschrift für klinische Psychologie, 24*, 285–299

Huss, M. & Lehmkuhl, U. (1997). Gruppentherapeutische Ansätze in der Nachbetreuung von Kindern und Jugendlichen aus Scheidungsfamilien. In G. Lehmkuhl & U. Lehmkuhl (Hrsg.) *Scheidung - Trennung - Kindeswohl. Diagnostische, therapeutische und juristische Aspekte* (S. 53–58). Weinheim: Deutscher Studien Verlag

Jäger, R.S. (1988). *Psychologische Diagnostik.* München: Psychologie Verlags Union

Jessnitzer, K. & Frieling, G. (1992). *Der gerichtliche Sachverständige* (10. Aufl.). Köln: Heymanns

Kaltenborn, K.-F. (1987). Die personalen Beziehungen des Scheidungskindes als sorgerechtsrelevantes Entscheidungskriterium. *Zeitschrift für das gesamte Familienrecht, 10*, 990–1000

Kaltenborn, K.-F. (1989). Entscheidungskriterien im Rahmen der Sachverständigenbegutachtung zur Frage der elterlichen Sorge nach der Ehescheidung. *Zentralblatt für Jugendrecht, 2*, 60–69

Klenner, W. (1989). Vertrauensgrenzen des psychologischen Gutachtens im Familienrechtsverfahren. *Zeitschrift für das gesamte Familienrecht, 8*, 804–809

Kluck, M.-L. (1986). Probleme des psychologischen Diagnostizierens bei Gutachten zur elterlichen Sorge und zum Umgangsrecht. In A. Schorr (Hrsg.), *Bericht über den 13. Kongress für Angewandte Psychologie des BDP*, Bonn, 1985 (S. 317–322). Bonn: Deutscher Psychologen Verlag

Kluck, M.-L. (1995). Verdacht auf sexuellen Missbrauch und familienrechtliches Verfahren - Probleme der Entstehung und Prüfung. *Familie, Partnerschaft, Recht, 1*, 56–59

Kluck, M.-L. (1996). Das Psychologische Gutachten im familienrechtlichen Verfahren zur Regelung der elterlichen Sorge. *Familie, Partnerschaft, Recht, 4*, 155–160

Kluck, M.-L. & Westhoff, K. (1992). Entwicklung eines Leitfadens für ein entscheidungsorientiertes Gespräch bei gerichtlichen Fragen zur Umgangsregelung. In K. Westhoff (Hrsg.) *Entscheidungsorientierte Diagnostik* (S. 35–44). Bonn: Deutscher Psychologen Verlag

Klüber, A. (1998). *Psychologische Gutachten für das Familengericht. Eine empirische Untersuchung über Nachvollziehbarkeit und Verständlichkeit des diagnostischen Prozesses sowie ausgewählte Aspekte des Kindeswohls.* Lengerich: Pabst

Klußmann, R.W. & Stötzel, B. (1995). *Das Kind im Rechtsstreit der Erwachsenen* (2., neu bearbeitete Aufl.). München: Ernst Reinhardt

Kodjoe, U. & Koeppel, P. (1998a). The Parental Alienation Syndrome (PAS). *Der Amtsvormund*, 9–28

Kodjoe, U. & Koeppel, P. (1998b). Früherkennung von PAS – Möglichkeiten psychologischer und rechtlicher Interventionen. *Kind-Prax, 5*, 138–144

Kötter, S. & Nordmann, E. (1996). Die Analyse der familiären Interaktion – Familiendiagnostische Beobachtungsmethoden. In M. Cierpka (Hrsg.) *Handbuch der Familiendiagnostik* (S. 381–411). Berlin: Springer

Krüger, H.-H. & Helsper, W. (1996). *Einführung in die Grundbegriffe und Grundfragen der Erziehungswissenschaft* (2. durchgesehene Aufl.). Opladen: Leske & Budrich

Kühne, A. (1988). *Psychologie im Rechtswesen.* Weinheim: Deutscher Studien Verlag

Kühne, A. (1996). Kriterien und Qualitätsstandards der psychologischen Begutachtung bei familienrechtlichen Fragestellungen. *Familie, Partnerschaft, Recht, 4*, 184–187

Lehmkuhl, U. & Huss, M. (1997). Psychische Folgen von Trennung und Scheidung bei Kindern und Jugendlichen. In G. Lehmkuhl & U. Lehmkuhl (Hrsg.) *Scheidung – Trennung – Kindeswohl. Diagnostische, therapeutische und juristische Aspekte* (S. 26–33). Weinheim: Deutscher Studien Verlag

Lehmkuhl, U. & Lehmkuhl, G. (1999). Wie ernst nehmen wir den Kindeswillen? *Kind-Prax, 5*, 159–161

Leitner, W.G. & Schoeler, R. (1998). Maßnahmen und Empfehlungen für das Umgangsverfahren im Blickfeld einer Differentialdiagnose bei Parental Alienation Syndrome (PAS) unterschiedlicher Ausprägung in Anlehnung an Gardner (1992/97). *Der Amtsvormund, 11–12*, 849–868

Lempp, R. (1983). *Gerichtliche Kinder- und Jugendpsychiatrie.* Bern: Huber

Lempp, R. (1984). Die Bindungen des Kindes und ihre Bedeutung für das Wohl des Kindes gemäß § 1671 BGB. *Zeitschrift für das gesamte Familienrecht, 8*, 741–744

Main, M., Kaplan, N. & Cassidy, J. (1985). Security in infancy, childhood and adulthood: a move to the level of representation. In I. Bretherington & E. Waters (Eds.) *Growing points of attachment theory and research.* Monographs of the society for research in child development. Serial No. 209, Vol 50, Nos. 1–2

Martinius, J. & Frank, R. (1990). *Vernachlässigung, Missbrauch und Misshandlung von Kindern.* Bern: Huber

Napp-Peters, A. (1995). *Familien nach der Scheidung.* München: Kunstmann

Niemeyer, G. (1995). Zur Reform des Kindschaftsrechts: Sorgerecht allein oder zu zweit? *Familie und Recht, 3*, 221–223

Nienstedt, M. & Westermann, A. (1992). *Pflegekinder. Psychologische Beiträge zur Sozialisation von Kindern in Ersatzfamilien* (3. Aufl.). Münster: Votum

Nowack, J. (1994). Wesentliche Aspekte bei der Zusammenfassung und Bewertung der Befunde in Sorgerechtsgutachten. *Praxis der Rechtspsychologie, 4*, 46–50

Oerter, R. & Montada, L. (1998). *Entwicklungspsychologie* (4. korr. Aufl.). Weinheim: Psychologie Verlags Union

Oppawsky, J. (1987). *Scheidungskinder.* München: Profil

Pawlik, K. (1982). Modell- und Praxisdimensionen psychologischer Diagnostik. In K. Pawlik (Hrsg.) *Diagnose der Diagnostik* (S. 13–43) (2. Aufl.). Stuttgart: Klett-Cotta

Rösner, S. & Schade, B. (1993). Der Verdacht auf sexuellen Missbrauch in familienrechtlichen Verfahren. *Zeitschrift für das gesamte Familienrecht, 10,* 1133–1139

Rohmann, J. (1999). Das Zueinander von Diagnostik und Intervention in der familienpsychologischen Sachverständigentätigkeit. *Zentralblatt für Jugendrecht, 86,* 37–45

Rost, J. (1996). *Lehrbuch Testtheorie Testkonstruktion.* Bern: Huber

Salgo, L. (1998). Einige Anmerkungen zum Verfahrenspfleger im Kindschaftsrechtsreformgesetz. *Familie, Partnerschaft und Recht, 2,* 91–94

Salzgeber, J. (1992). *Der psychologische Sachverständige im Familiengerichtsverfahren* (2., neu bearbeitete Aufl.). München: Beck

Salzgeber, J. (1994). Psychologische Begutachtung in Familiensachen und Mediation. *Praxis der Rechtspsychologie, 4,* 118–120

Salzgeber, J. (1998). Auswirkungen des Kindschaftsrechtsreformgesetzes auf die Tätigkeit des psychologischen Sachverständigen im Familiengerichtsverfahren. *Praxis der Rechtspsychologie, 2,* 142–156

Salzgeber J. & Höfling, S. (1991). Der diagnostische Prozess bei der familienpsychologischen Begutachtung. Ein Beitrag zur Datenbasis und zur Intervention des psychologischen Sachverständigen im Rahmen des Begutachtungsprozesses. *Zentralblatt für Jugendrecht, 78,* 388–394

Salzgeber, J. & Menzel, P. (1997a). Psychologische Begutachtung im familienrechtlichen Verfahren unter ethno-psychologischen Gesichtspunkten – Teil 1. *Familie und Recht, 10,* 296–299

Salzgeber, J. & Menzel, P. (1997b). Psychologische Begutachtung im familienrechtlichen Verfahren unter ethno-psychologischen Gesichtspunkten – Teil 2. *Familie und Recht, 11,* 335–340

Salzgeber, J. & Stadler, M. (1990). *Familienpsychologische Begutachtung.* München: Psychologie Verlags Union

Salzgeber, J. & Stadler, M. (1998). Beziehung contra Erziehung – kritische Anmerkungen zur aktuellen Rezeption von PAS. *Kind-Prax, 6,* 167–171

Salzgeber, J., Scholz, S., Wittenhagen, M. & Aymans, M. (1992). Die psychologische Begutachtung sexuellen Missbrauchs in Familienrechtsverfahren. *Zeitschrift für das gesamte Familienrecht, 11,* 1249–1256

Salzgeber, J., Vogel, C. & Partale, C. (1991). Relevanz von Alkoholproblemen bei Sorge- und Umgangsregelungen aus psychiatrisch-psychologischer Sicht. *Familie und Recht, 6,* 324–329

Salzgeber, J., Vogel, C., Partale, C. & Schrader, W. (1995). Zur Frage der Erziehungsfähigkeit aus medizinisch-psychologischer Sicht bei gerichtlichen Fragen zu Sorge- und Umgangsregelungen. *Zeitschrift für das gesamte Familienrecht, 21,* 1311–1322

Salzgeber, J. & Zeman, A. (1996). Psychologische Verfahren bei der Begutachtung in Sorge- und Umgangsrechtsverfahren. Beschreibung, Abgrenzung, Nutzen. *Familie, Partnerschaft, Recht, 4,* 168–175

Schade, B. & Friedrichs, S. (1998). Die Rolle des psychologischen Gutachtens nach In-Kraft-Treten des neuen Kindschaftsrechts. *Familie, Partnerschaft, Recht, 5,* 237–241

Schmidt-Denter, U. (1994). *Soziale Entwicklung* (2. Auflage). München: Psychologie Verlags Union
Schmidt-Denter, U. & Beelmann, W. (1997). Kindliche Symptombelastungen in der Zeit nach einer ehelichen Trennung - eine differentielle und längsschnittliche Betrachtung. *Zeitschrift für Entwicklungspsychologie und Pädagogische Psychologie, 29*, 26–42
Schmidt-Denter, U., Beelmann, W. & Trappen, I. (1995). Innerfamiliäre Entwicklungen nach Trennung und Scheidung. *Report Psychologie, 3*, 20–27
Schmitz, H. & Schmidt-Denter, U. (1997). Methodische Vorgehensweisen in Gruppeninterventionen für Kinder aus Trennungs- und Scheidungsfamilien - Ein Literaturüberblick. In G. Lehmkuhl & U. Lehmkuhl (Hrsg.) *Scheidung - Trennung - Kindeswohl. Diagnostische, therapeutische und juristische Aspekte* (S. 34–52). Weinheim: Deutscher Studien Verlag
Schwabe-Höllein, M. & August-Frenzel, P. (1995). Die Bedeutung der Bindung bei der Begutachtung in familienrechtlichen Angelegenheiten. In G. Spangler & P. Zimmermann (Hrsg.) *Die Bindungstheorie. Grundlagen, Forschung und Anwendung* (S. 351–360). Stuttgart: Klett-Cotta
Spangler, G. & Grossmann, K. (1995). Zwanzig Jahre Bindungsforschung in Bielefeld und Regensburg. In G. Spangler & P. Zimmermann (Hrsg.) *Die Bindungstheorie. Grundlagen, Forschung und Anwendung* (S. 50–63). Stuttgart: Klett-Cotta
Spangler, G. & Zimmermann, P. (1995). *Die Bindungstheorie. Grundlagen, Forschung, Anwendung*. Stuttgart: Klett-Cotta
Sponsel, R. (1994). Über Bindung, Beziehung und das Messen in der Psychologie. *Praxis der Rechtspsychologie, 4*, 121–129
Stadler, M. & Salzgeber, J. (1999). Parental Alienation Syndrom (PAS) - alter Wein in neuen Schläuchen? *Familie, Partnerschaft und Recht, 4*, 231–235
Sternbeck, E. & Däther, G. (1986). Das familienpsychologische Gutachten im Sorgerechtsverfahren. *Zeitschrift für das gesamte Familienrecht, 33*, 21–25
Strunk, P. (1997). Scheiden tut weh - Begutachtung der Beziehungsproblematik des Kindes. In G. Lehmkuhl & U. Lehmkuhl (Hrsg.) *Scheidung - Trennung - Kindeswohl. Diagnostische, therapeutische und juristische Aspekte* (S. 135–155). Weinheim: Deutscher Studien Verlag
Suess, G.J., Grossmann, K.E. & Sroufe, L.A. (1992). Effects of Infant Attachment to Mother and Father on Quality of Adaptation in Preschool: From Dyadic to Individual Organization of Self. *International Journal o f Behavioral Development, 15*, 43–65
Suess, G.J., Schwabe-Höllein, M. & Scheuerer, H. (1987). Das Kindeswohl bei Sorgerechtsentscheidungen - Kriterien aus entwicklungspsychologischer Sicht. *Praxis der Kinderpsychologie und Kinderpsychiatrie, 36*, 22–27
Terlinden-Arzt, P. (1998). *Psychologische Gutachten für das Familiengericht. Eine empirische Untersuchung über diagnostische Strategien sowie ausgewählte Aspekte des Kindeswohls*. Lengerich: Pabst
Thomae, H. (1983). Forensisch-psychologische Begutachtung. In W. Seitz (Hrsg.) *Kriminal- und Rechtspsychologie - ein Handbuch in Schlüsselbegriffen* (S. 56–62). München: Urban & Schwarzenberg
Ulich, M., Oberhuemer, P. & Soltendieck, M. (1992). Familienkonzepte von Kindern. *Psychologie in Erziehung und Unterricht, 39*, 17–27
Undeutsch, U. (1993). Die aussagepsychologische Realitätsprüfung bei Behauptung sexuellen Missbrauchs. In S. Kraheck-Brägelmann (Hrsg.) *Die Anhörung*

des Kindes als Opfer sexuellen Missbrauchs (S. 69–162). Bonn: Hanseatischer Fachverlag für Wirtschaft

Visher, E.B. & Visher, J.S. (1995). *Stiefeltern, Stiefkinder und ihre Familien. Probleme und Chancen.* Beltz: Psychologie Verlags Union

Wallerstein, J. & Blakeslee, S. (1989). *Gewinner und Verlierer. Frauen, Männer, Kinder nach der Scheidung. Eine Längsschnittstudie.* München: Droemer Knaur

Ward, P. & Campbell, H.J. (1998). Familienkriege – die Entfremdung von Kindern. *Zentralblatt für Jugendrecht, 85,* 237–245

Wegener, H.W. & Steller, M. (1986). Psychologische Diagnostik vor Gericht. Methodische und ethische Probleme forensisch-psychologischer Diagnostik. *Zeitschrift für Differentielle und Diagnostische Psychologie, 7,* 103–126

Westhoff, K. (1998). Möglichkeiten zur Verbesserung psychologischer Gutachten im Familienrecht. In: *Psychologie im Familienrecht – Bilanz und Neuorientierung – Ein Workshop, Materialien 9/98.* Evangelische Akademie Bad Boll Referat Dokumentation und Publikation, 68–79

Westhoff, K., Geusen-Asenbaum, C., Leutner, D. & Schmidt, M. (1982). *Problemfragebogen für 11- bis 14-jährige.* Braunschweig: Westermann

Westhoff, K. & Kluck, M.-L. (1998). *Psychologische Gutachten schreiben und beurteilen* (3. Aufl.). Berlin: Springer

Zitelmann, M. (1998). Vom „Anwalt des Kindes" zum Verfahrenspfleger? – Die Interessensvertretung für Kinder in sorgerechtlichen Verfahren. *Kind-Prax, 5,* 131–135

Zuschlag, B. (1992). *Das Gutachten des Sachverständigen.* Göttingen: Verlag für Angewandte Psychologie

Namenverzeichnis

Sachverzeichnis

FSC
www.fsc.org
MIX
Papier | Fördert
gute Waldnutzung
FSC® C083411

Kolibri 360 GmbH
Ferdinand-Jühlke-Straße 7
99095 Erfurt, Deutschland
produktsicherheit@kolibri360.de